行业院校转型发展研究

——基于洛阳理工学院的实践

主　编　刘国际　夏新颜
副主编　卢清林　韩小改　余亚辉

中国建材工业出版社

图书在版编目（CIP）数据

行业院校转型发展研究 ：基于洛阳理工学院的实践 / 刘国际，夏新颜主编 . -- 北京 ：中国建材工业出版社，2020.11

ISBN 978-7-5160-3039-4

Ⅰ.①行… Ⅱ.①刘… ②夏… Ⅲ.①高等学校—教育改革—研究—洛阳 Ⅳ.①G649.21

中国版本图书馆 CIP 数据核字（2020）第 169267 号

行业院校转型发展研究——基于洛阳理工学院的实践
Hangye Yuanxiao Zhuanxing Fazhan Yanjiu——jiyu Luoyang Ligong Xueyuan de Shijian
主　编　刘国际　夏新颜
副主编　卢清林　韩小改　余亚辉

出版发行：中国建材工业出版社
地　　址：北京市海淀区三里河路 1 号
邮　　编：100044
经　　销：全国各地新华书店
印　　刷：北京中科印刷有限公司
开　　本：710mm×1000mm　1/16
印　　张：14.25
字　　数：300 千字
版　　次：2020 年 11 月第 1 版
印　　次：2020 年 11 月第 1 次
定　　价：68.00 元

本社网址：www.jccbs.com，微信公众号：zgjcgycbs

本书编委会

主　编　刘国际　夏新颜

副主编　卢清林　韩小改　余亚辉

成　员　张绍斌　崔一鸣　赵永莉

严　星　窦丹妮　尚　浩

且行且思考

——写在本书出版之际

中国教育科学研究院　孙　诚

很荣幸应编者之邀为本书作序。

行业院校作为我国高等教育的重要组成部分之一，曾经为我国高等教育事业发展、为各自所属的行业发展做出过重大贡献。20 世纪末，随着国家高等教育管理体制的不断深化，行业院校纷纷转制，走上了新的发展路径，但在实践中却普遍存在优势弱化、特色淡化、定位模糊等问题。从一个学者的角度看，密切关注此类院校转制后在办学定位、特色凝练、人才培养模式改革等方面的发展演变，并进行深入的研究分析，无疑具有重大的理论价值和实践指导意义。机缘巧合之下，作为具有建材行业背景的地方新建本科院校，洛阳理工学院成为了我近几年在这方面开展课题研究的典型样本。

2015 年牡丹盛开的季节，我首次到洛阳理工学院做《产业转型升级与高等教育结构调整的若干思考》的专题讲座，带领团队就应用技术大学设置做了专项调研。彼时洛阳理工学院已以优异成绩顺利通过教育部本科教学合格评估，被河南省确定为首批转型发展试点院校，处在河南推进普通本科院校转型发展的第一方阵，但是仍然存在上热下冷、意识不强、缺乏抓手等问题。该校迎难而上，抢抓机遇，把转型发展作为实现弯道超车、跨越发展的重要途径。2016 年该校颁布的《洛阳理工学院章程》确立了“行业性、地方性、应用型”的办学定位和“服务国家建材行业发展战略、服务区域经济社会发展”的双服务面向，当年即被遴选为河南省示范性应用技术类型本科院校。2017 年，该校承办了河南省示范性应用技术类型本科院校建设工作现场会，其服务国家建材行业发展战略的实践探索及成效受到与会兄弟院校的一致好评。2018 年，该校以制度建设为抓手，精准发力示范校建设，中芬合作、豫沪合作标杆效应显著，对外开放、校行合作、产教融合走在了同类院校前列。期间，我与洛阳理工学院一直保持良好的工作联系，双方经常就高等教育改革发展、高校分类设置以及高等职业教育发展等课题进行合作交流。该校在应用型大学建设方面的举措和成效每每令人感到惊喜。

一岁一个主题、一步一个脚印、一年一个台阶。洛阳理工学院正在由一个跟跑者转变为一个领跑者，迈向更高水平的发展道路。2019 年 10 月，我作为河南省教育厅示范性应用技术类型本科院校年度绩效考评专家组成员，再次到访洛阳理工学院。该年度考评既是对近年来河南省“应用技术类型本科院校建设计划”成效的整体检验，也将对下一阶段河南省高水平应用型大学的遴选建设起到借鉴参考作用。因此，各个高校都十分重视，尽力展现自身工作成效。其中，洛阳理工学院给我的印象是最具震撼力的，特别是该校“三融三创、融创结合”的应用型大学建设模式探索及成效给评委们留下了深刻印象，使人不得不感叹于地方院校转型发展实践探索的创造力。

《行业院校转型发展研究——基于洛阳理工学院的实践》一书较好地总结了洛阳理工学院的典型经验。全书按照时间脉络真实再现了学校 7 年转型发展的恢宏历程，语言朴实、内容丰富、案例真实。内容涉及学校教育教学、学科专业建设、课程教材建设、培养模式改革、师资队伍建设、科学研究、社会服务、创新创业、示范辐射等各个方面，展示出学校刀刃向内、直面不足与差距的勇气。相信能够引发读者的思考与讨论，为地方普通本科高校转型发展提供一个新视角、一种新思路，切实发挥试点高校的示范引领作用，促进共同进步与发展。

正如洛理人常说的，“风正时济，自当破浪扬帆；任重道远，还需策马扬鞭”。教育现代化的征程刚刚开启，应用型大学的实践与研究依然在路上！期望洛阳理工学院不断深化“三融三创、融创结合”的洛理模式，早日把学校建成“建材行业有影响、服务地方有贡献、‘一带一路’有作为”特色鲜明的高水平应用型大学！

（作者为中国教育科学研究院职业教育与继续教育研究所所长、研究员）

前　言

所谓行业院校，是指我国高等教育管理体制改革以前隶属于中央政府部门、具有显著行业办学特色与突出学科群优势的高等学校。作为与行业具有天然联系、具备自身独特优势的大学类型，其发展对于促进行业科技进步和国家创新体系建设具有不可替代的作用，是中国特色高等教育体系中重要的组成部分，其改革与发展是我国高等教育发展和高等学校改革的重大课题之一。

20 世纪 50 年代院系调整时，我国组建了一大批行业院校，这些院校为高等教育发展发挥了重要作用，并为我国经济建设做出了重要贡献。1993 年到 2004 年，国务院一批部委相继撤并，随之进行了大规模的高等教育管理体制改革。在“共建、调整、合作、合并”的方针指导下，原分属中央政府部门管理的高校有组织、分批次地进行了调整和划转。除关系国家经济社会发展全局、学科专业优势突出、在相应行业高等教育领域中处于领军地位的高校（多为工科类）划归教育部或并入教育部直属高校直接管理外，其余绝大部分行业院校划转到地方管理，形成了中央和地方政府两级管理，在国家政策指导下，以地方政府统筹管理为主的新高等教育管理体制。

与行业部门之间相互依存关系的打破，给行业院校的发展与定位带来了挑战。教育部主办的“第三届高水平行业特色大学发展论坛年会暨共建工作座谈会”，明确了行业特色大学与综合性大学的区别不是层次和水平的区别，而是类型的区别，行业特色大学坚持“有特色、高水平”发展之路，也可以实现高水平大学建设的目标。国家推动地方普通本科高校向应用型转变以来，逐渐形成了应用型教育体系与学术型教育体系相对应的双轨系统。行业院校具备应用型的天然属性，归并于应用型教育体系。行业院校要重视和解决好 3 个问题：一是要进一步强化人才培养的宗旨，要把培养不同层次的应用型人才作为重要任务；二是要进一步明确学科建设的方向和重点，由行业特色向学科特色转变；三是要进一步强化服务面向，由“一个服务”（服务行业）向“两个服务”（服务行业和服务区域）转变。

近年来，行业院校突破“划转”带来的体制机制障碍，克服了传统优势学科保持和新兴学科拓展之间的矛盾、专业结构“去行业化”和“综合化”的趋势、培养规格无法满足行业发展需要、行业归属感和认同度下降导致的招生就业问题等诸多挑战，在发展目标定位、发展路径选择、学科专业建设、人才培养模式、服务行业与区域经济社会发展等方面进行了艰辛的探索。在从“去行业化”到“再行业化”的历程中，行业院校不断探索转型发展和特色发展之路，形成了具有各自特色的转型发展模式和新的办学优势。

作为洛阳理工学院前身之一的原洛阳工业高等专科学校，始建于 1956 年，是原国家建筑材料工业局直属 5 所高校之一，在办学伊始就确立了为建材行业培养生产一线技术人才的目标，在水泥、玻璃、耐火材料、陶瓷、建材机械制造等方面拥有明显的特色和优势。1997 年，原洛阳工业高等专科学校被教育部确定为“全国示范性高工专重点建设学校”，1998 年划归河南省人民政府主管。办学过程中，原洛阳工业高等专科学校紧紧围绕建材行业的产业链，形成了一套比较完整的专业体系。其中，硅酸盐工艺、建材机械制造与维修两个专业被教育部授予“全国高工专教改示范专业”。作为洛阳理工学院前身之一的原洛阳大学，始建于 1980 年，前身为洛阳职业大学，是利用世界银行教育贷款和洛阳市财政投入发展起来的一所全日制普通高等学校，以人文学科为特色，在汉语言文学、历史、艺术、旅游等方面具有一定优势。2007 年 3 月，两校合并组建洛阳理工学院。

作为一所具有鲜明建材行业背景的行业院校，洛阳理工学院始终坚持社会主义办学方向，坚持立足建材行业不动摇，秉承“让政府放心，让社会满意，让学生受益”的办学理念，确立并不断深化“行业性、地方性、应用型”的办学定位，确立了“服务国家建材行业发展战略、服务区域经济社会发展”的双服务面向，全面提高应用型人才培养质量，全面提升服务社会能力，助推国家建材行业和洛阳经济社会发展。学校积极响应国家政策号召并投身于转型发展实践，2013 年被确立为河南省首批 5 所转型发展试点院校之一，2014 年以优异成绩通过教育部本科教学工作合格评估，2016 年被确定为河南省示范性应用技术本科院校。2019 年学校获批河南省硕士学位授予立项建设单位。回顾 6 年来的转型发展实践，尤其是 4 年的示范校建设历程，学校在改革中探索，在探索中奋进。洛阳理工学院的转型发展是始终不忘高素质应用型人才培养这颗初心，牢记培养社会主义建设者和接班人使命的过程；是全校师生员工攻坚克难、砥砺前行的过程；是“实现融入、探索融通、走向融合”中构建产教融合、协同育人新模式，并在此过程中拉动“创意、创新、创业”的过程，“三融三创、融创结合”的洛理模式逐渐形成和发展。本书提出的一些理论观点与“三融三创、融创结合”洛理模式，权作洛阳理工学院在转型发展过程中的大胆探索与实践成果，恳请国内专家和同志们给予批评指正。

刘国际

2020 年 6 月

目　录

第一章　行业院校概述

新中国成立后，我国形成了与计划经济体制相适应的高等教育管理体制。高等学校分为两类：中央部委创办和管理的高校与地方创办和管理的高校。其中由中央各部委创办和管理的高校旨在为特定行业、特定部门培养专门人才，以专一学科为主，俗称“行业高校”①。

一、行业院校概念界定

20 世纪 90 年代，国家对“条块分割”的高等教育管理体制进行改革，除少部分高校划归教育部管理或与教育部的学校合并外，大部分高校实行“中央与地方共建、以地方为主”的管理体制。前者就是“高水平行业特色院校”，后者就是“行业划转院校”。管理体制改革 20 年来，随着隶属关系、办学层次、办学类型、办学定位的变迁，相关研究中，针对原“行业高校”的称谓也发生着变化。根据文献查阅，关于“行业高校”的研究称“行业背景高校”“行业特色高校”居多。

潘懋元等在《特色型大学在高等教育中的地位与作用》中指出，“所谓特色型大学，是指以行业为依托，围绕行业需求，针对行业特点，为特定行业培养高素质专门人才的大学或学院”②。

原教育部直属高校工作司司长高文兵认为，行业特色高校主要指那些源于行业管理，在世纪之交高教管理体制改革中划入省区市特别是教育部等为主管理的原行业部门所属高等学校。

原北京科技大学党委书记罗维东认为，行业特色高校主要指在世纪之交高教管理体制改革中划入教育部或省区市等为主管理的原行业部门所属、行业特色鲜明的高等学校。

程孝良提出行业特色高校指以行业为依托，围绕行业需求，针对行业特点，为特定行业培养高素质专门人才的大学或学院③。

---

① 周光礼．“行业划转院校”的“去行业化”与“再行业化”：环境变迁与组织应对［J］．教育研究，2018（9）.

② 潘懋元，车如山．特色型大学在高等教育中的地位与作用［J］．大学教育科学，2008（2）：11-14.

③ 程孝良．行业特色高校学科发展模式：美国一流大学的启示［J］．成都理工大学学报（社会科学版），2010，18（1）：80-83.

吴立保等提出行业特色型高校主要是指20世纪50年代院校调整时期出现的由行业管理的农、林、水、地、矿、油、交通等行业高校①。

钟秉林等定义所谓行业特色大学时说：是指我国高等教育管理体制改革以前，隶属于中央政府部门、具有显著行业办学特色与突出学科群优势的高等学校②。

李文冰则认为行业特色院校主要指“那些源于行业管理、在世纪之交高教管理体制改革中划入省区市为主管理的原行业部门所属的高等学校”③。

徐晓媛总结提出行业特色高校主要是指为适应社会主义现代化和工业化建设的需要，新中国成立后由中央政府行业部委陆续举办、重组和归口管理，20世纪末管理权又被逐步转移给教育部或省级政府的高校，涉及农林、地矿、石油、纺织、化工、邮电、医药等国民经济重点行业④。

综上，本书将行业院校界定为我国高等教育体系在发展中为适应社会需求而产生的，20世纪50年代由中央各行业部委兴办和管理的，具有鲜明行业特征的单科或多科性本科或专科高等学校，包括在“九五”期间高等教育管理体制改革后，划归教育部管理或与教育部直属学校合并的高校以及划转“中央与地方共建，以地方为主”的高校。

二、行业院校主要特征

作为我国高等教育体系的重要组成部分，行业院校是特定历史条件下的产物，也是高等教育事业与社会发展特定时期需求的结晶。行业院校具有其他类型高校无法比拟的特殊性，在我国不同的历史发展阶段发挥着不同的作用。新中国成立初期的工业化进程中，行业院校为各行各业提供了专门人才支持。新时期的现代化进程中，行业院校又为国家创新驱动发展战略实施、高等教育结构优化、高等学校分类管理、解决社会创新型应用人才供需矛盾等方面做出贡献。不同类型的行业院校，除了共同具备行业背景性外，其学科集中性、服务特定性的程度，有着巨大的差别。

行业背景性。背景是机构形成的重要条件，影响其存在与发展，关乎机制建构、人事安排、发展方向、资金来源等方方面面，是机构的重要属性。行业院校

① 吴立保，管兆勇，郑有飞．行业特色型高校转型发展的挑战及战略选择［J］．江苏高教，2011（2）：63-65.

② 钟秉林，王晓辉，孙进，等．行业特色大学发展的国际比较及启示［J］．高等工程教育研究，2011（4）：49-81.

③ 李文冰．行业特色院校立地服务能力研究——以浙江省5所行业特色院校为例［J］．中国高教研究，2011（11）：75-77.

④ 徐晓媛．对我国行业特色高校发展的回顾评析与思考［J］．教育与职业，2013（11）：24-26.

的产生源于行业需求，发展历史即为服务行业发展的历史。行业背景性是行业院校的核心特征，在中华人民共和国成立初期是优越性的体现，在体制改革后成为历史背景的烙印，在新时期则是特色发展的依托。可以说，行业院校的产生与发展都应该以行业为依托，秉持“从行业中来，到行业中去”的发展理念，始终为行业输送大批研究型、应用型、技能型的专业人才，支持和带动相关产业的快速发展。在办学思想方面，行业院校以行业为核心树立办学理念，办学思想向行业靠拢；在人才培养方面，行业院校围绕行业设置学科专业，核心课程要求具备行业相关性，教学内容注重体现应用性和实践性。

学科集中性。学科是高校人才培养的核心载体。行业院校的办学特点集中体现在学科建设中，而办学特色最大的特点也在学科特色。在学科类型上，行业院校以其优势学科为主体，学科结构相对集中；在学科水平上，行业院校以其优势学科为标志，在国内保持领先水平。面对世纪之交的高等教育管理体制改革，行业院校以适应社会发展需要为目标，根据学科发展规律，学科建设逐渐从单一学科发展成为多学科，学科面得到拓宽，学科布局得到优化。行业院校逐渐形成了由主干学科、支撑学科、基础学科以及交叉学科组成的多学科结构体系。然而，行业院校的学科优势基本集中在传统特色学科，师资队伍中的院士、“杰青基金”获得者等高层次人才也都集中在特色学科领域。由此可见，行业院校主要依托特色优势学科占据学科发展前沿，在行业领域引领学科发展方向，最终形成与社会的良性互动。

服务特定性。行业院校因行业需求而诞生，因服务行业而生存发展。这也决定了行业院校在服务面向上，较多地从行业发展角度出发，直接面向特定的行业，形成了较强的服务行业能力。行业院校培养的人才支撑了早期国民经济支柱型产业的发展。绝大部分行业院校80%以上的毕业生都进入所在行业的企事业单位工作，如北京市法院的法官中，中国政法大学的毕业生占1/3。行业院校因在某个或某几个学科领域具有明显的比较优势和竞争力，得到社会的普遍认可，成为行业最重要的科研和人才培养基地。行业院校在服务特定行业需要方面具有良好的传统。

三、行业院校发展历程

1. 行业院校发展阶段

中华人民共和国成立后，随着国民经济和工业体系的构建，行业院校蓬勃发展，大致经历了四个阶段。中华人民共和国成立初期，为满足工业化对大量专门人才的需要，国家借鉴苏联教育发展模式，由各部委陆续兴办、重组了一批高等学校，为本部委相关行业领域的系统完善和创新发展培养专业能力强、基本素质高的人才。改革开放后，国民经济从计划经济向市场经济体制转轨，我国的高等教育管理体系也逐步发生了变化，逐渐从传统的中央集中管控转变为省部共管。

特别是随着20世纪末我国进行新一轮国务院机构改革，我国高等学校管理体制也进行了改革，将以往大多数部委直属高校划归地方管理，只留有少量教育部直属高校。2010年以来，国民经济与工业发展进入新时期，行业院校在国家分类管理的政策导向，以及自身发展的内在驱动下，不断深化行校关系重构，促进行校融合发展。从制度变迁的视角来看，行业院校的发展经历了“行业化”“去行业化”“再行业化”的变迁历程。

（1）行业院校兴起与发展（1949—1977年）

中华人民共和国成立初期，国家工业基础十分薄弱，为了快速恢复国民经济和构建自主工业体系，发挥集中力量办大事的制度优势，重点建设了一批大中型骨干企业，但同样薄弱的还有教育系统，各级各类专门技术人才奇缺。为快出人才、多出人才，国家指令各行业部门快速新建一批行业高等学校，迅速扩大已有各行业高等学校的规模，同时进行了大规模的院系调整。许多行业高等学校在这样的背景下应运而生。1952年院系调整前，全国原有高等学校211所。1953年，以中南区为重点，华北、东北、华东区进行了专业调整，西北、西南两区进行了局部的院系专业调整，主要是加强和增设工业高校并适当地增设师范院校。经过1953年的调整，全国高等学校减至183所。1955年院系调整后，除教育部以外的中央各部委所属院校为79所，占当时全部194所高校的40.7%。

20世纪50年代院系大调整的结果，从院校性质和隶属体制看，就是大批行业高等学校的兴起。1952年，由北京大学地质学系、清华大学地质系地质组、天津大学（原北洋大学）地质工程系和唐山铁道学院采矿系地质组等合并组建北京地质学院（现中国地质大学）；由清华大学（厦门大学航空系并入组建航空学院）、天津大学等8所著名大学的航空院系合并组建北京航空学院（现为北京航空航天大学）；1953年，由上海航务学院、东北航海学院、福建航海专科学校合并成立大连海运学院（现为大连海事大学）；1955年，以天津大学电讯系、电话电报通讯和无线电通信广播两个专业及重庆大学电机系电话电报通讯专业为基础，组建北京邮电学院（现为北京邮电大学）；其他各行业调整、充实和组建的如北京农学院、北京林学院、北京钢铁学院、北京石油学院等，令中国大学系列耳目一新。当时创建或合并组建的行业高校近百所，涉及农、林、水、地、矿、油、电、化、建、交等各个国民经济关键领域，与新中国工业体系的建立相伴而生，共同成长。20世纪70年代前，行业举办高校已有300多所[①]。这些高校共同的特点有三个：一是由所属的行业部委管理，行政领导由行业部委任命，财政也由所属的部委拨付；二是学科专业比较单一，但特色鲜明，主要围绕行业需求设置，行业对学科建设、学术发展方向进行指导和扶持；三是人才培养和科学研究直接服务于行业，服务的渠道在政策保证下畅通无阻。

---

① 高文兵．新时期行业特色高校发展战略思考［J］．中国高等教育，2007年第15、16期专稿．

（2）行业院校快速发展（1978—1996年）

受大跃进及“文化大革命”等影响，工业建设遭到很大损失，高等教育发展停顿，高等学校的培养能力和教育质量大幅度下降。改革开放后，为迅速提高高等教育的水平，尽快改变教育事业与社会主义革命和建设严重不相适应的状况，恢复405所高等学校招生。按照教育部发布《关于恢复和办好全国重点高等学校的报告》，在恢复原有60所的基础上，新增28所全国重点高校，其中由行业部门管理的高校占了大部分[①]。如湖北建筑工业学院（现武汉理工大学）、武汉测绘学院（现与武汉大学合并）、武汉水电学院（现与武汉大学合并）、武汉地质学院（现为中国地质大学）、北京航空学院（现为北京航空航天大学）、北京邮电学院（现为北京邮电大学）、北京钢铁学院（现为北京科技大学）、北京铁道学院（现为北京交通大学）等[②]。各部委贯彻落实国家教育事业的方针政策，加强对行业院校的规划，指导专业设置、编制招生计划、加大经费投入、加强基本建设等，使得行业院校很快恢复了元气，教学科研各项工作逐步迈入正轨。

随着改革开放深化和经济体制转型，行业院校在取得较快发展的同时，学科和服务面向均出现变化。为了顺应计划经济体制转向市场经济体制，行业院校学科覆盖面也有所拓展，由单一集中的学科特点发展为多科性结构，服务面向由单一的行业发展成以原有的行业为主的多行业服务面向。社会主义与市场经济的结合在促进生产力发展的同时，也促进我国高等教育体系取得快速发展。

（3）隶属关系调整发展（1997—2009年）

20世纪90年代末，国家在社会发展需求和高等教育体制条块分割状况受诟病已久的形势下，推动了高等教育管理体制的重大变革。除少数高校续留原主管部门管理外，其余由国务院各部门主管的行业高校大部分划归属地管理，少部分独立或合并后划归教育部管理，基本结束了行业部门举办管理高等教育的历史。1998年，教育部主管的高校由原来的34所增至44所，其中新增的10所为具有行业背景的高校[③]；2000年，国务院办公厅转发教育部等部门《关于调整国务院部门（单位）所属学校管理体制和布局结构的实施意见》（国办发〔2000〕11号），全面实施行业院校大调整，涉及原行业部门所属普通高校161所，其中划转教育部管理22所，由教育部负责调整34所，由中央与地方共建、地方管理为主的97所，继续由原行业部门（单位）管理3所，另有5所高校停止招生[④]。2000年以后，教育部主管的高校又进一步增至75所，其中大多数为具有行业背景的高校。

① 国务院．国务院转发教育部关于恢复和办好全国重点高等学校的报告的通知［Z］，1978.

② 高文兵．新时期行业特色高校发展战略思考［J］．中国高等教育，2007（Z3）：24-28.

③ 高文兵．新时期行业特色高校发展战略思考［J］．中国高等教育，2007年第15、16期专稿．

④ 资料来源：中华人民共和国中央人民政府网（http：//www.gov.cn/gongbao/content/2000/content_60667.htm）．

经过十几年发展，教育资源有效整合，高等学校办学实力不断增强，教学管理水平不断提高，切实提升了与国家和社会需求的契合度和贡献度。仍由中央部委（除教育部）直属的高校，紧跟时代步伐，在保持与行业天然联系优势的同时，踊跃发展国民经济和社会发展所需的学科和专业，行业服务面不断拓展；划归教育部直属管理后的行业院校，则大多制定了多科性大学、研究型大学的战略规划，遵从“全国重点高等学校应努力办成教育中心和科学研究中心”的方针，努力提升教学质量，积极推进科研工作，取得不少重大科研成果①。

（4）新时期转型发展（2010 年至今）

随着我国经济发展进入新常态，产业结构不断调整优化升级。经济社会的转型，需要大量的高端服务类、技术技能及创新型人才，对高等教育的人才培养、社会服务等提出了更新的要求。1999 年及以后升本的地方新建本科院校为适应新的管理体制、经费拨款制度及评估制度，大量设置新的学科专业，追求大而全，人才培养同质化严重。行业院校中的新建本科院校转制后缺乏准确定位，与地方主管部门间也未能催生出像与原行业主管部门间类似的新的共建机制，导致陷入行业特色弱化、人才培养错位和发展方向偏移的困境。

基于高等教育的发展状况，国家提出“建立高校分类体系，实行分类管理。发挥政策指导和资源配置的作用，引导高校合理定位，克服同质化倾向，形成各自的办学理念和风格，在不同层次、不同领域办出特色，争创一流”。其后，教育部等三部委联合印发《关于引导部分地方普通本科高校向应用型转变的指导意见》，从顶层设计的高度，明确地方高校转型发展的重要意义、指导思想、基本思路、主要任务、配套政策和推进机制。《关于深化产教融合的若干意见》等一系列文件则为行业背景高校进行行校关系重构，深化行校合作，促进行校协同育人、协同创新等方面提供了政策保障②。2018 年，《关于高等学校加快“双一流”建设的指导意见》提出，引导各类型高校高水平、高质量地发展，力争一流。行业院校重新思考定位、特色发展的转型之路不断迈向新的阶段。

2. 建材行业院校发展历程

中华人民共和国成立前，我国没有一所独立的建材类高、中等院校，建材教育十分落后。经过几十年发展，我国建成了从技工教育直至培养博士、博士后的各类、各层次完整的建材教育体系，在校生从仅有数十人发展至今拥有近十万人的庞大规模，行业队伍素质大大提高，为建材工业的发展做出了重大贡献。有关统计资料显示，到 20 世纪 90 年代末，国家建筑材料工业局所属高校教职工为 7323 人，其中校本部教职工 5350 人，专职教师 2606 人。其中，从职称看，具有副教授以上职称的有 797 人，占教师总数的 30.6%；从年龄与学历看，青年教师

① 尤丁力．行业特色型大学人才培养特色研究［D］．四川：西南交通大学，2013.

② 高文兵．新时期行业特色高校发展战略思考［J］．中国高等教育．2007 年第 15、16 期。

已成为主体，35 岁以下教师占 54%，学历层次不断提高，青年教师中研究生比例达 50%。中专校教职工 909 人，其中专职教师 349 人，具有高级职称的教师占 38%。“八五”期间局属院校国拨非经营性基金 7700 万元（为国家建筑材料工业局非经营性基金总数的 34.7%），院校自筹资金投入 5960 万元，基建总投入共 1.366 亿元，院校自筹资金能力大大增强。局属高校校舍总面积由“七五”末的 65.6 万 m^2 增加到 837 万 m^2，仪器设备总值已达 1.2 亿元。至“八五”末，局属院校固定资产总值约 5.5 亿元。

按照中央精神要求，20 世纪 90 年初，国家建筑材料工业局党组就开始在直属院校中不断探索及稳步推进新的管理体制。1998 年 7 月 1 日，《国务院关于调整撤并部门所属学校管理体制的决定》正式下发。1998 年 7 月 3 日，《国务院办公厅转发教育部等部门关于调整撤并部门所属学校管理体制实施意见的通知》下发。7 月 6 日，国务院在京召开撤并部门直属院校体制改革动员大会，有关省（市）及撤并部门主管教育的领导同志出席会议。李岚清副总理就《国务院关于调整撤并部门所属学校管理体制的决定》的重要意义及贯彻落实的要求做了重要讲话。该会议后，在局党组的领导下，由人事教育司牵头财务司、计划司等部门参加与国家计委、财政部、国家教委及有关省（市）进行局属院校管理体制的划转工作，并于 8 月底完成主要工作的交接。

原国家建材局直属高校共 5 所。体制改革后，武汉建材学院与武汉交通科技大学、武汉汽车工业大学组建为武汉理工大学，上海建材学院并入同济大学，此两所大学都划归教育部直属。四川建材学院与绵阳经济技术高等专科学校合并组建成西南科技大学，山东建材学院与济南联合大学合并组建为济南大学，此两所大学分别划归四川省和山东省管理。洛阳工业高等专科学校划归河南省管理后，于 2007 年与洛阳大学合并组建洛阳理工学院。

四、行业院校分类研究

在高等教育研究领域，高等学校的分类史可以追溯到欧洲中世纪大学诞生前后。新中国成立以来我国高等教育的发展史也是一部高等学校的分类发展史。在中国知网输入“高等教育分类”“高等学校分类”等关键词，发现关于高等学校分类的研究比比皆是，然而有关行业院校分类的研究却非常少。在国家建设教育强国、建设高等教育强国的战略进程中，强力推进高等教育分类管理。通过政策指导和资源配置，引导高校合理定位。相较于非行业院校，行业院校本身就是一种特定类型的高等学校。进入新时期转型发展十年来，高等学校中行业院校这种特定类型的高校，随着内外部环境的变化进行着办学定位、组织形式和内涵本质的更迭进化，基本分化为研究型行业院校、应用型行业院校和技能型行业院校。

高校分类管理涉及分类设置、拨款、指导、评估等多项制度设计和政策安排。高等教育的体制改革、战略规划、项目实施、资源配置、评估评价大都以高校的分类分层作为参照和基础。而高等学校办学定位、发展规划等也与分类密切相关。目前，与高等学校分类密切相关的有高等教育评估、高等学校定位、高等教育资源配置等。而行业院校作为一种特殊类型的高等学校，在高等教育评估中依然接受的是与其他类型高校无异的评估体系，在高等教育资源配置方面也未得到与其他高校不同的资源投入。统一的评估评价标准和资源配置政策导向，决定了行业院校的分类逻辑及行业院校自身的定位逻辑。

1. 高等教育评估

高等教育评估是对高等教育教学、科研创新、学科专业建设等工作做出客观的评价和鉴定的过程，对高等教育起着诊断、导向、激励和监督作用，是教育主管部门对高等教育进行宏观管理、监控，并引导其发展的重要依据①。我国高等教育评估起始于20世纪80年代，发展至今大致经历了4个阶段。

起始和稳定阶段（1985—1991年）。1985年颁布的《中共中央关于教育体制改革的决定》在强调扩大高等学校办学自主权的同时，提出“教育管理部门还要组织教育界、知识界和用人单位定期对高等学校的办学水平进行评估”。同年，国家教委发布《关于开展高等工程教育评估研究和试点工作的通知》指出，“我国正式开展高等工科学校综合办学水平评估、专业评估、课程评估三个层次的试点工作”，标志着我国高等教育评估工作试点正式开始。1987年，我国对高等工程院校进行了首次教育评估试点工作。1990年，《普通高等学校教育评估暂行规定》提出“普通高等学校教育评估是国家对高等学校实行监督的重要形式，由各级人民政府及其教育部门组织实施”，并对高等教育评估的目的、意义、原则、评估程序和方法等做出系统规定。这一阶段，我国高等学校评估工作起步并逐步规范化②。

推动和发展阶段（1992—1998年）。1993年《中国教育改革和发展纲要》颁布，确立了质量标准和评估指标的重要性，将评估工作作为一种常规性任务确定下来。1994年起，原国家教委对1978年以后新建的普通高等学校开展本科教学工作合格评估，拉开国内本科教学工作评估的序幕③。1995年颁布的《中华人民共和国教育法》首次以法律的形式确立了学校教育评估的重要地位，其中的第二十四条规定，“国家实行教育督导制度和学校及其他教育机构教育评估制度”。1998年颁布的《中华人民共和国高等教育法》第四十四条规定，“高等学校的办学水平、教育质量，接受教育行政部门的监督和由其组织的评估”，表明由政府组织的高等教育评估制度，作为一种管理手段获得了法律赋予的稳定地位，评估制度的行政主导逻辑以法律形式被确定下来。1994年《国务院

① 肖建忠，陈小娟，贾秀险．高等教育评估多元化研究［J］．高教探索，2013（1）：13-15.

②③ 王红．我国高等教育评估分类与现实选择初探［J］．中国高等教育，2011（7）：44-45.

关于〈中国教育改革和发展纲要〉的实施意见》提出，“要建立健全社会中介组织，包括教育决策咨询研究机构、高等学校设置和学位评议与咨询机构、教育评估机构、教育考试机构、资格证书机构等，发挥社会各界参与教育决策和管理的作用”。1998年教育部在《关于进一步做好普通高等学校本科教学工作评价的若干意见》明确指出，“本科教学工作评价由教育部统一领导，目前评价工作主要由教育部高等教育司组织专家实施；今后将委托高等学校教学工作评价专家委员会实施，同时吸收社会力量参与”。这些政策规定的出台，使得在行政主导型评估制度日趋完善的同时，管办评共同参与并分别发挥作用的多元评估制度开始萌芽。

1992年党的十四大正式确立了“社会主义市场经济体制”的改革目标，同时国家颁布一系列法律法规推进高等教育体制改革，以适应国家经济体制改革的政策需求。如1995年《中华人民共和国教育法》第三十一条规定，“学校及其他教育机构具备法人条件的，自批准设立或者登记注册之日起取得法人资格”，1998年《中华人民共和国高等教育法》第六条规定“国家鼓励企业事业组织、社会团体及其他社会组织和公民等社会力量依法举办高等学校，参与和支持高等教育事业的改革和发展”。与此同时，高等教育管理体制改革取得突破性进展，国务院部分部委下属的90多所高校实行中央和地方政府共管共建，《中华人民共和国高等教育法》的颁布明确了大学办学自主权的7方面内容，打破了我国计划经济体制下形成的条块分割的高等教育管理模式。政府逐步下放一部分管理权力，大学的办学自主权扩大，使政府对大学的举办权和管理权在一定程度上得到了分离。但高等教育评估制度的行政主导模式不仅在制度上得到规范，还被以法律的手段固定下来，行政主导型教育评估从“初始试点”步入“全面发展”阶段。另外，社会力量参与教育教学评估在市场经济体制改革的不断深入下应运而生。

均衡专业化阶段（1999—2008年）。2004年教育部出台《2003—2007年教育振兴行动计划》明确提出，“实行以五年为一周期的全国高等学校教学质量评估制度”。同年，教育部公布《普通高等学校本科教学工作水平评估方案（试行)》，规范了评估方式，明确了评估原则，突出了评估重点。2005年国务院学位委员会发布的《关于开展对博士、硕士学位授权点定期评估工作的几点意见》、2007年教育部发布的《关于进一步深化本科教学改革全面提高教学质量的若干意见》、2008年教育部制定的《独立学院设置与管理办法》等文件，分别对研究生学位的定期评估、专业认证的开展、对独立学院办学质量的监控做了规定。这些政策文件标志着高等教育评估工作走向规范化、科学化、制度化和专业化的全面发展阶段。2004年设立的教育部高等教育教学评估中心，被列为教育部直属行政事业单位，在教育部领导下开展评估工作，部分省市教育厅（委）设立下属行政性评估机构，标志着行政主导型高等教育评估制度达到顶峰。

在这一时期，1999年执行的《中共中央、国务院关于深化教育改革全面推进素质教育的决定》中提出，“逐步形成对学校办学行为和教育质量的社会监督机制及评价体系，完善高等学校自我约束、自我管理机制”，以鼓励和发展社会评估；2001年教育部出台的《关于加强高等学校本科教学工作提高教学质量的若干意见》提出，“政府和社会监督与高校自我约束相结合的教育质量检测和保证体系，是提高本科教学质量的基本制度保证”，提倡政府、社会、高校共同评估教育质量，实行多方评估体制。与此同时，不同类型的社会评估机构自1999年为发端，相继出现了辽宁省教育评估事务所（1999年）、云南高等教育评估事务所（2000年）、广东省教育发展研究与评估中心（2000年）、浙江省新时代教育评估中心（2003年）等。2000年7月，武书连发表大学综合排名——《中国大学评价》，丰富了大学评估体系。自此，民间自发形成的各类大学排行榜，作为一种评估结论向社会公布并引起很大的反响，社会组织参加高等教育评估日趋活跃。

1999年，国家实施高等教育规模扩招，高等教育入学人数迅猛增加。从“精英高等教育”迅速进入“大众化高等教育”，到2002年我国高等教育毛入学率已达15%。与此同时，高等教育的质量广受诟病，社会问责意识逐渐形成。1998年和2003年两次大规模的行政管理体制改革，逐步建立起了适应社会主义市场经济体制的中国特色的政府行政管理体制。在高等教育管理体制方面，简政放权是改革的主要目标，主要是中央向地方放权，重点在“共建、调整、合作、合并”，虽然也提出“切实落实和扩大高等学校的办学自主权”，但并没有实际落实的内容。在这一阶段，高等教育评估工作由政府教育行政部门定期开展，行政主导模式不断被强化，高等教育评估制度进入均衡和专业化阶段，基本成为政府教育行政部门按照统一的质量模式和标准对大学进行评价和监控的工具。与此同时，随着社会问责意识的不断觉醒，对大学同质化以及对政府评估的批评日渐增多，要求建立“管办评分离”的多元评估制度的呼声日益高涨，社会参与高等教育评估的实践也在持续深入。

断裂和变迁阶段（2009年至今）。随着我国社会主义市场经济体制的不断完善和发展，高等教育和高等教育评估市场也在逐渐发展，而计划体制所遗留的评估制度难以适应市场的发展，弊端也日益显现。2008年在《关于深化行政管理体制改革的意见》中，首次提出事业单位改革的原则是“政事分开、管办分离”。同年，教育部调整7项部门职能，“按照政事分开、管办分离的原则，深化直属高校管理体制改革”列为其中之一。2010年，中共中央、国务院颁布的《国家中长期教育改革和发展规划纲要（2010—2020年）》中明确提出“以转变政府职能和简政放权为重点，深化教育体制改革，提高公共教育服务水平，促进管办评分离”。2011年《教育部关于普通高等教育本科教学评估工作的意见》提出，“建立与管办评分离相适应的评估工作组织体系，充分发挥第三方评估的作用，由具备条件的教育评估机构实施相关评估工作”。2013 年发布的《中共中央关于全面深化改革若干重大问题的决定》强调“要深入推进管办评分离”。2015 年教育部出台《关于深入推进管办评分离促进政府职能转变的若干意见》，对政府、学校、社会多元主体如何将管办评分离各项任务落到实处提出明确要求。由此，行政主导型的高等教育评估制度被多元评估制度所取代成为大势所趋，原有的高等教育评估制度进入断裂和变迁阶段①。

总体来讲，我国高等教育评估体系在评估实践历程中，不断适应现代高等教育的多功能、多目标、多类型、多层次特点，评估主体、评估目的、评估标准和评估模式等呈现多元化发展趋势。我国高等教育评估研究开展得较晚，虽然发展得很快，但是与高等教育评估蓬勃发展的评估实践相比，教育评估的理论研究仍然相当滞后，且概念模糊，与发达国家相比有较大差距。

从指导实践的角度看，评估制度作为高等学校发展的外在环境，对其会产生重要影响。在原有通用评估标准下，为了生存发展，高等学校被动接受甚至主动迎合行政主导下的评估制度，往往为了过度追求评估指标好看，致使特色坚守与发展举步维艰。1998 年首届世界高等教育会议上通过的《21 世纪高等教育展望和行动宣言》中特别强调，要“考虑多样性并避免用一个统一的尺度来衡量高等教育质量”。而我国现有分类评估制度的不完善、评估标准的相对单一性，将导致高等学校的趋同性、同质化、去特色化。因此，如何将通用性评估与分类评估有机结合，一方面充分发挥通用评估作用保证高等学校基本办学水平，另一方面通过科学分类评估促进高等学校多样化、特色化发展，成为我国高等教育评估制度发展的重要方向。

2. 高等学校定位

在知网输入关键词“高等学校定位”，相关文献 90%以上含有“高等学校分类”，而单纯以高等学校定位为研究题目或内容的文献则较少。可见，高等学校分类与定位是伴生问题，相关研究将两者等同或者认为两者高度相关。

高等学校发展定位是指高等学校依据国家教育方针和高等教育事业发展目标，遵循高等教育基本规律，在明确的价值取向和办学理念指导下，科学分析高等学校所处的环境条件，运用科学的技术和方法，确定高等学校未来一段时期的发展方向和办学目标②。根据该定义，可以得出以下几点：一是高等学校在办学定位中居主体地位；二是高等学校办学定位的影响因素有教育政策、社会需求和自身条件等；三是确定办学定位的发展方向和办学目标等应遵循前瞻性、非均衡性以及竞争性等原则。

---

① 秦惠民，王名扬．我国高等教育评估制度演变的社会基础与制度逻辑——基于历史制度注意的分析［J］．中国高教研究，2015（10）：16-21.

② 王鹏．论高等学校发展定位的意义原则与结构体系［J］．西南科技大学高教研究，2008，24（4）：11-14.

改革开放前，我国高等学校的发展都是由政府统一规划、统一划拨教育资源的。在国家严格管制下，各类人才极度匮乏，高等学校的定位则显得并不是很重要。改革开放以后，我国高等学校的定位意识逐渐增强，特别是高校合并、扩招后，高校定位已成为高校发展不可缺少的一个环节。时至今日，高等教育管理体制发生过几次重要改革，但是政府及其主管部门对高等学校管得过多、统得过度的状况依然存在，政府行政权力主导高校管理的长期格局致使高校思考办学定位的自主意识不够、效果不佳等。

当前，我国高校定位出现的问题表现为两个方面：办学类型的趋同与办学层次的攀升。在办学类型上，普通高校都要办成综合性、多科性、学术性的大学；在办学层次上，都要办成本科、硕士、博士一体化，国（省）内一流、世界（中国）知名的高水平大学。社会越发达，社会分层和分工就越精细。处于高等教育系统中的高校亦应该有分层和分工，各安其位、各司其职、协同发展，在定位上体现出个性化和多样化。高校定位的趋同和攀升有违社会发展规律，与我国正在实施的高等教育非均衡发展战略也是背道而驰的。教育部把高校定位问题作为高等学校近几年要解决的两个重要问题之一①。

总体来看，我国高等学校办学定位的发展有三个阶段。

起步阶段。1952 年的院校调整，政府以直接行政干预的方式把许多大学拆分为单科型的高校。但是，在高等教育的起步阶段，高等学校数量很少，高等教育需求大大超过供给，学校的生存空间很大，对定位无须进行过多的考虑，甚至不需要考虑定位，都能够发展得很好。

发展阶段。改革开放以后，高校自我发展的积极性被调动起来，为了在市场竞争中立于不败之地，各高校在校际比较中加强自身办学定位。为实现办学定位，高校调动各方面的积极因素，挖潜增效，以在市场竞争中处于更加有利的位置。然而，20 世纪 90 年代的改革中，政府把一系列院校又合并为综合性大学（1952 年院系调整拆分），政府的过度干预使得高校脱离应有的发展轨道，导致高校办学定位出现错乱。1999 年高校扩招后，高等学校数量增长很快，办学规模迅速扩张，高等教育从供不应求向供求平衡过渡，学校的生存空间变小，相互间的竞争加剧，凸显办学定位的重要性。

转型阶段。党的十八大以来，我国高等教育加速由大众化向普及化阶段迈进，高等学校数量基本稳定，高等教育供求关系处于一种动态平衡状态。新时代，我国社会主要矛盾已经转化为人民日益增长的美好生活需要和不平衡不充分的发展之间的矛盾②。人民对于更高质量高等教育的需要和高等教育发展不平衡

---

① 解飞厚．高等学校定位问题辨析［J］．高等教育研究，2005（3）：48-52.

② 中共中央．决胜全面建成小康社会，夺取新时代中国特色社会主义伟大胜利——在中国共产党第十九次全国代表大会上的报告［R］．2017.

不充分之间的矛盾，已成为新时代高等教育发展的主要矛盾①。随着民生需求逐步由无到有、由量到质、由供向需、由生存向发展、由物质向精神、由实物向服务、由外部驱动向内在需求转变，人民对美好生活的需要已由基本生存型为主向多层次、多样化发展，对接受更高层次、更高质量教育的需求从“有没有”升级为“优不优”。满足人民日益增长的美好生活需要和多样化的教育需求，高等学校需要在当前的教育政策、区域发展、产业需求等新形势、新任务、新目标下，重新论证自身的办学定位，以正确的定位科学配置资源，实现学校跨越式发展。

3. 高等教育资源配置

高等教育资源是高等教育事业发展所需要的各种资源的总和。相比其他资源，高等教育资源是一种特殊的资源，在我国经济社会发展各阶段都非常稀缺。随着高等教育事业的发展，办学规模的扩大以及教育质量提升的要求，高等教育资源的稀缺性将越来越明显。

我国高等教育资源的投入一直以政府为主，部分资源参与市场配置。一方面，通过对稀缺的高等教育资源进行合理地使用与分配，优化高等教育的办学规模、办学水平和办学效益。另一方面，资源配置作为一种软措施，将高等学校定位导向其应有的类型，实现政府对高等教育的管理管控。高等教育资源配置在宏观层面表现为：通过国家计划安排，将有限的高等教育资源统筹分配给不同地区。高等教育资源配置在中观层面表现为：根据行政或经济区划，将区域内有限的教育资源配置到辖区内不同的地区，让教育资源流向能够产生经济效益与社会效益的地方；高等教育资源配置在微观层面表现为：高等学校对自身拥有或控制的教育资源进行合理的使用和分配，使其发挥有效的作用从而获得最大的产出效果②。

资源配置与分类、定位最为相关。新中国刚成立时期，百废待兴，通过行业部委兴办高校，形成百花齐放的高校布局。在计划经济时代，我国采取“钦定式的”高等教育资源分配方式，很大程度上促成了我国高等学校类型架构，并影响至今。后通过教育体制改革，辅之以高等教育资源分配方式调整解决高等学校非理性定位、及归类等问题。国家引导地方本科院校向应用型转变之初，部分高校处于观望状态，很大程度上是在等待评价标准及经费支持的政策出台。就行业院校而言，20 世纪 50—90 年代，由于行业部委经费投入充足、学科特色鲜明、优势突出，高等教育快速发展。世纪之交，由于高等教育管理体制改革，行业院校隶属关系发生重大变革，办学资源竞争激烈，办学经费相比改制前大幅缩水，特别是行业院校中的新建本科高校，一方面应用型人才培养质量提升，资金需求量大，另一方面依据在校生规模的财政拨款模式，使其为了生存发展不得不大幅扩张，导致人才培养质量低下，特色淡化。

---

① 李长安．努力化解新时代高等教育发展的主要矛盾［J］．山东高等教育，2018，6（1）：7-8.

② 陈岩．高等教育资源配置现状评价与约束机制研究［D］．西安：西安建筑科技大学，2016.

鉴于资源配置政策失灵，国家和地方政府逐步调整经费拨款制度。2015 年，财政部、教育部联合发布的《关于改革完善中央高校预算拨款制度的通知》，提出要改变规模等于资源的既往模式，建立以绩效为导向的预算拨款制度。2018 年《河南省人民政府办公厅关于印发河南省深化省属本科高校和职业院校生均拨款制度改革实施方案的通知》提出，关于本科高校专项业务经费分配，就按照“双一流”建设和综合提升高校、特色发展高校两类，依据人才培养、科技创新、社会服务、财务管理 4 个因素进行分配。其中，“双一流”建设和综合提升高校科技创新因素的权重最高为 40%，人才培养为 30%，社会服务为 20%，财务管理为 10%；特色发展高校人才培养因素的权重最高为 40%，社会服务为 30%，科技创新为 20%，财务管理为 10%。从权重分配上引导应用型高校重点开展人才培养和社会服务。按“‘双一流’建设和综合提升高校——特色发展高校”和“学术型人才培养——应用型人才培养”两个框架维度设计支出核定办法或标准，促使学校在这个二维矩阵中对号入座。河南省对特色发展高校实行激励性基本支出核定办法，鼓励高校在提高办学质量的同时适度扩大招生规模，倒逼高校办出特色。

4. 行业院校基本分类

截至 2019 年 6 月，全国拥有普通高等学校 2688 所（含独立学院 257 所）①，其中中央部属高校 117 所，占全国的 4.35%。在中央部属高校中，教育部直属高校 75 所，工业和信息化部所属高校 8 所，国家民族事务委员会所属高校 6 所，公安部所属高校 5 所，民用航空总局所属高校 4 所，其他大多部委所属高校都是 1 所②。从人才培养、科学研究、社会服务等角度看，应用型是行业院校的根本属性。

1）按隶属关系划分

（1）部委直属行业院校

①教育部直属行业院校。20 世纪 90 年代以前，教育部原有清华大学、北京大学等 35 所直属高校，大部分为综合性大学。2000 年，北京交通大学、中国矿业大学等 37 所其他部属行业特色高校划归教育部直管，后中国石油大学、中国矿业大学、中国地质大学 3 所高校的异地校区相应归教育部直管（表 1-1）。教育部作为国家教育主管部门，统筹管理教育事业，其直属高校除北京语言大学、国际关系学院外，均为“双一流”大学，历史上不是“211 工程”就是“985 工程”高校，在我国高等教育体系中名声斐然、地位显赫，在管理政策、财政拨款、项目申报、招生就业、创新创业等方面享有得天独厚的优势。与其他高校相比，教育部直属行业院校，兼具行业背景，行业资源的获取能力突出，相较而言更是具备了双重优势。

---

① 2019 年全国高等学校名单［EB/OL］. 2019-06-17. http：//www.gov.cn/jyb_xxgk/s5743/s5744/201906/t20190617_386200.html.

② 中央部委直属高校名单［EB/OL］. 2019-06-01. https：//daxue.eol.cn/bushu.shtml.

此外，教育部直属行业院校中，呈现着两类发展状况：第一类是隶属关系从其他部委直接转交教育部的高校。虽然部分高校经过升格、更名、合并组建等情况，原部委直属高校依然占据主体地位，特色学科的发展不受影响。第二类是与其他高校合并，并入原 35 所教育部直属高校的，并入后原行业特色学科在相应行业或在母体高校中特色已不那么鲜明和突出，如长春地质学院并入吉林大学、西安地质学院并入长安大学等。

②其他部委直属行业院校。20 世纪 90 年代前，除教育部外的 60 多个国家部委所属共有 300 余所高校。目前，除教育部直属高校外的中央部属高校共有 42 所（表 1-1），其中国民经济重点行业主管部门的工业和信息化部、国家林业局、交通运输部、中国民用航空局直属的高校有 14 所。工业和信息化部直属高校有北京航空航天大学、北京理工大学、哈尔滨工业大学、哈尔滨工程大学、南京航空航天大学、南京理工大学、哈尔滨工业大学（威海）、西北工业大学；国家林业局直属高校为南京森林警察学院；交通运输部直属高校为大连海事大学；中国民用航空局直属高校有中国民航大学、上海民航职业技术学院、广州民航职业技术学院和中国民用航空飞行学院。这些继续由部委直属管理的高校，学科专业都是业界领袖，承担着国家安全、交通、航空等重要领域的知识创造、人才培养任务。

表 1-1　部委直属行业院校

教育部直属行业院校（40 所）	北京交通大学、北京科技大学、北京化工大学、北京邮电大学、中国农业大学、北京林业大学、中央音乐学院、对外经济贸易大学、北京中医药大学、中国政法大学、中央财经大学、中央美术学院、中央戏剧学院、中国矿业大学、中国药科大学、河海大学、江南大学、南京农业大学、东华大学、上海财经大学、西安电子科技大学、长安大学、西北农林科技大学、中国地质大学、武汉理工大学、华中农业大学、中南财经政法大学、西南交通大学、电子科技大学、西南财经大学、东北林业大学、东北大学、湖南大学、中南大学、合肥工业大学、中国石油大学、华北电力大学 中国石油大学（北京）、中国矿业大学（北京）、中国地质大学（北京）
其他部委直属高校（42 所）	北京航空航天大学、北京理工大学、哈尔滨工业大学、哈尔滨工程大学、南京航空航天大学、南京理工大学、哈尔滨工业大学（威海）、西北工业大学、中央民族大学、大连民族大学、中南民族大学、西南民族大学、西北民族大学、北方民族大学、中国人民公安大学、中国刑事警察学院、公安海警学院、铁道警察学院、中国人民武装警察部队学院、中国民航大学、上海民航职业技术学院、广州民航职业技术学院、中国民用航空飞行学院、华侨大学、暨南大学、北京电子科技学院、中国青年政治学院、外交学院、北京协和医学院（清华大学医学部）、北京体育大学、中国劳动关系学院、中华女子学院、上海海关学院、大连海事学院、南京森林警察学院、中国科学科技大学、中国科学院大学、国防科学技术大学、中央司法警官学院、华北科技学院、防灾科技学院、国际关系学院

（2）地方行业院校

前文关于行业院校的概念综述中，明确本研究的对象为20世纪50年代由中央各行业部委兴办和管理的，具有鲜明行业特征的单科或多科性本科或专科高等学校，包括在“九五”期间高等教育管理体制改革后，划归教育部管理或与教育部直属学校合并的高校以及划转“中央与地方共建，以地方为主”的高校。应该说行业院校的主体是地方行业院校，与教育部直属行业院校及仍由其他部委直属高校相比，地方行业院校在划转地方管理后，大多经历了曲折的探索之路。从层次上，地方行业院校可分为本科层次高校和专科层次高校。本科层次高校又可以分为老牌本科高校和新建本科高校。地方行业院校中的老牌本科高校，受地方政府和行业协会支持，在学科专业建设、人才培养、科研服务、招生就业上均具有相对优势，大部分已经合并（兼并）组建升为大学或直接更名为大学，除了本科生，研究生培养也具备相当规模。而地方行业院校中的新建本科高校则在经过漫长的升本之路后，在现行较为单一的评估制度下，为了应对合格评估、审核评估，以及地方经济社会发展需求，大量开设新专业，大部分转向综合性发展道路，原行业专业优势被逐步弱化。在高等教育分类管理、“双一流”建设的形势下，面临着前所未有的挑战。洛阳理工学院就属于地方行业院校中的新建本科高校，如何与时俱进，脱颖而出，成为摆在学校面前的重大课题。

2）按办学层次划分

2017年，教育部发布《关于“十三五”时期高等学校设置工作的意见》（教发〔2017〕3号），明确“我国高等教育总体上可分为研究型、应用型和职业技能型三大类型。”3种类型基本对应了研究型大学、应用型本科高校和职业型高职高专院校。随着时间的推移，特别是国家实施教育强国战略以来，关于高等教育类型的研究就从未停止。国家推动地方普通本科高校转向应用型发展以来，应用型作为一种类型教育逐步为高等学校和社会所熟知和认可。行业院校往往以学科为基础，侧重知识应用。本研究将行业院校划分为应用研究型、应用型和应用技能型。

（1）应用研究型行业院校

研究型大学必须是具备硕士、博士学位授予资格的单位。而应用研究型行业院校的首批或优势学位授权学科往往是原行业特色学科。本研究将研究型行业院校细分为“双一流”建设高水平研究型行业院校和普通研究型行业院校。高水平研究型高校是国家培养高层次创新人才的主要基地，行业特色鲜明的高水平研究型行业院校是高水平研究型大学的重要组成部分。长期以来，作为行业技术创新、知识创新和人才培养的领头羊，研究型行业院校担负了许多行业、企业应用基础研究和技术研发的重任，为国家经济社会发展，特别是行业技术创新做出了突出贡献[①]。而“双一流”建设作为国家战略，必须坚持“以一流为目标、以学科为基础、以绩效为杠杆、以改革为动力”的基本原则，成为知识发现和科技创新的重要力量、先进思想和优秀文化的重要源泉、培养各类高素质优秀人才的重要基地，在支撑国家创新驱动发展战略、服务经济社会发展、弘扬中华优秀传统文化、培育和践行社会主义核心价值观、促进高等教育内涵发展等方面发挥重大作用[②]。82 所具有行业背景的中央部属高校中，一流大学建设高校 A 类有 9 所、B类有 3 所，一流学科建设高校有 42 所，占“双一流”建设高校的 38.57%（表 1-2）。研究型行业院校和其他研究型大学相比离“市场经济更近”，其主体学科领域具有明显的比较优势，社会认可度普遍较高。

表 1-2 “双一流”建设高校中的行业院校

分类	一流大学建设高校（42 所，其中中央部委直属行业院校 12 所）	一流学科建设高校（95 所，其中 42 所为中央部委直属行业院校）
教育部直属行业院校（共 40 所，全部为“双一流”，其中一流大学建设高校 6 所，一流学科建设高校 34 所）	中国农业大学、中南大学、电子科技大学、东北大学、湖南大学、西北农林科技大学	北京交通大学、北京科技大学、北京化工大学、北京邮电大学、北京林业大学、北京中医药大学、中央财经大学、对外经济贸易大学、中央音乐学院、中央美术学院、中央戏剧学院、中国政法大学、华北电力大学、东北林业大学、东华大学、上海财经大学、中国矿业大学（徐州、北京）、河海大学、江南大学、南京农业大学、南京农业大学、中国药科大学、合肥工业大学、中国地质大学（武汉、北京）、武汉理工大学、华中农业大学、西南交通大学、西南财经大学、西安电子科技大学、长安大学、中国石油大学（青岛、北京）
其他部属行业特色高校（共 14 所，其中一流大学建设高校 6 所，一流学科建设高校 8 所）	北京航空航天大学、北京理工大学、哈尔滨工业大学、哈尔滨工业大学（威海校区）、西北工业大学、中央民族大学	哈尔滨工程大学、南京航空航天大学、南京理工大学、中国人民公安大学、暨南大学、北京外交学院、北京协和医学院、北京体育大学

而地方行业院校中的老牌本科高校，少部分成为“双一流”建设高校，大部分更名为大学并拥有雄厚的研究实力，经过 20 年的发展，根据地方经济社会发展需要，从行业办学逐渐转向地方办学，区域影响力日隆。地方政府高度重视，对其给予重大支持。

① 沈红宇．中国行业特色研究型大学发展研究［D］．黑龙江：哈尔滨工程大学．2010.

② 国务院．国务院关于印发统筹推进世界一流大学和一流学科建设总体方案的通知［Z］．2015，11.

（2）应用型行业院校

应用型行业院校主要指1999年以后划转地方管理的本科或新建本科院校。其中，新建本科院校由原专科层次行业背景高校直接更名升本或合并更名升本（表1-3）。从学校名称上看，这类新建本科院校大部分已失去行业特征，如洛阳理工学院、辽宁科技学院、长春工程学院等。从人才培养层次看，尚无硕士学位授权资格或获批时间不久，研究生在校生规模占在校生总规模的比例较低，大部分学校仍培养有专科层次的人才，部分占比较高。与研究型行业院校相比，新建应用型行业院校本科办学历史短，大多在一定区域内办学，办学实力、办学影响力相对较弱。在现行的评估制度和资源配置体制下，行业特色逐渐淡化，专业设置趋于相同，人才培养质量不高，同质化严重。1999—2019年我国新建本科院校见表1-3。

表1-3　我国新建本科院校一览表

时间/年	数量/所	新建本科院校名称
1999	10	黄冈师范学院、湖州师范学院、临沂师范学院、衡阳师范学院、太原师范学院、盐城师范学院、常德师范学院、岳阳师范学院、荆州师范学院、**南通师范学院**
2000	42	廊坊师范学院、唐山师范学院、忻州师范学院、包头师范学院、洛阳师范学院、南阳师范学院、商丘师范学院、安阳师范学院、上饶师范学院、泉州师范学院、玉林师范学院、渭南师范学院、乐山师范学院、内江师范学院、曲靖师范学院、玉溪师范学院、淮南师范学院、天水师范学院、黔南民族师范学院、井冈山师范学院、宜春学院、皖西学院、孝感学院、嘉应学院、**茂名学院**、惠州学院、肇庆学院、韶关学院、哈尔滨学院、德州学院、**嘉兴学院**、潍坊学院、南京晓庄学院、**长春工程学院**、**黑龙江工程学院**、**湖南工程学院**、**南京工程学院**、淮阴工学院、常州工学院、**上海应用技术学院**、杭州应用工程技术学院、黄河科技学院
2001	12	涪陵师范学院、遵义师范学院、楚雄师范学院、咸阳师范学院、渝西学院、攀枝花学院、宜宾学院、河西学院、昌吉学院、上海兴伟学院、辽宁何氏医学院、江汉大学
2002	33	白城师范学院、绵阳师范学院、周口师范学院、巢湖学院、**唐山学院**、邢台学院、运城学院、台州学院、铜陵学院、黄山学院、合肥学院、闽江学院、莆田学院、九江学院、泰山学院、许昌学院、怀化学院、邵阳学院、零陵学院、浙江万里学院、湖南城市学院、平顶山工学院、东莞理工学院、**湖北经济学院**、湖北警官学院、江苏警官学院、**福建工程学院**、**华北科技学院**、**山东交通学院**、**中华女子学院**、**中央司法警官学院**、上海杉达学院、三江学院
2003	22	河池学院、红河学院、湘南学院、陇东学院、赤峰学院、辽东学院、榆林学院、西昌学院、成都学院、呼伦贝尔学院、西安文理学院、沈阳工程学院、云南警官学院、**中国劳动关系学院**、上海立信会计学院、**上海金融学院**、上海第二工业大学、西安培华学院、北京城市学院、黑龙江东方学院、浙江树人大学、吉林华侨外国语学院

续表

时间/年	数量/所	新建本科院校名称
2004	43	大庆师范学院、石家庄学院、衡水学院、邯郸学院、晋中学院、长治学院、绥化学院、黑河学院、丽水学院、宿州学院、滁州学院、三明学院、龙岩学院、枣庄学院、滨州学院、菏泽学院、平顶山学院、黄淮学院、长沙学院、贵阳学院、常熟理工学院、厦门理工学院、南阳理工学院、黄石理工学院、安阳工学院、**北华航天工业学院**、宁波工程学院、**南昌工程学院**、**上海电机学院**、湖南人文科技学院、**辽宁科技学院**、吉林农业科技学院、**重庆科技学院**、上海政法学院、**广东警官学院**、山东警察学院、上海商学院、**广东金融学院**、广西财经学院、吉林医药学院、浙江传媒学院、宁波诺丁汉大学、南昌理工学院
2005	20	徐州工程学院、金陵科技学院、安徽科技学院、毕节学院、辽宁对外经贸学院、安徽新华学院、江西蓝天学院、南昌理工学院、烟台南山学院、青岛滨海学院、宁夏理工学院、武汉生物工程学院、湖南沙外经济学院、长沙医学院、广东白云学院、广东培正学院、西京学院、西安欧亚学院、西安外事学院、西安翻译学院
2006	18	梧州学院、钦州学院、贺州学院、百色学院、安顺学院、凯里学院、铜仁学院、琼州学院、安康学院、商洛学院、宁夏师范学院、防灾科技学院、西安医学院、四川文理学院、四川警察学院、兰州城市学院、上海建桥学院、北京警察学院
2007	21	保定学院、池州学院、济宁学院、新乡学院、蚌埠学院、武夷学院、昆明学院、湖北第二师范学院、合肥师范学院、**河南工程学院**、**太原工业学院**、湖南工学院、**洛阳理工学院**、荆楚理工学院、福建警察学院、浙江警察学院、山东政法学院、**河北金融学院**、吉林工商学院、**上海海关学院**、河北传媒学院
2008	18	湖南第一师范学院、天津天狮学院、宁波大红鹰学院、浙江越秀外国语学院、安徽三联学院、闽南理工学院、山东万杰医学院、山东英才学院、潍坊科技学院、郑州工业应用技术学院、郑州科技学院、海口经济学院、西安思源学院、陕西国际商贸学院、大连艺术学院、辽宁财贸学院、哈尔滨德强商务学院、吉林动画学院
2009	11	集宁师范学院、贵州师范学院、兴义民族师范学院、六盘水师范学院、广西民族师范学院、甘肃民族师范学院、呼和浩特民族学院、四川民族学院、保山学院、文山学院、大连东软信息学院
2010	22	河北民族师范学院、沧州师范学院、宁德师范学院、齐鲁师范学院、郑州师范学院、浙江外国语学院、广东第二师范学院、吕梁学院、衢州学院、新余学院、福建江夏学院、公安海警学院、南京森林警察学院、江西警察学院、河南警察学院、吉林警察学院、湖南警察学院、哈尔滨金融学院、湖南财政经济学院、山东青年政治学院、山东女子学院、湖南女子学院

续表

时间/年	数量/所	新建本科院校名称
2011	31	河北科技学院、河北美术学院、山西工商学院、齐齐哈尔工程学院、安徽外国语学院、安徽文达信息工程学院、福州外语外贸学院、江西服装学院、南昌工学院、山东协和学院、武昌理工学院、温州肯恩大学、青岛黄海学院、商丘工学院、广东科技学院、广西外国语学院、成都东软学院、云南工商学院、陕西服装工程学院、大连科技学院、长春建筑学院、哈尔滨华德学院、黑龙江外国语学院、哈尔滨剑桥学院、无锡太湖学院、青岛工学院、郑州升达经贸管理学院、商丘学院、武汉东湖学院、武汉工商学院、汉口学院
2012	24	河套学院、**桂林航天工业学院**、重庆警察学院、重庆第二师范学院、成都工业学院、成都师范学院、昭通学院、普洱学院、**西安航空学院**、陕西学前师范学院、兰州工业学院、**新疆工程学院**、新疆警察学院、河北外国语学院、银川能源学院、哈尔滨石油学院、哈尔滨远东理工学院、哈尔滨广厦学院、郑州成功财经学院、武昌工学院、香港中文大学（深圳）、北京师范大学-香港浸会大学联合国际学院、三亚学院、南宁学院
2013	35	**铁道警察学院**、河北中医学院、张家口学院、太原学院、山西传媒学院、营口理工学院、黑龙江工业学院、泰州学院、江苏第二师范学院、**浙江水利水电学院**、景德镇学院、萍乡学院、南昌师范学院、山东管理学院、山东农业工程学院、河南牧业经济学院、信阳农林学院、武汉商学院、长沙师范学院、**广州航海学院**、**四川旅游学院**、贵州理工学院、兰州文理学院、上海科技大学、中国科学院大学、燕京理工学院、沈阳工学院、大连财经学院、沈阳城市学院、沈阳城市建设学院、长春科技学院、长春光华学院、上海视觉艺术学院、重庆人文科技学院、**四川传媒学院**
2014	40	山西工程技术学院、辽宁警察学院、湖南医药学院、宿迁学院、辽宁理工学院、长春财经学院、齐鲁理工学院、文华学院、武昌科技学院、广州商学院、上海纽约大学、西交利物浦大学、昆山杜克大学、成都文理学院、四川文化艺术学院、北京吉利学院、河北工程技术学院、山西兴华职业学院、辽宁传媒学院、哈尔滨信息工程学院、四川电影电视学院、泉州信息工程学院、南通理工学院、江西工程学院、江西应用科技学院、山东华宇工学院、青岛恒星科技学院、郑州财经学院、郑州交通学院、湖南信息学院、湖南交通工程学院、湖南应用技术学院、广东理工学院、广州工商学院、广东东软学院、北海艺术设计学院、重庆工程学院、四川工业科技学院、云南经济管理学院、西安交通工程学院
2015	21	内蒙古艺术学院、鄂尔多斯应用技术学院、广西警察学院、桂林旅游学院、广西科技师范学院、阿坝师范学院、贵州商学院、滇西科技师范学院、甘肃医学院、南京特殊教育师范学院、厦门华厦学院、福州理工学院、山东现代学院、黑龙江工商学院、厦门工学院、阳光学院、武汉设计工程学院、武昌首义学院、武汉财经科技学院、湖北商贸学院、四川工商学院

续表

时间/年	数量/所	新建本科院校名称
2016	23	琼台师范学院、河南财政金融学院、郑州工程技术学院、河南工学院、**河北环境工程学院**、河北水利电力学院、汉江师范学院、山西能源学院、福建商学院、厦门医学院、杭州医学院、亳州学院、哈尔滨音乐学院、山西警察学院、沈阳科技学院、温州商学院、安徽信息工程学院、郑州工商学院、信阳学院、安阳学院、武汉传媒学院、华夏理工学院、睛川学院
2017	4	茅台学院、豫章师范学院、贵州警察学院、上海公安学院
2018	21	福建应用技术学院、泉州理工学院、南昌文理学院、江西软件工程学院、鲁南经贸学院、泉城工学院、山东威海外事学院、周口科技学院、郑州西亚斯学院、广东西江学院、广州科技应用学院、广西经济学院、左江城市学院、海口科技学院、重庆机电工程学院、成都艺术传媒学院、西安信息学院、西安汽车科技学院、保定理工学院、皖江工学院、闽南科技学院
2019	7	马鞍山学院、福州工商学院、潍坊理工学院、新疆理工学院、福建技术师范学院、安徽艺术学院、广西职业师范学院

注：行业院校为加粗字体。数据来源于教育部历年批准设置高等学校的公示名单，其中应用型行业院校 38 所。

（3）应用技能型行业院校

应用技能型行业院校主要指 1999 年以来，仍维持原办学层次，很多发展为国家示范性高职院校的具有行业背景的专科层次高校。行业部委直属的专科高校仅两所：上海民航职业技术学院和广州民航职业技术学院。划归地方管理的应用技能型行业院校，多数坚定行业特色，培养了大量技术技能型人才，为行业发展做出重大贡献。但是鉴于当前的高校经费划拨体制和招生录取方式，与应用研究型行业院校、应用型行业院校相比，应用技能型行业院校在获取地方经费支持和招生计划支持上处于劣势。但是，与其他专科高校相比，应用技能型行业院校招生就业和资源获取能力要优越很多。

5. 河南行业院校

截至 2019 年 6 月 17 日，驻地河南省普通高等学校共有 141 所，其中本科院校 57 所（公办 38 所，民办 19 所），专科院校 84 所（公办 63 所，民办 20 所，中外合作办学 1 所）。行业院校共有 13 所，按隶属关系看，1 所部委直属行业院校铁道警察学院，12 所地方行业院校中，老牌本科层次行业院校 8 所，其中 6 所已更名为大学，新建本科层次行业院校 2 所，专科层次 2 所。从办学层次看，应用研究型行业院校 8 所，应用型行业院校 3 所，应用技能型行业院校 2 所，见表 1-4。

表 1-4　河南省行业院校一览表

序号	学校名称	主管部门	原隶属部委	备注
1	郑州大学	河南省教育厅	化工部	原郑州工学院并入
2	河南工业大学	河南省教育厅	机械部 商业部	原郑州工业高等专科学校、郑州粮食学院并入
3	河南科技大学	河南省教育厅	机械部	原洛阳农机学院并入洛阳工学院，后更名大学
4	河南理工大学	河南省教育厅	煤炭部	原焦作矿业学院
5	华北水利水电大学	河南省教育厅	水利部	原华北水利水电学院
6	郑州轻工业大学	河南省教育厅	轻工部	原郑州轻工业学院
7	郑州航空工业管理学院	河南省教育厅	航天部	
8	中原工学院	河南省教育厅	纺织部	原郑州纺织工学院更名
9	洛阳理工学院	河南省教育厅	建材局	原洛阳工业高等专科学校组建、升本
10	河南工程学院	河南省教育厅	煤炭工业部	原郑州经济管理干部学院并入
11	铁道警察学院	公安部	公安部	原铁道警官高等专科学校
12	郑州电力高等专科学校	河南省教育厅	水利电力部	
13	黄河水利职业技术学院	河南省教育厅	水利部	

第二章　行业院校现状分析

近年来，行业院校中的地方新建本科高校经过了艰难的独立升本或联合升本之路，进行了从行业到地方、从专科到本科（硕士）、从服务行业向行业地方双服务的转型探索。面对经济社会发展的新需求，国家高等教育分类发展、特色发展的新要求，新时期地方新建本科层次行业院校发展状况如何？存在哪些问题？历经多次转变后又将转向哪里？本章从现状、困境、转型三个维度来研究地方新建本科层次行业院校运行的实然状态。

一、行业院校发展现状

地方新建本科层次行业院校都是 1999 年以后升本的，专科办学历史长、本科办学时间短。因长期处于专科层次，划转地方后，来自行业部委的资金支持不复存在，而受地方政府的重视程度不高，资金投入不足。为了获取资源和寻求发展，地方新建本科层次行业院校主动与地方政府修好，迎合地方经济社会需求以获取发展。升本之初，学校办学条件一般都达不到普通本科院校的办学标准，但是，在国家高等教育扩招的政策形势下，办学规模、办学空间、办学条件、师资储备和科研实力发展等方面取得了扩张式发展①。

（一）办学规模不断扩大，办学空间不断拓展

在高等教育大众化进程中，地方新建本科层次行业院校紧紧抓住了我国高等教育大调整、大发展这一难得的历史机遇，积极寻求自身发展，办学规模迅速扩大，办学空间急剧拓展。一方面，在国家扩招政策的支持下，新建本科院校努力扩大招生规模，实现招生人数逐年攀升，现在绝大多数学校在校生人数已由 2000 年前后的三四千人跃升至目前的万人以上。同时，根据地方经济发展和产业结构需求，地方新建本科层次行业院校积极调整学校内部教学组织结构，扩充了院系设置，转向多学科发展，本科专业总量大都由升本之初的 5～6 个发展到现在的 40～60 个，涵盖学科门类一般为 6～8 个，呈进一步扩大的趋势。另一方面，为应对招生规模的

---

① 王玉丰．中国新建本科院校转型发展研究——基于自组织理论的分析范式［M］．北京：教育科学出版社，2011.

急剧扩大，地方新建本科层次行业院校全力以赴地拓展办学空间，利用自身优势为学校争取发展用地，加快学校基础建设速度，短期内解决了历史遗留下的校园空间狭小问题。目前，各学校一般都有2～3个校区，有的学校校区甚至在4个以上，基本上满足了学生日常学习与生活的实际需要。

（二）办学条件不断改善，配套设施不断完善

随着办学层次的提升以及在校生人数的急剧增加，地方新建本科层次行业院校既有的教学设施远不能满足升本后本科教学的需要，突出表现在实验室配套设施不完善、图书馆藏书总量偏少、教学设施学生人均数量不达标等方面。因此，在升本后的一段时期内，地方新建本科行业院校通过各种渠道多方筹措发展资金。开源节流，增收节支，全力加强了学校办学硬件的建设与改造。一方面查漏补缺，根据需要大力添置图书仪器等教学设备，另一方面深度挖掘，对图书馆、实验室等教学设施进行改建扩建和重建，以满足教学实际需要。目前，办学条件都较升本初期有了极大的改善。

（三）教育水平不断提高，培养质量不断提升

自升本后，地方新建本科层次行业院校办学定位大多定位为教学主导型，扎实开展本科教学工程，不断提高本科教育能力和水平。随后，经过本科教学合格评估和本科教学审核评估，通过以评促建，学校教育教学活动更加规范，教员教育教学能力和水平不断提升，人才培养质量持续提升。特别是本专科在校生规模逐步优化，招生就业形成良性循环，校风学风日益优良，生源质量不断提升，毕业生和用人单位的满意度较高，社会认可度和影响力也日渐提升。在抓好本科教学质量的基础上，兼顾开展行业实践性研究，同时发掘优势，创造条件，加快由教学主导型向教学科研型转型。

（四）师资结构不断优化，师资队伍不断充实

地方新建本科层次行业院校，在升本初期，一方面专任教师数量偏少、高职称高学历教师普遍匮乏、教师队伍总量不足、整体素质不高；另一方面，师资的职称结构、学历结构、年龄结构与本科教学的要求相差甚大。面对师资队伍的实际状况，新建本科院校以引进、培养、提高为重点，研究出台新政策，积极采取新举措，大力调整师资结构，不断充实师资力量，全面加强师资队伍建设。一方面加大了人才的引进力度，通过制定各种人才引进优惠政策，面向国内外引进优秀人才；另一方面，加大了自有教师的培养力度，积极鼓励支持教师外出进修、访学和深造，以提高教师的综合素质和学术水平。同时，各学校还将引才与引智相结合，树立了“不求所有，但求所用”的新理念，实行刚性引进和柔性引进并举等人才引进新形式，全方位、多渠道地构建高素质的师资队伍。经过不懈努力，新建本科院校师资队伍数量得以扩充、结构有所改善、质量稳步提高，总体呈现出良好的发展趋势。

（五）科研实力不断增强，科研成果不断产出

与其他新建本科院校一样，升本之初，地方新建本科层次行业院校大多科研基础差，科研实力弱，科研团队尚未形成，各学校基本上没有良好的教学研究和科学研究的氛围，而且所谓的科研也仅仅停留在散兵游勇或单打独斗的层面上，一般无法承接和完成有创见、难度大的项目或课题。自组建升本后，这类高校都高度重视学校的科研工作，把科研作为强校、兴校的突破口，制定了各种向科研倾斜的政策，积极鼓励并支持教师立足本职开展科研工作，加强科研团队的培育，努力提高学校的科研实力和水平。同时，通过多种渠道积极争取横向或纵向的大项目和大课题，催生有分量的科研成果，并在开展研究的过程中促进教学和科研的良性互动。

（六）服务面向不断明晰，服务能力不断增强

新建本科院校设置的初衷就是为了承担和推进我国高等教育大众化的任务，发挥为所在区域社会发展服务的作用。因此，这一时期地方新建本科层次行业院校大都将服务面向由行业为主转向地方与行业并重，甚至将办学重要功能定位于服务地方。在高等教育大众化的初级阶段，区域经济社会需求旺盛，只有秉持着服务理念，积极投入到区域社会经济发展中，才能通过服务获得大力支持，通过贡献求得快速发展。一方面，不断强化自身的服务意识，利用高校自身的学术科研优势和人才优势，在与社会各界合作、互动的过程中积极为地方发展服务，争取逐渐成为所在区域的决策咨询和智力服务基地，以寻求社会对学校的关注和支持。另一方面，不断提升学校服务社会的能力和水平，通过为社会输送合格人才、大力推广和应用科研成果、参与社会公益事业等手段和方式，全面增强学校的服务功能。

二、行业院校发展问题

从发展历程看，地方新建本科层次行业院校的行业基因、地方属性、新建特质，每一个烙印都是我国高等教育大发展、大变革、大调整之下赋予的，在某种程度上，它的演变不是一种顺其自然、渐进发展的结果，其获得批准、设置、扩建、升本、转型均带有明显的政策痕迹，是典型的政策助推的产物。为了适应教育体制改革和政策变化，行业院校特别是新建本科院校不断思考自身的办学定位、发展方式方法等重大问题，但更多的是被资源配置方牵着鼻子走。当前，我国处于建设教育强国和高等教育高质量发展的背景下，推进高等学校分类发展、特色发展成为必然。新时期，行业院校要想高质量发展，必须培育真正属于自身的核心竞争力，而行业性无疑是其最具竞争力的特色优势。然而高等教育管理体制改革后，地方新建本科层次行业院校普遍面临着行业优势慢慢失去、行业关系变得松散、特色学科和专业有所削弱、国家经费投入减少、行业服务意识弱化、服务能力下降等问题。

（一）行业优势弱化

隶属关系划转是一种政府指令，虽然划转同期建立了省部共建制度、启动“卓越工程师教育培养计划”等，以促进行业院校继续保持与原行业主管部门和企业的联系，但短时间内并没有建立起真正有效的共建机制。划转之前，行业院校长期以来形成了专注于行业发展需要的办学传统，对区域经济社会发展关注不足，服务行业办学形成的学科专业优势与区域经济社会发展需求不匹配，特别是行业办学的特殊历史背景下形成的办学优势，难以在短时间内找到与地方经济发展相结合的切入点和契合点，造成了办学定位和服务面向在此次转型期的不适应与不衔接问题。从区域经济社会发展看，原有的区域发展需求满足也有特定的合作伙伴，不同区域与各自合作高校之间已经在智力支持、人才供需等方面达成默契，形成了一定的平衡和惯性，加之对原行业院校了解相对不足，制约和延缓了行业院校地方化的进程①。如前文提到的，行业院校作为一种真实存在的类型，却没有对应的分类评价标准。划转后，与其他地方高校同台竞争，其信息获取、政策支持、资金保障毫无竞争力可言。

这种办学惯性带来的不衔接问题同样存在于新时期转型发展中。经过 20 年的发展，地方主管部门配置的数任领导班子，不再局限于行业出身，新引进的教职员工多是新设学科专业，从学校到学校，没有行业专业背景，更无实践经验，久而久之，学校主动与原行业部委沟通的意识弱化。而随着原工业行业部委的撤并、人员的调整，部委对原有行业所属学校的了解和关注也慢慢淡化。渐行渐远的双方，在新时期高等学校分类管理的改革下，要想重拾昔日亲密关系，绝不是一纸文件、一朝一夕就能成功的。

（二）学科特色淡化

从学科逻辑上看，单一行业是一条线，地方区域是一个面，服务行业需要围绕行业产业链建设学科布点专业，强调内生性和完整性，服务区域需要围绕区域需求建设学科布点专业，强调针对性和实用性②。地方新建本科层次行业院校划转地方所属后，其行业和区域属性导致学科发展的不协调现象。行业性和区域性两个方面的学科建设张力，直接造成了学科设置的松散杂乱。一方面，多年行业办学积淀形成的行业性强的学科专业布局，短期内很难适应区域的经济社会需求，造成行业性学科布局与区域性需求的不协调。另一方面，划转地方后的行业院校，随着多学科化、地方化、大规模化程度的深入，原有的围绕单一产业链条形成的学科群得以大幅度扩充，学科面向领域变得综合，专业服务层面更加多元，新增设的学科专业布局更倾向于追求综合功能与“地方特色”，与原有优势

---

①② 周志强，亓晶．地方行业划转院校行业性与区域性办学特征解析［J］．现代教育管理，2017（1）：57-61.

特色学科难以形成有内在关联和互补性强的学科群。按照学科生长的内在规律，适应地方需求的学科在短时间内很难形成优势，而原有具有行业特色的优势学科还会被事实性地消解和弱化，直接影响了这一类别院校办学质量的提升，一定程度上削弱了在高校群体中的竞争力，甚至从原来单一学科的同质化办学现象过渡到多学科的“大而全而弱”的另一种同质化办学局面。在某种程度上，后一种“大而全而弱”的同质化现象比原来的“单一学科”的同质化现象更为可怕，因为其不仅消耗了已有的办学资源，而且还大多提前预支或占用了学校未来的发展资源，造成每一类学科都有资源稀缺感，为学校优化配置资源、扶植形成优势特色学科增加了难度。学校多年办学历史形成的大学文化自然也会被稀释，对文化传承和创新同样提出了新的问题和挑战①。

（三）办学定位模糊

美国卡内基梅隆大学校长科亨先生曾指出：“制定大学战略目标的关键是找准自己的定位”。划转地方后，大部分地方新建本科层次行业院校前身的专科高校都经历过一段“迷茫期”，后经过努力升为本科院校。从专科院校升格为本科院校，办学理念更新势在必行，任何一所新建本科院校都不可能在本科层次上实施专科化办学。这一形势客观上要求学校全体人员必须及时转变落后的教育思想观念，用先进的本科办学理念武装自己的头脑，尽快从教学管理、服务等各方面达到本科教学工作的新标准。然而，面对本科办学理念的新要求，大多数人缺乏顺应观念变革的积极性和主动性，依旧固守陈旧的思想观念而不愿更新，一些教师仍然沿用落后的教学方法讲授早已过时的教学内容，有些人甚至有意回避观念变革与创新。更为严重的问题是，办学理念的更新不是一种简单意义上的思想更新，而是一种涉及学校定位、专业设置、人才培养、管理方式等诸多层面的整体性理念转变。而观念理念的转变，是需要时间浸润，需要潜移默化的。

在国家关于地方本科院校要向应用技术型转型的政策决定出台后，地方新建本科层次行业院校基于本科教学合格评估或审核评估等重大评估导向中建立起来的要走教学研究型综合性大学之路的共识，又要重新经历一轮新的办学定位、办学理念的大讨论和思想激荡。虽然经过一段时间的摸爬滚打，大多数行业院校仍旧选择了依托原有行业作为主要服务面向，在保持原有行业特色的基础上，适当调整自己的办学定位，为服务社会打开一扇新的大门，但已经形成的学科专业布局、师资队伍结构、管理运行机制，绝不会随着办学定位的转变短期内调整到位。

更重要的是，如果原行业的发展也存在产能转化、转型升级，究竟是转而坚

① 周志强，亓晶．地方行业划转院校行业性与区域性办学特征解析［J］．现代教育管理，2017（1）：57-61.

守原有的专业特色，还是发展相近新兴专业进行特色专业升级？这种变化还要求学校对现有的学院机构和教师队伍进行快速调整，但是教师的调整和知识的更新需要时间，有限的办学资源面对特色发展需要做出的抉择绝不是像发个文件调整办学定位那么容易。

三、行业院校转型意义

地方政府、教育行政部门、行业企业、高校和研究机构对地方普通本科高校转型发展形成了广泛共识，加快高等教育结构调整已势在必行[①]。

（一）转型发展是国家和产业结构转型升级的迫切需求

社会转型必然带来经济转型、组织转型、制度转型，也必然导致教育转型。目前，我国经济社会到了转型升级的关键时期，产业结构调整和生产方式的变革使社会职业岗位发生了很大变化，对人才培养结构提出了更高要求。工业化、信息化、城镇化进程逐步加快，加之现代农业和战略性新兴产业迅猛发展，迫切需要培养数以万计的技能型、应用型人才。例如信息化和工业化深度融合，现代化装备加速替代传统生产工具，需要培养具备新知识、应用新技术、掌握新装备的应用技术型人才；文化创意和设计产业迅猛发展，小微企业成为经济活力的重要源泉，需要兼有创业能力、创意能力和动手能力的技术技能人才；企业基础管理能力的提升，产品、技术、工艺和流程的应用性创新，需要复合型、创新型、管理型人才；高技能高附加值制造成为高精尖设备和高档消费品竞争力的重要基础，需要能掌握现代科学技术又接受过系统技能训练的应用技术型人才[②]。

地方新建本科层次行业院校作为地方性高校，其特点就是办学区域定位和服务面向定位的“地方性”“行业性”，就是区域高校与区域社会结合，加强区域高校与区域社会的结合，促进“教育链、人才链与产业链、创新链”有机衔接，突出行业特色服务，实现区域高校与区域社会的互动发展。因此，地方新建本科层次行业院校转型发展要遵循社会需求性原则，在引领社会的同时，更要坚持校地互动发展战略和办学模式，适应社会需要，主动对接地方、融入地方、服务地方。地方新建本科层次行业院校应当重视地方产业结构调整，使专业建设和学科建设同地方主导产业、支柱产业和新兴产业相匹配，为地方发展提供素质较高的人力资源以及技术上的帮助；应当积极构建科技服务地方的长效机制，建立科技服务地方的管理模式，着力提升科技服务地方的能力与水平[③]。

---

① 许青云．普通本科高等学校转型的思考［J］．国家教育行政学院学报，2015（3）：38-43.

② 应用技术大学（学院）联盟．地方本科院校转型发展实践与政策研究报告［R］．2013.

③ 顾永安．关于新建本科院校转型发展的思考［J］．教育发展研究，2010，30（03）：79-83.

（二）转型发展是高等教育结构调整的迫切需求

社会发展对人才的需求模式和学科知识本身的属性，要求高等教育体系要涵盖不同类型、层次的高等学校。自1999年高校扩招以来，我国地方高校已成为近年来扩招的主力军，承担了90%的本科教育任务。由于规模扩张过快，地方高校师生比逐渐拉大，软硬件很难及时跟上，再加上有些高校功能定位不清，存在攀比趋同倾向，办学缺乏特色、同质化严重等状况。优化内部结构，提高办学质量，培育办学特色，走内涵式发展道路，必将是地方高校的战略选择。一是内涵式发展是地方高校发展的战略价值选择和转型过程。随着我国高等教育已呈现出生源危机，地方高校生源危机问题势必更加严重，以规模数量求发展的扩张模式必将成为历史，地方高校的竞争力和竞争优势更在于质量特色和由此获得的良好社会形象。内涵式发展是地方高校发展模式的组织变革和价值转型，是新时期地方高校的发展理念、发展方式、发展目标和发展战略，也是提升地方高校社会影响力和社会竞争力的重要途径。二是内涵式发展是优化地方高校内部资源科学配置的需要。规模、结构、质量、效益之间的关系是高等教育可持续发展的重要因素。如果说外延式发展重在解决高等教育规模扩张和效益提升，那么内涵式发展则是重在优化结构和提高质量。地方高校内涵式发展的核心是质量提高、结构优化和科学发展，在资源有限的情况下，学科专业结构的调整、师资力量的整合、经费投入的途径、核心竞争力的培育、办学特色的培育与彰显等，必须加强地方高校发展理念、发展目标和发展战略的重新评估和科学论证，在此基础上，合理配置内部资源，促进自身全面协调、可持续发展。三是内涵式发展是提高地方高校教育教学质量的需要。高等教育外延式发展是内涵式发展的前提和基础，内涵式发展是外延式发展到一定阶段的组织发展的质的诉求和内在要求。高等教育质量问题伴随着高等教育大众化的发展实践，走以质量提升为核心的内涵式发展道路，是高等学校发展的内在需要，也是地方高校提高教育教学质量的重要方式。办学规模扩张以来，质量问题一直是高等教育界重视的发展问题，既有社会各界对扩招的责难，也有对教育质量的担忧。地方高校只有坚持走稳定规模、优化结构、强化特色、注重创新、提升质量的内涵式发展道路，才能从专业根本上增强办学实力、提高核心竞争力、扩大社会影响。欧美发达国家教育结构调整和应用技术大学的发展，启示着我国地方本科院校特别是新建本科应实现由学科学术型人才培养为主向应用技术型人才培养为主的转变。可见，地方新建本科院校的转型，不仅是地方院校的现实选择，也是高等教育结构调整的内在必然要求①。

（三）转型发展是地方本科院校特色发展的迫切需求

质量是立校之本，特色是兴校之基。面对教育部评估，不少地方院校苦于凝

① 王志刚．地方高校内涵式发展的基本内容和实现路径［J］．宝鸡文理学院学报（社会科学版），2014，34（02）：111-114.

练不出自己的办学特色。面对我国经济社会发展对教育的新要求和新期待，地方院校实施综合改革、推进转型发展是克服同质化现象，实现特色化、内涵式发展，提升学校核心竞争力的战略需要。国家转型发展战略要求地方院校办学定位特色化。地方行业特色新建本科院校地方院校应从大学文化建设的高度，顶层设计自身的办学定位、服务面向定位，即“行业性、地方性、应用型”，以服务求支持，以服务求发展，主动实施行业性、区域化发展战略。

优势学科特色要求转型发展，目前，绝大多数地方院校在学科建设方面存在自相矛盾的误区：一是过分强调专业建设的“龙头”地位，弱化学科建设，甚至认为学科建设是综合性大学、研究型大学的事情，地方院校主要是应用型教学，科研不重要，学科无所谓；二是学科“大而全”，特色不明显，绝大多数地方院校本科专业都在40个以上，涵盖10个左右一级学科，原行业特色学科的优势从占比、经费支持、社会影响、学生规模、成果产出等多方面均难以为继。三是学科交叉融合度不高，积聚效应未真正呈现，相关专业硬性组群，群主作用发挥不够。地方新建本科院校要提高自身核心竞争力，就必须实施转型发展，结合行业转型升级和地方产业发展，通过跨学科重新组合，以学科专业群建设为突破口，有选择性地重点建设“少而精”的优势学科①。

应用型专业特色要求转型发展。我国地方院校大多由原来的师范类专科或行业类专科升格而来。在过去的10多年中，出于解决办学经费的需要，这些院校拼命扩大专业规模，盲目上新专业，求数量不求质量。国家转型发展工程要求地方科院校结合区域主导产业、支柱产业，通过校企互动进一步优化专业结构，调整专业布局，实现产业链与专业链对接，支撑区域主导产业、支柱产业和战略性新兴产业的发展，进而彰显学校专业特色。转型发展工程明确要求我国应用技术类型高校人才培养定位为培养生产、管理一线的高层次技术技能型人才，人才培养规格、标准与教学过程更强调地方性、行业性、学术性和职业性。地方院校要凸显技能型专业教育特色，必须向应用型转型。

在国家引导地方普通本科高校转向应用型的政策决定下，相比其他新建本科院校，行业院校基于行业背景和专科基础，无论是在办学定位、课程设置、人才培养方式上，还是在师资队伍建设、运行管理方式上都是为应用型人才培养服务的，在专业发展和学科建设上，始终坚持非均衡发展，把特色学科放在突出地位，这类学科往往在国内或省内处于领先水平，对区域经济社会发展特别是行业转型升级有重大支撑作用。同时，行业院校大多致力于研究解决工程实际问题和经济发展中的实际问题，侧重于应用技术的研究和运用。在人才培养上重视实践教育，师资队伍中有一部分为“双师型”教师，有的学校本身就建有校外实践基地、校办工厂，技术技能人才培养能力较强，构成了地方新建本科层次行业院校转型发展的优势②。

---

① 刘海峰．新建本科院校实施转型发展工程势在必行［J］．天中学刊，2014，29（04）：122-125.

② 刘教民．推进地方高校转型发展，大力培养高技术技能人才［J］．华夏教师，2013（9）：5-8.

第三章　行业院校转型逻辑

引导部分地方普通本科高校转型发展是党中央、国务院做出的重大决策和战略部署，发展至今，稳步推进，持续深入，迈向新的阶段。

一、转型的制度逻辑

学者周雪光认为制度逻辑是指某一领域中稳定存在的制度安排和相应的行动机制。由于行业院校在现行教育体制中并不是作为一种规范类型出现，因此，地方普通本科院校转型发展的制度变迁基本也反映了地方新建本科层次行业院校转型发展的制度逻辑。鉴于其行业背景，有论者认为对这类高校来讲不是转型，而是定型，不过推动应用型迈向深入的发展方向是一致的。

（一）国家推动高校转型发展的制度逻辑

自 1998 年首所新建本科院校诞生以来，该类院校就一直是教育行政部门和专家学者密切关注、研究探讨的重要对象。2002—2005 年，教育部连续在湖南、浙江、河北、河南召开了 4 次全国新建本科院校教学工作研讨会，旨在交流与指导新建本科院校如何由专科教育过渡到本科教育。2006 年年初，首届新建本科院校办学定位与发展战略学术研讨会在上海召开，50 多位高校主要负责人参会。此后，聚焦新建本科院校的学术研究与会议研讨不断升温。《国家中长期教育改革和发展规划纲要（2010—2020 年）》印发执行后，新建本科院校转型发展政策开始逐渐浮出水面。

1. 转型思路的提出与论证

《国家中长期教育改革和发展规划纲要（2010—2020 年）》颁布后，我国高等教育管理体制改革的方向更加明确，变革趋势主要体现为 3 点：一是政府转变管理方式；二是中央与地方政府之间走向分权与合作；三是扩大高校办学自主权。十年来，在国家建立现代职业教育体系，优化高等教育结构及实行分类管理的方向指引下，经过政府、市场和高校的各级组织、各个部门、相关主体相互作用、共同努力，制度环境趋于稳定，制度安排逐步清晰明朗，相应的行动机制更加务实、有效、可操作，实现了地方新建本科院校的平滑转型。

规划纲要还首次以战略规划的形式明确高等教育人才培养的重点是“应用型、复合型、技能型人才”。2012 年 3 月 16 日，《教育部关于全面提高高等教育质量的若干意见》再次强调，高等教育要“加大应用型、复合型、技能型人才培养力度”。按照国家领导高度重视并提出的转型思路，教育部于2013年年初开始着手转型的调研与论证，组织了15个省份35所地方本科高校及研究机构，系统研究欧洲实体经济、现代职业教育体系和应用技术大学的发展，开展了以1999年新建本科高校为重点的地方高校转型发展课题研究，为系列制度的出台做足准备①。2013年11月，中国教育科学研究院发布的《地方本科院校转型发展研究报告》，理论分析了占全国普通本科院校总量55%的地方新建本科院校的发展思路和规划体系，发现此类高校基本是沿袭老牌本科院校办学模式，努力向多科型甚至综合性方向发展。根据教育部“高等教育质量工程”项目建设指标，部分地方新建本科院校的发展之路似乎勾勒出向老牌本科院校转型，甚至升级为教学研究型大学的美好蓝图。千校一面的状况严峻，地方新建本科院校丢掉了办学特色，教学质量严重下滑，出现“三低现象”：专业对口率低、就业质量低和就业率低②。地方新建本科院校的现实困境如何破解？是继续升格、升级，还是转轨、转型？成为国家及地方教育主管部门面临的时代难题。2013年6月，在天津举办的全国职业院校技能大赛闭幕式上，时任中共中央政治局委员、国务院副总理刘延东在“加快发展现代职业教育为实现中国梦提供人才支撑”的讲话中明确提出：“要促进中等和高等职业教育协调发展，鼓励推动地方本科高校向职业教育转型，使专业结构和层次结构与人力资源需求相适应，以增强学生就业创业能力和职业转换能力，提高就业率和就业质量。”由此，推动地方本科高校转型从一种思路在经过调研论证后，基本转变为政策决定。

2. 转型政策体系初步形成

2014年2月26日，李克强总理主持召开国务院常务会议，对加快发展现代职业教育做出部署：引导一批普通本科高校向应用技术型高校转型。变“推动”为“引导”，符合我国高等教育体制改革的方向，从管理向治理转变，表明转型并不是行政强制，更不是“一刀切”，而是通过政策来循序渐进地鼓励高校转型。2014年3月22日举办的中国高层发展论坛上，教育部副部长指出，以专升本为主的地方本科高校将逐步转型，淡化学科，强化专业，培养技术技能型人才。进一步明确转型的对象以新建地方本科高校为主。2014年5月，《关于加快发展现代职业教育的决定》印发执行，指出要“采取试点推动、示范引领等方式，引导一批普通本科高等学校向应用技术类型高等学校转型，重点举办本科职业教育。独立学院转设为独立高等学校时，鼓励其定位为应用技术类型高等学校。建立高等学校分类体系，实行分类管理，加快建立分类设置、评价、指导、拨款制度。

① 张墨宁．地方高校开启“二次转型”[J]．南风窗，2014（16）．

② 蒋平，张继华．地方新建本科院校转型发展：理论、政策与实践[J]．宜宾学院学报，2016（3）：112-117.

招生、投入等政策措施向应用技术类型高等学校倾斜”。引导一批普通本科高校向应用技术型高校转型，并纳入国家现代职业教育体系建设的范畴。2015 年 2 月，《教育部 2015 年工作要点》报告中明确表示：“推动高等教育布局结构优化和地方高校转型发展。印发引导部分地方本科高校向应用技术型高校转型发展改革试点的指导意见，启动改革试点，有序引导部分有条件、有意愿的地方高校转型发展”。2015 年 3 月 13 日《中共中央 国务院关于深化体制机制改革加快实施创新驱动发展战略的若干意见》以及 2015 年 5 月《中国制造 2025》均强调引导普通本科高校加快向应用型转型。2015 年 10 月，教育部、国家发展改革委、财政部联合正式发布《关于引导部分地方普通本科高校向应用型转变的指导意见》。从政策决定的层层传导到有思路、有任务、有路径、有保障的指导意见出台，从行政指令到以省级统筹、试点推动的方式引导一批有条件、有意愿的本科高校向应用技术型高校转型，其演变反映了决策的“磨合”与对意见的吸纳过程，体现了行政管控制度逻辑的“内部调适”过程及限度，符合制度体系形成逻辑。

从发展视角看，地方本科高校转型这一政策信息的传导，一方面，以“自上而下、层层加压”的“压力传导”方式展开，展现出“分级治理”的运行逻辑；另一方面，包括招生计划、财政拨款等高等教育领域稀缺资源在内的各类激励要素的设置和选择性分配，产生了较为强烈的“激励诱导”效应。中央政府、地方政府与本科高校之间围绕本科高校转型，形成了政策执行的激励约束结构。

3. 转型机制的逐步构建

引导地方普通本科高校转型发展，关键是要着力解决转型发展过程中“束缚过多、动力不足”的问题，通过体制改革激发地方和高校改革创新的积极性。《关于引导部分地方普通本科高校向应用型转变的指导意见》从顶层设计的高度，明确转型发展的重要意义、指导思想、基本思路、主要任务、配套政策和推进机制。文件既立足于在学校层面引导试点、形成示范，也立足于在制度层面通过试点推进整体性的体制机制改革，增强改革的系统性、整体性和协调性。之后，国家不断完善促进转型发展的政策体系，推动院校设置、招生计划、拨款制度、学校治理结构、学科专业设置、人才培养模式、师资队伍建设、招生考试制度等重点难点领域的改革。《国家教育事业发展“十三五”规划》《关于深化产教融合的若干意见》《国家职业教育改革实施方案》《国家产教融合建设试点实施方案》《关于全面深化新时代教师队伍建设改革的意见》等一揽子文件的出台，特别是《国家职业教育改革实施方案》出台，明确职业教育和普通教育是两种不同的教育类型，具有同等重要地位之新判断，均夯实了高校转型发展的基础，为地方普通本科高校往哪里转、转什么、怎么转指明了行动路径，提供了机制保障。

为改善产教融合的办学条件，国家发展改革委、教育部启动了教育现代化推进工程应用型本科高校的建设项目。“十三五”期间，在全国范围内支持 100 所高校加强实习实验实训平台和基地建设，通过项目建设深化产教融合、校企合作，推进人才培养模式的改革。例如《国家产教融合建设试点实施方案》以“城市为节点、行业为支点、企业为重点”的改革推进机制，促进高等教育和产业发展创新要素交叉渗透、相互融合，推动产教融合由“破冰期”迈入“深水期”。转型之关键在应用型人才培养，人才培养的质量关键在师资。国家高度重视，坚持把教师队伍建设作为基础工作，《国家职业教育改革实施方案》第 12 条提出，要“多措并举打造‘双师型’教师队伍”；《中共中央　国务院关于全面深化新时代教师队伍建设改革的意见》提出，要“全面提高职业院校教师质量，建设一支高素质‘双师型’的教师队伍”，包括建设 1 项标准体系、改革创新 2 项基本制度、完善 3 项管理保障机制、实施六大举措提升教师双师素质 4 个层面的工作举措。

从地方来看，广东、河南等 20 多个省（区、市）出台了引导部分普通本科高校向应用型转变的文件，运用项目建设和试点遴选的方式，从简政放权、专业设置、招生计划、教师聘任等方面对试点高校给予支持，激发高校向应用型发展的内生动力与活力。

（二）地方落实高校转型发展的制度安排

河南省在推进普通本科院校转型发展方面一直走在全国前列，极具代表性与典型性。

1. 河南省转型发展的制度安排

2015 年 7 月，河南省人民政府出台《关于深化高等教育综合改革全面提升服务经济社会发展能力的意见》，首次提出将高等学校分为四类，将在“十三五”期间按照高水平大学、特色骨干大学、应用技术类型大学和高职高专院校四类进行分类管理、分类指导（表 3-1）；要求引导部分本科高校向应用型转变，并对高校向应用型转变的发展定位和转型方向给出方向（例如努力建设 2～3 所国内高水平大学，着力建设 7～10 所特色骨干大学，加快发展应用技术类型高校，加强高等职业专科院校建设等）。

表 3-1　河南省高等学校分类发展定位

项目	高水平综合性大学	特色骨干大学	应用技术类型大学	高职高专院校
办学定位	培养具有扎实的理论基础、实践能力和创新能力的复合型高素质人才，巩固本科教育，发展研究生教育	培养具有较强的理论基础、实践能力和创新能力的专业型高素质人才，巩固本科教育，提升研究生教育，停办专科教育	培养有一定理论基础、掌握新技术、具备较强实践能力和创新意识的本科层次技术技能人才，主要发展本科教育，适度发展专业学位研究生教育，兼顾专科教育	培养面向生产、建设、管理、服务一线需要，具有熟练操作技能和一定实践能力的专科层次技术技能人才

续表

项目	高水平综合性大学	特色骨干大学	应用技术类型大学	高职高专院校
人才培养	提高学生的科学文化素质、知识创新能力和实践能力	提高学生的科学文化素质、技术创新能力和实践能力	着重培养技术型、应用型、复合型人才	着重培养学生的动手能力
学科专业	加强学科建设，巩固优势学科，积极培育催生新兴学科和交叉学科	根据行业发展实际，重点加强基础学科、应用学科建设，推动学校的优势学科、专业进入国内先进行列	重点加强服务区域主导产业和特色产业发展的专业集群建设，加快改造传统基础学科和专业，积极培育、发展应用型本科专业	重点发展与我省各地产业密切相关的应用类专业，加强特色应用专业建设
科研管理	全面提升科研水平，积极承担国家和我省的协同创新建设、重大战略课题研究	加强科研机构、重点实验室、工程（技术）研究中心和协同创新平台建设，积极开展基础性、原创性研究	加强工程实验室、工程（技术）研究中心、协同创新平台建设，积极推动应用技术创新和转移研究	通过校企合作建立先进技术转移和推广中心，积极开展实用性技术研发和技术推广
	支持有条件的高水平综合性大学、特色骨干大学、应用技术类型大学从区域需求出发，积极探索共建大学科技园等创新孵化器，联合开展科技攻关，共享创新资源，为师生科研成果转移、学习实践提供平台支撑			
教师发展	分类制定教师职称评审标准，完善高校职称评审办法及不同类型高校相应职称转评机制。实施高校教师分类培养，针对不同类型高校、不同专业的特点，制定多元化的教师发展制度。支持各类高校依据自身发展实际需要，在核定编制内公开招聘各类教师。鼓励高校探索岗位分类设置和管理办法，根据各岗位对教师教学、科研、管理等方面的不同要求，综合确定各项职责和考核评价标准			

注：根据河南省教育厅《关于促进普通高等学校分类发展的指导意见》整理。

2015 年 11 月，河南省人民政府办公厅转发省教育厅《关于促进普通高等学校分类发展指导意见的通知》发布。该文件紧紧围绕 4 种分类回答了不同类型高校，应立足何种办学定位、培养什么样的人才、学科专业结构向何方调整、科研管理及开展如何定位、教师管理及培养方向等核心问题，最重要的是，对高校分类有了清晰的发展计划，明确了启动时间（2015 年）、建设周期（5 年一个周期）、4 类高校的建设数量（重点建设 2～3 所高水平综合性大学、5 所特色骨干大学、10 所左右示范性应用技术类型本科院校、30 所左右品牌示范高等职业学校）。

根据教发〔2015〕7 号文件精神，2016 年 7 月，河南省教育厅、河南省发展和改革委员会、河南省财政厅联合发布《关于引导部分本科高校向应用型转变的实施意见》，提出按照统筹规划、分类推进、示范带动的实施原则，明确用 5 年时间（“十三五”期间），实现四个目标：形成一批转型发展典型成果、总体就业创业质量显著提高、服务重点产业转型升级能力明显增强、人才培养立交桥更趋畅通；对本科高校转型发展提出要求，着力完成10项主要任务：明确类型定位，制定发展规划；建立行业企业参与的治理结构；加快融入区域经济社会发展；建立紧密对接产业链、创新链的专业体系；创新应用型人才培养模式；建立科技创业教育体系；加强实验实训实习基地建设；发挥区域和行业科技服务中心作用；加强“双师双能型”教师队伍建设；构建多元质量评估监测体系。

2016年9月，河南省教育体制改革领导小组出台《河南省教育综合改革方案》，进一步明确了四类高校功能定位，从完善内部治理结构、加快调整学科专业结构、创新人才培养机制、改革教师教育体制机制及结构优化、完善科技服务体系、促进大学生就业创业、扩大教育对外开放等重要方面，为各类高校深化改革指明发展方向和改革着力点。

河南省积极贯彻落实高等教育分类发展及分类管理，构架出推动高校分类发展、转型发展的政策体系，绘就一幅有着清晰时间表、路线图的高校转型发展脉络图。

2. 河南省推动高校转型发展的不同阶段

为贯彻落实国家对高等教育实施分类管理、分类发展的精神要求，解决河南省高等教育发展中存在的问题，河南省积极响应，加强研究，先试先行推进转型，历经探索阶段、示范校建设阶段，正在迈向高水平应用型大学建设阶段。

（1）转型试点探索阶段

2013年，与教育部正式启动“应用科技大学改革试点研究”项目同步，河南省教育厅遴选5所首批转型发展试点院校，试点推进，由点及面。同年10月，河南省教育厅组织召开本科高校转型发展试点院校座谈会，5所试点院校分别介绍转型发展情况，协商成立省本科高校转型发展专家工作组。2014年1月，教育部在黄淮学院举行地方本科高校转型发展座谈会。会上，教育部领导充分肯定了该校的转型成果，认为试点成果证明了地方本科高校转型发展的必要性和可行性。2014年7月，河南省教育厅启动第二批本科院校转型发展试点工作。第二批转型发展试点分为院校整体转型和院校部分专业（集群）转型两类，1999年以后设立的普通本科高校可申报院校整体转型或部分专业（集群）转型，1999年以前设立的普通本科高校可申报部分专业（集群）转型，新增7所整体转型试点学校。2014年9月《关于加快发展现代职业教育的意见》提出：“到2020年，重点建设10所示范性应用技术类型本科院校，在经费投入、专业硕士学位授权点设置等方面予以倾斜支持。”11月，河南省教育厅印发《关于做好本科学校转型发展试点工作的通知》，强调各试点学校要进一步提高思想认识，充分认清试点工作的重要意义，将转型发展作为学校各项工作的总体要求，着力推动试点工作取得实效，并从完善学校治理结构、创新人才培养模式、加强实习实训基地建设、加强“双师型”教师队伍建设和提升社会服务能力五个方面明确地规定了试点院校的主要任务。2015年8月，河南省教育厅下发《关于对本科学校转型发展试点进行评估的通知》，对第一批整体转型试点高校进行验收评估，重点考察学校通过试点取得的总体效果、可供借鉴的试点经验、人才培养改革成果、师资队伍结构调整措施、社会服务产出以及试点经费使用等情况。对第二批整体转型试点高校进行中期评估，重点考察学校转型发展方案、办学定位和特色转型目标、学科专业调整思路、人才培养模式改革、师资队伍建设、校企合作推动、争取地方政府支持、服务区域经济发展、试点经费使用等情况。

（2）示范性应用技术类型本科院校建设阶段

2015 年 11 月，河南省教育厅、河南省财政厅《关于启动示范性应用技术类型本科院校建设计划的通知》要求，将推进高等教育分类发展，引导本科高校转型发展进行落地实操。建设目标明确了遴选时间、遴选数量、建设目标、遴选范围；建设方案公布了首批 4 所示范校名单，明确了两批 10 所示范校相应的建设周期及建设要求。第一批示范校建设周期为 2015—2019 年，第二批示范校建设周期为 2016—2020 年。采取项目管理，中期评估，专项资金支持推进建设。

2016 年 6 月，河南省教育厅、河南省财政厅联合发布《关于公布启动第二批示范性应用技术类型本科院校名单的通知》。经过学校申请、预选评审、学校陈述、评审答辩等环节，遴选确定商丘师范学院、洛阳理工学院、平顶山学院、河南工程学院、南阳理工学院、南阳师范学院 6 所院校为河南省第二批示范校。除了重申示范校建设目标外，文件要求各示范校加强管理，推动治理结构调整，成立示范校领导小组和办公室，统筹协调示范校建设。同时，要求各示范校公布建设规划，并纳入学校“十三五”规划体系。最大的变化是示范校管理“实施动态管理”，对示范校建设过程进行动态评估。

通过转型发展试点、示范校遴选等工作开展，形成较为科学、规范的示范校管理机制，施行一年 3 次重要会议的推进机制：春季座谈会、夏季现场会、秋季年度评估。

举办座谈会，提建议理思路。根据示范校的动态管理机制，每年春季省教育厅召集 10 所示范校召开座谈会。目的主要有 3 个：一是听取各示范校建设阶段工作推进情况汇报；二是通报年度示范校工作的整体思路，确定现场会的承办单位及时间；三是征集各高校关于示范校发展管理的意见建议。

召开现场会，总结交流经验。为了搭建转型成果展示平台，加强校际间的沟通交流，推广示范校建设经验，每年省教育厅都会遴选一个高校承办全省示范性应用技术类型本科院校建设工作现场会。2017 年，承办高校为洛阳理工学院；2018 年，承办高校为南阳理工学院；2019 年，承办高校为平顶山学院。现场会的形式也在探索中改进发展，自 2018 年起，现场会增加互评打分环节，并将评分结果纳入年度考评计分。

年度绩效考评，检验建设成效。年度评估采取听取汇报、谈话了解、现场考察、资料查阅等形式进行，评估结果作为年度专项资金拨付的重要依据。按照示范校管理机制，继2017、2018年度定期年度考评，2019年10月14—18日，河南省教育厅组织开展了2019年河南省示范校建设情况年度绩效考评工作。基于前文分析的重要性，河南省教育厅的考评方案较前两次考评也有两大变化。一是考评采取专题汇报、实地考察、查阅资料、谈话了解相结合的方式进行，较前一年新增谈话了解环节。二是考评内容包括建设成效和年度绩效。2018年6月以来示范校建设年度目标完成情况及增加汇报示范校建设以来的总体工作开展情况和成效。2019年，是第一批示范校建设周期期满年度，是河南省示范校建设转向高水平应用技术类型本科高校建设的关键年度，因此，兼具建设成效总结和年度增量考评双重意义，考评结果不仅决定年度专项资金的拨付，同时对高水平应用技术类型本科高校的遴选具有重要参考甚至决定性作用。

（3）高水平应用型大学建设阶段

《加快推进河南教育现代化实施方案（2019—2022年）》（征求意见稿）提出，“实施高水平应用型本科高校建设工程，加强应用技术类型本科院校内涵建设，重点建设15～20所高水平应用技术类型本科高校和50个对接区域产业链的专业（集群），提升服务区域产业发展能力”。基于示范校建设实践探索，使得河南省推进高等教育分类管理、分类发展的工作，走在全国前列，为全国推动引导本科高校转型发展提供重要经验，也为向高水平应用型大学建设阶段转变奠定坚实基础。

二、转型的特色逻辑

特色是一个事物或一种事物显著区别于其他事物的风格和形式，是由事物赖以产生和发展的特定的具体环境因素所决定的，是其所属事物独有的。《普通高等学校本科教学工作水平评估方案（试行）》指出，办学特色是指“在长期办学过程中积淀形成的本校特有的，优于其他学校的独特优质风貌，特色应当对优化人才培养过程，提高教学质量作用大，效果显著。特色有一定的稳定性并应在社会上有一定的影响，得到公认”。因此，办学特色指一所大学在发展历程中形成的比较持久稳定的发展方式和被社会公认的、独特的、优良的办学特征。不仅被视为学校发展的一种竞争战略，而且被越来越多的大学认作为核心竞争力。行业院校核心竞争力指行业院校与行业、区域之间形成的紧密型合作关系，并使这种紧密型合作全面渗透到人才培养、学科建设、科学研究、服务社会、文化传承创新等各个方面，形成具有鲜明特色的办学模式。

（一）特色建设的客观必然性

在高等教育日益激烈的竞争态势中，要想谋求生存与发展空间，就必须充分发挥自身的办学优势，努力铸造鲜明的办学特色。

1. 彰显办学特色是高等教育多样化的必然选择

大学的活力在于多样化，在于相互补充、相互竞争。1998 年 10 月，联合国教科文组织在巴黎召开的世界高等教育会议上通过的《二十一世纪的高等教育：展望与行动世界宣言》明确指出：考虑多样化和避免用一个统一的尺度来衡量高等教育质量。这是市场经济和知识经济、信息社会的共同要求。在多样化和多变性的信息社会中我们不应该用精英阶段高等教育的学术取向和质量标准来规范大众化的高等教育。当前，我国正处于工业化和知识化两个现代化一次实现的过程中，因而其产业结构和生产力更加多元化，这就决定了人才需求的更加多样化，最终决定了高校必须根据自身的基础条件、学科结构、所处地域及其他内外部条件培养出适应不同生产力水平、不同工作岗位的各种规格的高级专门人才，努力办出自己的特色。因此，这种“特色”就是水平、就是生命，学校要用自己创办出来的“特色”去竞争，去求得生存和发展的机会，形成并彰显高校各自的特色是应对高等教育多样化的必然选择。

随着全球化进程的加速，世界高等教育市场竞争激烈，呈现“国内竞争国际化”“国际竞争国内化”并存的局面。这种竞争导致全球范围内的高等教育“分工”，倒逼各国高等学校办学特色的多样化，形成一个多样性的全球高等教育系统。在这种激烈的高等教育竞争下，强化我国高校的办学特色，走特色化办学道路，显得尤为紧迫。行业院校划转地方后，适逢中国高等教育大众化，多重性质、多样化的价值观和多样化的质量观的高等教育需求主要是专业性的，为以专业性、应用型定位的行业院校提供发展的黄金时代。行业院校历史起点的行业单一性也决定其必须选择特色发展战略，以实现有限资源的效益最大化。而今我国高等教育正向教育现代化、建设高等教育强国的方向迈进，需要全社会的共同努力，以形成多层次、多样化、高质量、各显特色、各具优势、结构科学、布局合理的高等教育体系，以满足不同行业、不同部门、不同地区的特殊需要，更好地服务于创新型国家的建设和发展。行业院校应始终站在国家行业科技前沿和产业发展战略的高度，瞄准行业的未来方向，树立先进的办学理念，围绕特色的构建，发挥优势，扬长避短，着力提升学校的办学质量和核心竞争力。

2. 深化办学特色是地方高校改革的必然需求

办学特色是地方高校在长期办学的过程中积淀下来的被社会所公认的，稳定的、独特的、有品位的、良好的生存和发展方式。人无我有，人有我优，人优我新。地方高校的办学特色，不是单一的，是治校者的治校办学理念、治学者的教学方式和学生的学习风气的综合体现；办学特色是高校人才培养计划和专业课程设置以及学校的自我定位、发展规划等多因素相互融合的结果，是高校建校以来所积淀下来的文化传统，所形成的独特的象征和标志。办学特色是每一所地方高校毕业生核心竞争力的体现。因而，大学特色具有多元性特征，但学科是灵魂。学科特色是大学特色中最主要的标志，是办学特色的集中体现。大学在学科发展上应做到有所为、有所不为，要重点发展优势学科和特色学科，这也是行业院校的传统优势所在。

改革开放以来，我国教育实现了大改革、大发展、大提高，正向高等教育强国的方向迈进。地方高校的长远发展离不开办学特色，特色的形成是由学校所在地的地理环境、社会经济发展情况、人文文化、办学历史等众多因素决定的。高等素质教育大发展时代的到来，必然要求我国地方高校发展呈现特色化和多样化的发展趋势。但是，目前大部分高校在探索特色化发展道路的同时，又存在趋同现象，与自身特色相背离，存在众多误区：盲目扩招、盲目扩校、贪大求全、缺乏科学的办学指导思想、定位不明、管理趋同。而地方高校中行业背景新建本科院校在教育部对其进行评估、升本、更名的过程中，生搬硬套别校的做法，不考虑自身的实际情况，放弃学校已有的传统和特色。甚至出现什么专业热门，就盲目开设什么专业，不考虑设置该专业的办学条件，影响了学校人才培养的整体质量，毕业生的就业竞争力也大打折扣。所以，深化办学特色是地方高校改革发展的必然要求。

3. 凝练办学特色是行业院校谋求发展的必由之路

高校的核心竞争力是指一所高校长期形成的，能使高校在竞争中保持可持续发展，建立在高校战略性资源基础上的获取、创造、整合资源的特有能力。由此可见，高校的核心竞争力也具有独特性、资源优质性和持续稳定性等基本特征，这与办学特色所表现出来的基本特征存在内在的一致性。因此，办学特色必然构成了核心竞争力的关键要素。高校的办学特色一定是高校的比较优势，高校只有用自己创造出来的“办学特色”去充分发挥自己的比较优势，才能求得生存与发展。一所高校只有不断挖掘、培育、积累、凝练、形成、强化自身的办学特色，才能在激烈的竞争中形成自己的比较优势，从而提升自身的核心竞争力。所以，办学特色的重要性在于其不仅是学校的一个重要标识，也是学校的核心竞争力。特色的培育过程，其实是增强核心竞争力的过程，办学特色是高校科学发展的内生驱动力。

高校的核心竞争力来自各种办学特色所形成的合力：目标有特色可产生导向力，学科有特色可产生竞争力，科研有特色可产生影响力，专业有特色可产生感召力。因此，当前国内各高校之所以十分重视办学特色的研究与建设，是因为有特色就有发展，有特色就有核心竞争力。当然，办学特色并非是凭空创造的，任何高等学校如果没有良好的办学基础，办学特色也难以形成，但办学特色一旦形成，就会转化为核心竞争力，而核心竞争力是高校办学实力的突出表现。因而，学校有核心竞争力才能提高办学效率，形成办学活力，进而使学校产生强大的生命力①。一所学校如若缺乏厚重的办学特色积淀，是不可能培养出高质量人才，

① 李鸿，赵国付，蔡之让．试论地方高校办学特色——以宿州学院为例［J］．宿州学院学报，2014，29（4）：97-101.

也培育不出高效益成果的。高校的发展需要办学特色来领航，能否形成鲜明的办学特色是高校赢得社会认可的关键，是高校生存发展的原动力之所在。市场经济条件下的高校竞争，办学特色成为其发展的重要因素，也成为其吸引人才和吸引优质生源的基础。鲜明的办学特色在学术交流、科学研究等方面还会给学校赢得更高的学术地位和更多的发展机遇，成为学校办学实力、社会声誉的综合表现形式和标志，并且带动学校整体办学水平的提升，增强学校的办学实力，促进学校的发展。这种发展体现在：当办学特色所涉及的范围是学校工作的一个方面时，它表明学校在这一方面的发展；当办学特色所涉及的范围较大或是多个方面具有特色时，用量变引起质变的观点看，这将引发学校整体质的变化。因此，鲜明的办学特色将引发学校整体的变化，即包括办学水平、教育质量的提高。可以说，办学特色是学校发展的原动力，如果不重视特色优势的培育与发展，必将扼杀学校发展的生机。

实践证明，地方新建本科院校只要牢固树立特色化的发展战略，从自身发展的历史积累、现实条件及学校所处的地域环境出发，以适应地方经济社会发展为导向，明确自身的优势所在，找准位置、科学定位、勇于创新，都可以打造出鲜明的办学特色。有特色就有质量，有特色就有效益，有特色就有发展，有特色就能提升学校的核心竞争力和社会影响力。正如著名教育家潘懋元先生所讲："每所大学能够生存，能够发展，能够出名，依靠的主要是特色，而不是大[①]。"

（二）行业院校特色建设路径

特色建设应围绕办学特色的外延进行培育。办学特色的外延主要是指办学特色所包含的各方面，主要为 4 个方面，即学科特色、科研服务特色、人才培养特色、校园文化特色。始于行业、兴于行业的行业院校，在新时期实施特色化发展战略，亟待制订符合学校的特色建设长远整体战略规划，将学科特色建设、科研服务特色建设、人才培养特色建设以及校园文化特色建设作为学校特色建设的核心内容和战略突破口，给予资源保障，确保行业特色融入人才培养、科研服务、学科专业建设、文化传承与创新。

1. 坚持科学定位，凝练办学理念特色

凡有发展意图和求进取向的社会组织，其有效管理行为均起始于准确的组织定位。没有准确的组织定位，就不可能有准确的组织发展思路、方向、目标及措施的选择，其发展和管理也就难免盲目和混乱[②]。转型发展是办学定位的基本前提，办学定位是转型发展的方向选择。转型发展中的行业院校办学定位特质性体

---

① 林雪燕．培育新建地方本科院校办学特色的路径探析［J］．南昌工程学院学报，2010，29（5）：51-53，70.

② 眭依凡．大学校长的办学定位理念与治校［J］．高等教育研究，2001，22（4）：49-52.

现在：一是服务面向的行业性。这个是行业院校特色定位的基因选择，应该坚守并坚持的。不仅是传统专业要紧密对接历史依托的行业，新建学科专业发展也要紧密对接行业发展。使行业性的办学定位落到实处，切实成为学校的特色。二是服务面向的区域性。学校要注意主动研究区域的人才需求和产业结构，主动研究区域的社会特征和服务空间，从而使学校获得区位优势，赢得发展资源，明确服务空间。三是办学类型的应用型。一方面要将培养应用型人才作为学校人才培养基本定位，强调在保持学校传统优势与特色的基础上，大力发展应用技术教育。另一方面要从总体上把学校定位为“应用型本科院校”，规定学校的应用型要表现在人才培养、科研服务、引领文化功能的履行方面，并随着学校发展阶段的转变，提升应用型人才培养质量和科研服务水平。

办学特色的形成和发展是大学赢得生存力和竞争力的关键，是一所大学兴衰的保证。办学理念是形成和发展办学特色的依据和指针，只有在办学理念的指引下，办学特色才能沿着既定的道路前进，逐步塑造和发展办学特色，从根本上促进大学的发展。办学理念是办学者对大学办学思路与策略的高度概括，是对大学理想的目标追求和对办学行为的理性认识，是办学思想的精髓，是一所大学的大学之魂。具体来讲，办学理念就是大学办学者在自身对教育思想、大学理念认识的基础上，对长期办学实践中所形成的优秀办学经验的理性认识追求和哲学思考。科学的办学理念包含着大学的办学方向、办学目标、运营策略、社会责任以及人们对理想大学模式的构想。

转型发展中行业院校的办学理念也要转型。办学理念的转型作为一种教育意识和教育思想上的转型，是具有根本性意义的，也是行业院校转型发展的顶层设计。行业院校需要在转型实践中提炼出适应层次转型、功能转型和类型转型要求的办学理念，并以新的办学理念指导转型发展不同阶段的实践。特色是办学理念创新的根本遵循，也是学校特色建设的核心内容。

行业院校要认真分析国内外、省内外、行业内外高等教育发展的趋势，认真分析自身教育资源的优劣，认真分析行业、区域服务对象的所需所求，在遵循高等教育发展规律的前提下，按可行性和超前性原则，对学校的发展目标、办学类型、人才培养方向与模式、学科建设以及科学研究和社会服务等方面进行选择、规划与定位，充分体现出高等教育创造知识、引领社会文化发展的特性。实事求是地认识自己、研究自己，定好位，彰显办学特色。

2. 强化学科建设，提升核心竞争能力

以特色求生存成为当下高校可持续发展的必然选择。而发展特色学科和建设特色专业成为学校特色发展的最重要抓手。学科建设是现代大学发展的永恒主题，高校学科建设水平是衡量高校办学水平的主要标志。作为一项基础性、全局性、关键性工作，学科建设是高校进行社会服务、人才培养和科学研究的重要基础和平台，是学校所有工作中的龙头性工作，它代表着高校的教学科研水平，也决定着人才培养的质量，同时还决定着其科学研究发展的前景和后劲。因此，不断提升学科建设水平是高校办学的一个永恒主题，应贯穿于办学的始终，忽视学科建设是一种典型的短视行为。

行业院校在长期服务行业的实践中建成了一批具有行业背景的传统优势学科，这些学科往往在区域内同学科领域处于领先水平。行业院校必须坚守这块阵地，把培育和发展特色学科作为学科建设和学科发展的切入点和落脚点，以特色学科带动其他相关学科发展，形成“一超多强”的学科发展态势，构建优势学科群。首先，科学规划。根据自身学科优势，结合区域经济社会发展，以学科建设为龙头、专业建设为平台，有计划、分层次、按步骤地建立起结构合理、特色鲜明的学科专业群。其次，资源整合。以行业和区域经济社会发展需求为导向，将学校自身和地方的优质教育资源进行有效整合，以校级、省级、国家级的重点学科和特色学科为突破口，积极培育和孵化与经济社会发展相协调的新型交叉应用学科。再次，内涵发展。按照“高标准、高规格、高起点”的学科发展原则，注重学科建设和专业建设的内涵发展，依托学校优势学科和重点学科，以学科体系建设来凝练学科发展方向，努力打造具有强大竞争力的特色学科和品牌专业。行业院校在学科专业建设中不能全面铺开、面面俱到，应坚持“有所为、有所不为、有所先为、有所后为”的方针，采取“非均衡”发展战略，集中力量首先在已有或独有且相对优势的学科专业基础上进行，同时不断扩大传统优势学科的覆盖面，逐步推动学科学业特色的形成；最后，地方院校在特色学科专业建设和发展的战略选择上，应主动适应地方经济结构的战略性调整和人才市场的现实需求，科学谋划学科专业建设，要瞄准地方支柱产业、高新技术产业和服务业，有计划地培养重点学科专业和特色学科专业，并及时根据地方社会需求的变化灵活应变，最终形成与地方经济社会发展相适应的学科结构。

3. 改革育人模式，打造人才培养特色

人才培养是高校的重要职能，理念特色、定位特色、学科专业特色等最终要通过培养的人才来体现。因此，人才培养特色是高校办学特色的出发点和根本落脚点，换句话说，衡量学校是否有特色，归根到底要看培养出的人才是否有特色。如果学校培养不出有特色的人才，办学特色的培育也就失去了应有的意义。随着国家在传承中创新、创新中传承，要培养优秀人才，为行业发展提供坚实的人力资源保障，这是行业院校办学的初心。

行业院校人才培养特色的培育应注重几个方面：第一，围绕行业产业链的专业群建设，即依托行业性学科生态环境，围绕行业产业链建设包含主干专业、关联性专业以及服务性专业在内的完整的专业群。第二，某一特定专业的内涵建设，特别要重视传统专业的改造和提升，即以传统特色专业为依托，改变单科性过强、专业面过窄的专业面貌；坚持以经济转型升级的要求、用行业发展的新理念、新技术，通过整合、交叉渗透等形式，改造和优化传统专业，提升专业的适应性和发展性。第三，注重人才培养模式的改革和创新，新的时期，行业院校的应用型定位没有变，必须根据新型工业经济所需，培养以应用型为指向、人文取向与功利取向内在统一的现代化人才。行业院校在制定人才培养方案和课程教学体系时，要注重理论教学体系和实践教学体系的有机统一，在课程设置上与通识教育相区别，更加注重专业类、应用类的课程设置，特别需注重多维实践教学体系的构建，要在优化和整合课程体系的基础上加强实践教学环节，在加强应用性教学和创新研究的基础上推动人才培养的校企合作、产学联合，凸显人才培养应用型特色，使学生具有进入相关行业、产业领域就业或创业的知识储备，尽可能提高学生适应当前与未来行业发展的实际能力。

4. 深化产学合作，打造科研服务特色

大学办学特色对社会的贡献主要表现在 3 个方面：一是集中体现在办学特色的优势学科对社会进步的贡献，二是大学有特色的人才培养和科学研究对社会的贡献，三是有特色大学毕业生对社会发展所做出的成就①。行业院校具有服务行业产业的优良传统和开展产学合作的天然优势。体制划转后，行业院校开展产学合作，实现社会服务职能，关键在于更新观念，牢固树立“以服务求支持、在贡献中求发展”的理念，进一步厘清产学合作和社会服务的属性、内容，拓展产学合作和社会服务的领域、渠道，创新产学合作和社会服务的机制、模式。在理念上，要进一步深化对产学合作和社会服务的认识，紧紧围绕行业发展和区域经济社会建设需要，借助已有学科科研优势和基地平台，建立有利于人才汇聚、协同公关、学科交叉、资源共享的产学合作和社会服务管理运行机制和开放体系，营造开展社会服务的大环境。

在产学合作和社会服务的内容和领域上，行业院校应重点关注 3 个方面：一是教育培训合作。可以依托行业特色院校师资优势，采取送课上门、集中轮训、举办专业技能班、学历教育等多种形式，重点围绕行业实用技术技能培训、专业人才委托订单培养、行业企业人才继续教育、区域社会人才文化素养提升等方面提供多样化服务。二是充分发挥知识库、智囊团作用。主动与行业企业和地方政府单位接轨，通过开展课题立项、学术论坛、专题研究等方式，为区域经济社会发展服务，为行业企业发展出谋划策，提供规划决策、组织管理和生产经营方面的研究、咨询和评估服务。三是以研究项目为起点，逐渐转向项目合作与战略合作相结合，把合作触角伸到行业企业和地方经济社会发展的方方面面。

在产学合作体制和机制上，在脱离原行业主管部门管理之后，行业院校要着重探寻政、产、学、研等多方面的合作和支持新机制，拓展政、产、学、研合作平台与网络，通过创建高校文化创意园、产业孵化园等，构筑大平台、组建大团队、争取大项目、创造大成果。在服务模式上，要实现几个转变：从自发服务，

① 尚钢．关于大学办学特色建设的理论思考［J］．高等工程教育研究，2008（2）：100-103.

向自发服务、学校有组织服务并重转变，提高合作水平和层次；从项目合作，向项目合作、长期战略合作并重转变，提高合作稳定性和长期性；从适应性服务，向适应性服务、导向性服务并重转变，提高合作主动性。

5. 持续创新文化，构建文化生态系统

大学文化由大学精神、管理文化、校园环境文化及大学形象设计系统等组成。由所有的师生员工共同参与创造，共同拥有并接受文化砥砺，共同在时间中提升发展。大学精神是高校在长期办学进程中所积淀而成的核心价值理念、文化气质及精神追求，是大学发展的文化基因与精神内核。行业院校立足自身所处的行业办学环境及服务导向，往往具有独具一格的校园精神和特色校标，它引领并潜在规制着师德师风建设、学风建设等，成为激励师生员工不断进取的精神内容。管理文化指的是大学在日常运行中的管理理念与行为操守规范等。行业院校的管理文化沉淀与浸染着行业特色的文化基因，比如强调实践性，在尊重通行规范的情况下，形成鼓励动手、创新实践的制度空间与文化土壤；强调包容性，以海纳百川的胸怀集聚各方资源，发展事业。校园环境文化传导着大学的独特办学理念与办学风格等。行业院校的校园环境和人文景观一般都具有浓郁的行业特色，无论是整体校园的风格设计，还是校园小品的布局，都灌输着特定的文化追求。如农林类行业特色院校注重校园植物空间营造和园林景观建设，工程类行业特色院校楼宇建筑往往透露着一股严密的逻辑气息，艺术类行业特色院校的校园环境则充满着浪漫和想象。

关于文化生态系统外循环合力机制的建构，这一建构旨在解决校园文化生态系统建设与学校人才培养模式改革、科学研究创新、产学研合作准进、管理机制变革等的协调问题，发挥学校的各项事业发展对校园文化的促进作用。一是发挥行业对校园文化的独特孵化作用。行业产业本身即是一个丰富的文化系统，承担着文化传承、文化创新和文化繁荣的重要使命。行业产业在长期发展中砥砺形成的价值追求、审美判断、文化取向等对行业特色院校的文化建设具有独特的影响与作用。一方面，它赋予学校文化建设新的时代要素与文化因子，为校园文化建设输送精神养分；另一方面，也为校园文化建设提供了良好的物质基础等。在长期的行业办学中，行业院校高度与行业的文化交流与交融。二是发挥科学研究对校园文化的潜在作用。学校科学研究活动的开展，不仅会提升学校层次、拓展学校视野，同时，科研活动也将带动学校注重创新、注重理性、注重协作、注重规律、注重奉献等氛围的形成，并对良好的校园文化氛围的形成具有直接的助益作用。另外，科学研究对于新时期学校文化发展的一些重大理论及实践问题的理性思考与判断，对于进一步明确高校文化建设面临的形势与挑战，把握文化建设发展的规律，探索文化发展的创新路径也具有直接的推动作用。在新时期，行业院校要形成尊重知识、崇尚科学，推崇探索、宽容失败，鼓励竞争、倡导合作的创新氛围，形成求真务实、严谨自律的治学态度和学术风气，反对思想浮躁和急功近利。积极倡导相互鼓掌、“在成就他人中成就自我”的团队文化，以助人容人的雅量和着眼全局的胸怀，在为学校事业发展做出贡献的同时，实现个人的全面发展。三是发挥管理创新与校园文化建设的互相促进作用。管理创新激发了体制活力，进一步激活了人的创造力。管理创新中管理理念的变革、制度的重构、利益格局的重新调适，从广阔的层面来讲就是一种文化的变革与洗礼，管理创新的本质就是文化创新，管理创新的同时也直接带动了文化运动方式、文化评价方式等系列变革。在管理创新的视野中审视校园文化的发展与进步，寻求两者的结合点，一是要做到管理变革的路径要符合文化创新的方向，减少改革的盲目性；二是在管理变革的过程中要通过文化力量的发挥减少改革摩擦，凝聚改革共识；三是管理创新要有效地激发办学的文化动能，彰显文化张力；四是管理改革进程中要实现个体文化活力增强与群体文化水平提升的有效结合，全方位地激发文化潜能，形成文化合力。

第四章　行业院校转型发展绩效评价

我国高等教育大众化的进程始于1999年的大规模扩招。大规模扩招前，我国高等教育的毛入学率约为8%，至2002年，经过连续4年的大规模扩招，高等教育的毛入学率提高到15.3%，进入了高等教育大众化阶段。在大众化阶段发展路径上，相当一部分学校将精力用在追求量的扩张上，包括学生规模、专业数量、学科门类、硕博学位点的数量以及科研经费、科研成果的数量等。此外就是追求层次升格。1991—2004年，专科升格为本科的院校有82所，中专升格为大专的学校有138所，改制为普通高校的成人高校有51所。仅2003年，升格、更名的高校就多达64所。在教育部网站上，1990年至2004年8月，合并调整后的各类高校数量达416所，原有612所高校合并组建为250所。

2017年，中国高等教育在学规模达3699万人，毛入学率达42.7%，高考录取率达到80%左右，人民群众接受高等教育的机会得到很大提升，不少大学世界排名不断提升，成就显著，但问题也不少，面临严峻挑战。我国共有普通高校2596所，其中本科层次1237所，大部分是2000年以后新设立的本科高校，囿于传统观念、办学基础、办学条件和师资结构，很多学校还在试图大量培养一般的学术型人才，质量不高，办学同质化倾向明显，毕业生就业难和生产服务一线急需的应用型人才短缺并存。因此，推动地方本科高校转型发展、推动高校把办学思路真正转到服务地方经济社会发展上来，办学模式转到产教融合、校企合作上来，人才培养重心转到应用型技术技能人才上来，转到增强学生就业创业能力上来，这是中央做出的重要决策。十八届五中全会和2016年发布的《中华人民共和国国民经济和社会发展第十三个五年规划纲要》都明确提出，要推动具备条件的普通本科高校向应用型转变。十九大提出要实现高等教育内涵发展，建设一支知识型、技能型、创造型劳动大军。

行业院校是以行业为依托、围绕行业需求、针对行业特点，为特定行业培养高素质专门人才的大学或学院。在管理体制改革以前，行业特色高校大都在原服务的行业领域具有突出优势，拥有一批重点和前沿学科引领相关学科的方向，体现出鲜明的行业特色。在长期为行业部门培养人才和提供科研支撑的过程中，行业特色高校面向国民经济发展的需要，根据行业特点设置应用型学科专业，形成了与该行业有关的、较为集中的特色学科集群。这些学科在很大程度上决定着行业特色高校的核心竞争力。

本书从本科院校转型发展的影响因素、评价指标体系构建、评价方法、因素综合分析等方面对河南省8所转型院校进行总体研究，并且对行业院校和非行业院校进行对比分析，以期望为行业院校转型发展政策制定、基础投入、经费投入等方面做一参考。

一、评价的基本思想

正确导向。《国家中长期教育改革和发展规划纲要（2010—2020 年）》《教育部关于全面提高高等教育质量的若干意见》都明确指出，未来我国高等教育发展的重点是全面提高质量，稳定规模，走内涵式发展道路。开展高校绩效评价是促进高校内涵发展的重要抓手，通过绩效指标的确定和运用引导高校注重效益，提升办学质量；引导高校最大限度地发挥资源效益，以较少投入产出较大成效，改变高投入、低产出的发展状况；引导高校立足现有基础，准确定位，办出特色，办出水平。

全面客观。全面客观地反映高校办学投入产出的关系是绩效评价科学性的保证。作为高等教育实施机构，高校的投入指标通过把资金输入转化为师资队伍建设、学科建设、课程教材建设以及基本办学条件建设、文化建设等一系列中间输入，高校的产出转为培养的人才、科研成果、社会服务等成果，是全面客观评价高校工作的必要条件。在选取高校投入与产出指标时，充分考虑高校办学在输入与输出两方面的活动内容，尽可能相对全面地涵盖高校投入产出的全过程，将投入指标划分为人、财、物三大类，将产出指标划分为人才、科研、服务三大类，才能既全面又有重点地反映学校真实情况，以利于改进学校工作。

便于量化。高校投入与产出指标细化、量化之后才具有效用。将概念化指标转变为有效的可操作性指标，且指标数据是可采集的，才能科学具体。尽管可采集并不是指标提取的核心依据，但却是指标建构的“短板”，是评价指标得以施行的最大约束力量。有些指标尽管在理论范畴内是有意义的，但由于数据难以采集，在实际中还无法运用。例如，高校产出的最终效果体现为高校培养的学生为社会创造出的财富价值上，如果技术允许，把毕业生一定时间点上（如 10 年或更长时间）的薪金作为产出指标是很理想的，但是受当前研究水平和数据统计的限制还难以做到。为此，使用投入产出法时，不得不寻找相应的替代指标以满足绩效评价的目标要求。

二、应用型本科院校转型发展办学绩效评价办法

（一）评估指标体系构建原则

办学绩效评价是一个系统的、具有复杂体系的工程，影响因素多，相互关联性强，数据采集难度大，数据量纲不统一。为了使绩效评价相对客观、全面，真实地反映办学资源的绩效，指标体系的构建要符合以下原则：

科学性原则。它包括准确性和全面性。指标体系中各指标的形式、内容能够

正确地反映指标本身所代表的内涵，数据资料要准确，要能全面地反映评价对象的整个过程特征。

系统性原则。每一个指标都要有明确的内涵和外延，不互相交叉和重叠，同时各指标间还要形成一定的逻辑关系，使之形成一个有机整体，从而体现资源对办学过程的系统性。

可操作性原则。尽量选取易于真实地获取和可操作性强的数据，便于量化。

动态连续性原则。指标选取时，做到静态与动态指标相结合，利用静态指标反映目前现状，利用动态指标来进行前景的预测。

（二）指标体系构建

根据上述原则，本研究构建基于部分新建本科院校转型发展办学绩效综合评价体系，选取投入指标、产出指标等两大类指标体系，其中投入指标、产出指标各设置 12 个指标体系，选取某省 8 所 2000 年后新升格本科院校 2019 年的办学数据。

8 所学校中，洛阳理工学院和院校 5 为具有行业背景的院校，院校 1、院校 2、院校 4、院校 7 等 4 所院校以高等师范专科为基础升本，院校 3 为民办本科院校，院校 6 为以地方理工类专科院校为基础升本，见表 4-1。

（三）评价模型选定

1. 主成分分析法

主成分分析法是一种数学变换的方法，也称主分量分析，旨在利用降维的思想，把多指标转化为少数几个综合指标。在实证问题研究中，为了全面、系统地分析问题，必须考虑众多影响因素。这些涉及的因素一般称为指标，在多元统计分析中也称为变量。因为每个变量都在不同程度上反映了所研究问题的某些信息，并且指标之间彼此有一定的相关性，因而所得的统计数据反映的信息在一定程度上有重叠。在用统计方法研究多变量问题时，变量太多会增加计算量和增加分析问题的复杂性，人们希望在进行定量分析的过程中，涉及的变量较少，得到的信息量较多。这种方法把给定的一组相关变量通过线性变换转成另一组不相关的变量，这些新的变量按照方差依次递减的顺序排列。在数学变换中保持变量的总方差不变，使第一变量具有最大的方差，称为第一主成分，第二变量的方差次大，并且和第一变量不相关，称为第二主成分。依此类推，I 个变量就有 I 个主成分。

分析步骤：数据标准化→求相关系数矩阵→一系列正交变换，使非对角线上的数置 0，加到主对角线上→得特征根 x_i（即相应的主成分引起变异的方差），并按照从大到小的顺序把特征根排列→求各个特征根对应的特征向量→用后式计算每个特征根的贡献率 V_i ：$V_i=x_i/(x_1+x_2+\cdots)$→根据特征根及其特征向量解释主成分物理意义。

本课题针对各种资源对学校办学绩效的显著性进行比较，找到对办学绩效影响最大的因素集，以便形成正确的决策，使资源对办学绩效发挥更大的作用。

表 4-1　部分新建本科院校转型发展办学绩效综合评价体系

一级指标	二级指标	院校名称							
		院校 1	院校 2	院校 3	洛阳理工学院	院校 4	院校 5	院校 6	院校 7
投入指标	本科专业数（个）	66	58	65	55	56	54	52	74
	专任教师数（人）	1121	1093	1430	1296	1132	1201	1156	1263
	具有高级职称专任教师占专任教师的比例（%）	31.17	30.89	47.06	37.02	32.58	42.73	39.76	35.08
	具有研究生学位教师占专任教师的比例（%）	82.31	94.57	79.96	75.92	80.78	81.29	89.89	82.76
	“双师双能型”教师数（人）	219	273	876	602	418	327	531	339
	投入教学经费（万元）	4993.38	4495.82	5878	7728.98	17668.47	9367	6280.97	11083.6
	教学行政用房面积（平方米）	351382.09	309404.4	549107.92	459134.74	297300	1753100	306520.86	2706014.72
	教学科研仪器设备总值（万元）	29700.93	28509.08	39200	28500	19800	28570.62	36240	44300
	实验中心（个）	221	32	50	54	70	24	26	8
	省级以上实验中心（个）	2	6	4	6	6	7	6	7
	纸质图书（万册）	220.78	179.3456	263.51	215	173.2	235.25	164.066	235
	电子图书（万册）	70.2033	104.0378	108	178	146.2	73	166.6	361
产出指标	全日制学生数（人）	24478	28356	35823	28834	20936	28728	20000	27060
	录取本科生数（人）	21266	21270	27391	22126	17795	20002	5457	24678
	优势（一流）专业个数（个）	7	5	6	6	5	5	7	9
	省级精品课程门数（门）	4	18	8	10	9	13	10	8
	省级以上大学生创新创业训练项目（个）	20	16	70	10	20	10	20	15
	学生课外学术科技竞赛省部级以上奖励项目（个）	609	184	1096	939	1043	715	611	1140
	2019 年初次就业率（%）	87.49	82.28	87.43	89.55	90.74	87.15	71.75	84.06
	毕业生教学满意度（%）	80.25	92.61	86	92	92	92	91	90
	考研学生比例（%）	6.80	9.13	3.1	11.86	8	14.03	8.57	11.04
	用人单位对毕业生满意度（%）	97.89	98.47	94.9	95	97	98.37	90	95
	科研总经费（万元）	1054.9	2200	254.65	6549.5	229.1	5621.18	3500	1000
	省级以上科研平台（个）	13	3	7	17	1	13	24	23

注：数据来源于 2019 年本科教学质量报告。

(1) 主成分分析的数学模型

主成分分析就是通过适当的变换，使新变量成为原变量的线性组合，并寻求主成分来分析事物的一种方法。

假设有 $n=15$ 个样本，每个样本观测 $p=4$ 项指标，即：X_1，X_2，…，X_p，得到原始数据矩阵：

$$X=\begin{bmatrix} x_{11} & x_{12} & \cdots & x_{1p} \\ x_{21} & x_{22} & \cdots & x_{2p} \\ \vdots & \vdots & \ddots & \vdots \\ x_{n1} & x_{n2} & \cdots & x_{np} \end{bmatrix}=(X_1,X_2,\cdots,X_p)$$

其中：

$$X_i=\begin{bmatrix} x_{1i} \\ x_{2i} \\ \vdots \\ x_{ni} \end{bmatrix},\quad i=1,2,\cdots,p$$

用几个数据矩阵 X 的 p 个指标向量作线性组合，简写为：

$$F_i=a_{1i}X_1+a_{2i}X_2+\cdots+a_{pi}X_p,i=1,2,\cdots,p$$

为了加以限制，对组合系数作如下要求：

$$a_{1i}^2+a_{2i}^2+\cdots+a_{pi}^2=1,\quad i,j=1,2,\cdots,p$$

满足上述要求的综合指标向量 F_1，F_2，…，F_p 就是主成分，该 p 个成分从原始指标所提供的信息总量中所提取的信息量依次递减，每一个主成分所提取的信息量用方差来度量，且主成分方差的贡献率就等于原指标相关矩阵相应的特征值 λ_i，每一个主成分的组合系数 $a_i=(a_{1i}, a_{2i}, \cdots, a_{pi})$ 就是相应特征值 λ_i 所对应的特征向量t_i 方差的贡献率 $\alpha_i=\dfrac{\lambda_i}{\sum_{j=1}^{p}\lambda_i}$，其中 α_i 越大，说明相应的主成分在决策问题上提供有价值的信息越充分。

(2) 主成分的计算

① 数据的均值化

对原始数据进行无量纲化，以消除彼此之间的影响，同时又能反映原数据的变异信息。

设原始数据为 $X=(X_{ij})_{n\times p}$，令 $y_{ij}=\dfrac{x_{ij}}{\bar{x}_j}$，$i=1, 2, \cdots, n$；$j=1, 2, \cdots, p$。

其中：$\bar{x}_j=\dfrac{1}{n}\sum_{k=1}^{n}x_{kj}$，$j=1, 2, \cdots, p$，得规范化数据阵：$Y=(y_{ij})_{n\times p}$

设 $Y=(Y_1, Y_2, \cdots, Y_p)$ 的协方差阵为 $U=(u_{ij})_{p\times p}$，由于 Y 中每个向量的均值为 1，则有：

$$u_{ij}=\frac{1}{n-1}\sum_{k=1}^{n}(y_{ki}-\bar{y}_i)(y_{kj}-\bar{y}_j)=\frac{1}{n-1}\sum_{k=1}^{n}(y_{ki}-1)(y_{kj}-1)$$

$$=\frac{1}{n-1}\sum_{k=1}^{n}\left(\frac{x_{ki}}{\overline{x}_i}-1\right)\left(\frac{x_{kj}}{\overline{x}_j}-1\right)=\frac{\frac{1}{n-1}\sum_{k=1}^{n}(x_{ki}-\overline{x}_i)(x_{kj}-\overline{x}_j)}{\overline{x}_i\cdot\overline{x}_j}=\frac{s_{ij}}{\overline{x}_i\cdot\overline{x}_j}$$

其中 $u_{ii}=\frac{s_{ii}}{(\overline{x}_i)^2}=\left(\frac{\sqrt{s_{ii}}}{\overline{x}_i}\right)^2$ 为原始数据的协方差，i、$j=1$，2，…，p。即规范化数据的协方差阵主对角元为各指标间变异系数的平方。

设规范化数据各指标的相关系数为 r_{ij}^*，则有：

$$r_{ij}^*=\frac{u_{ij}}{\sqrt{u_{ii}}\ \sqrt{u_{ij}}}=\frac{\frac{s_{ij}}{\overline{x}_i\cdot\overline{x}_j}}{\sqrt{\frac{s_{ij}}{(\overline{x}_i)^2}}\sqrt{\frac{s_{ij}}{(\overline{x}_j)^2}}}=\frac{s_{ij}}{\sqrt{s_{ii}}\ \sqrt{s_{jj}}}=r_{ij}$$

式中，r_{ij} 为原始指标间的相关系数，即规范化不改变各指标间的相关系数。

② 样本数据的协方差矩阵：$S=(s_{ij})_{p\times p}$，其中：

$$s_{ij}=\frac{1}{n-1}\sum_{k=1}^{n}(x_{ki}-\overline{x}_i)(x_{kj}-\overline{x}_j),\ i,j=1,2,\cdots,p$$

③ 求出协方差矩阵 S 的特征值 $\lambda_1\geqslant\lambda_2\geqslant\cdots\geqslant\lambda_p>0$ 及相应的正交化单位特征向量：

$$a_1=\begin{bmatrix}a_{11}\\a_{21}\\\vdots\\a_{p1}\end{bmatrix}\quad a_2=\begin{bmatrix}a_{12}\\a_{22}\\\vdots\\a_{p2}\end{bmatrix}\quad a_p=\begin{bmatrix}a_{1p}\\a_{2p}\\\vdots\\a_{pp}\end{bmatrix}$$

则 X 的第 i 个主成分为 $F_i=a_iX$，$i=1$，2，…，p。

系数 a_{ij} 的确定原则：

F_i 与 F_j（$i\neq j$；i，$j=1$，2，…，p）相互无关。

F_1 是 X_1，X_2，…，X_p 的一切线性组合中方差最大者，F_2 是与 F_1 不相关的 X_1，X_2，…，X_p 的所有线性组合中方差最大者，F_p 是与 F_1，F_2，…，F_{p-1} 都不相关的 X_1，X_2，…，X_p 的所有线性组合中方差最大者。

④ 在已确定的全部 p 个主成分中合理选择 r 个来实现最终的评价分析。用方差贡献率 α_i 解释主成分 F_i 所反映的信息量的大小，r 的确定以累计贡献率 $G(r)=\sum_{j=1}^{r}\lambda_j\Big/\sum_{j=1}^{p}\lambda_j$ 达到足够大（一般在 85%以上）为原则。

2. 数据包络分析法

（1）模型的原理和步骤

1978 年由著名的运筹学家 A. Charnes，W. W. Cooper 和 E. Rhodes 首先提出了一个被称为数据包络分析（Data Envelopment Analysis，简称 DEA）的方法，以评价部门间的相对有效性（因此被称为 DEA 有效）。该模型都可以看作是处理具有多个输入（输出越小越好）和多个输出（输入越大越好）的多目标决策问题的方法。数据包络分析可以看作是一种统计分析的新方法，它是根据一组关于输入-输出的观察值来估计有效生产前沿面的。在经济学和计量经济学中，估计有效生产前沿面，通常使用统计回归以及其他一些统计方法，这些方法估计出的生产函数并没有表现出实际的前沿面，得出的函数实际上是非有效的。

（2）模型评价步骤

① 确定评价目标。对教育系统而言，资源配置效率越高，意味着系统能用较少的资源消耗获得较多的教育产出，说明教育资源配置越合理。反之，效率越低，资源配置越扭曲。可见，利用 DEA“相对有效性”评价，可以达到目的。

② 选择决策单元（DMU）。选择 DMU，即确定参考集。在教育资源配置评价中，区域间的横向比较，选择同一时点各个地市教育系统的资源配置状况作为评价的决策单元；某一区域的纵向比较，即选择不同年份或时间段作为 DMU。

③ 建立输入输出指标体系。在应用 DEA 进行教育资源配置评价时，使用的指标体系主要有：输入指标包括教育经费支出额（千元）、年末固定资产总值（千元）、当量教职工数（人）；输出指标包括当量在校学生数（人）、科技活动经费筹集额（万元）、研究与发展课题经费额（万元）。当然，不同指标下 DEA 评价结果是不同的，因此，应考虑 DEA 评价结果随着指标体系的改变而变化的情况以及所包含的有价值信息。

④ 选择 DEA 模型。DEA 模型有多种形式，在此主要选择评价规模和技术有效的 CZR 模型。同时根据问题的研究目的还可选择其他 DEA 模型或其他方法，以获得更为客观、全面的结论。

⑤ 进行 DEA 评价分析。进行 DEA 评价分析包括数据的收集整理、模型求解以及对评价结果进行分析。在 DEA 评价结果的基础上进行实际分析是 DEA 评价中的重要环节之一，这方面的工作要与问题的实际背景和有关专家的知识、经验相结合，如果 DEA 评价结果能够通过实践检验，则可直接为决策者提供有用信息；否则，则需要重新调整评价指标体系或选择其他评价模型。

⑥ 得出评价结论。通过 DEA 方法的建模和求解可得到以下信息：各 DMU 的 DEA 有效性、相对规模收益情况、相对有效性生产前沿面及各 DMU 在其上的投影、各 DMU 的相对有效性与各输入（输出）指标之间的关系、不同指标对各 DMU 的影响等。根据上述信息，结合对实际问题背景的了解和经验的把握，可以找出教育资源配置的是否科学合理，以便及时调整教育资源分配策略。

三、评价结果分析

（一）主成分分析方法数值求解

将所需的数据提取出来见表 4-2、表 4-3，进行规范化处理见表 4-4、表 4-5，得到相关系数矩阵见表 4-6、表 4-7，计算方差贡献率见表 4-8～表 4-13，确定主成分个数，见表 4-14、表 4-15。

表 4-2　投入指标初始数据

66	1121	31.17	82.31	219	4993.38	351382.1	29700.93	221	2	220.78	70.2033
58	1093	30.89	94.57	273	4495.82	309404.4	28509.08	32	6	179.3456	104.0378
65	1430	47.06	79.96	876	5878	549107.9	39200	50	4	263.51	108
55	1296	37.02	75.92	602	7728.98	459134.7	28500	54	6	215	178
56	1132	32.58	80.78	418	17668.47	297300	19800	70	6	173.2	146.2
54	1201	42.73	81.29	327	9367	1753100	28570.62	24	7	235.25	73
52	1156	39.76	89.89	531	6280.97	306520.9	36240	26	6	164.066	166.6
74	1263	35.08	82.76	339	11083.6	2706015	44300	8	7	235	361

表 4-3　产出指标初始数据

24478	21266	7	4	20	609	87.49	80.25	6.8	97.89	1054.9	13
28356	21270	5	18	16	184	82.28	92.61	9.13	98.47	2200	3
35823	27391	6	8	70	1096	87.43	86	3.1	94.9	254.65	7
28834	22126	6	10	10	939	89.55	92	11.86	95	6549.5	17
20936	17795	5	9	20	1043	90.74	92	8	97	229.1	1
28728	20002	5	13	10	715	87.15	92	14.03	98.37	5621.18	13
20000	5457	7	10	20	611	71.75	91	8.57	90	3500	24
27060	24678	9	8	15	1140	84.06	90	11.04	95	1000	23

表 4-4　投入指标标准化数据

0.791748	−0.80136	−1.00991	−0.18917	−1.06454	−0.79248	−0.54578	−0.28071	2.368507	−2.07063	0.284521	−0.85889
−0.26392	−1.04929	−1.05811	1.872336	−0.81365	−0.90698	−0.59253	−0.43621	−0.42275	0.295804	−0.89307	−0.49869
0.65979	1.934765	1.725641	−0.58432	1.987961	−0.5889	−0.3256	0.958578	−0.15692	−0.88741	1.498935	−0.4565
−0.65979	0.748227	−0.0028	−1.26364	0.714923	−0.16294	−0.42579	−0.43739	−0.09784	0.295804	0.120249	0.28872
−0.52783	−0.70395	−0.76717	−0.44643	−0.13996	2.124405	−0.60601	−1.57243	0.138455	0.295804	−1.06773	−0.04983
−0.79175	−0.09297	0.980209	−0.36068	−0.56276	0.214012	1.01515	−0.42818	−0.5409	0.887412	0.695767	−0.82912
−1.05566	−0.49144	0.468908	1.0854	0.385048	−0.49617	−0.59574	0.572403	−0.51136	0.295804	−1.32733	0.167355
1.847413	0.45602	−0.33678	−0.1135	−0.50701	0.609048	2.076303	1.623947	−0.7772	0.887412	0.688662	2.236949

表 4-5　产出指标标准化数据

−0.45618	0.193475	0.540062	−1.46137	−0.13401	−0.56323	0.403868	−2.1529	−0.67692	0.73359	−0.6127	0.043683
0.313353	0.194086	−0.9001	1.948489	−0.33821	−1.8704	−0.4607	0.729294	0.019042	0.94001	−0.1438	−1.12119
1.795066	1.12814	−0.18002	−0.48712	2.418552	0.934622	0.393912	−0.81208	−1.78209	−0.33054	−0.94039	−0.65524
0.408205	0.32471	−0.18002	0	−0.64452	0.45174	0.745715	0.58705	0.83448	−0.29495	1.637268	0.50963
−1.15903	−0.33619	−0.9001	−0.24356	−0.13401	0.771611	0.94319	0.58705	−0.31848	0.416843	−0.95086	−1.35416
0.387171	0.000591	−0.9001	0.730683	−0.64452	−0.23721	0.347447	0.58705	1.482648	0.90442	1.257132	0.043683
−1.34477	−2.21895	0.540062	0	−0.13401	−0.55708	−2.2081	0.353862	−0.14823	−2.07443	0.388536	1.325038
0.056182	0.714141	1.980226	−0.48712	−0.38927	1.069952	−0.16532	0.120675	0.58955	−0.29495	−0.63518	1.208551

表 4-6 投入指标相关系数矩阵

1	0.318822	-0.12404	-0.14714	-0.08741	-0.04442	0.53874	0.625535	0.201008	-0.28996	0.57954	0.514078
0.318822	1	0.760153	-0.58949	0.831202	-0.09548	0.24034	0.545142	-0.28307	-0.02544	0.764634	0.227765
-0.12404	0.760153	1	-0.32268	0.753083	-0.15908	0.156977	0.415506	-0.40423	0.104104	0.555818	-0.12041
-0.14714	-0.58949	-0.32268	1	-0.37802	-0.37593	-0.17939	0.074623	-0.19397	0.122642	-0.57813	-0.08861
-0.08741	0.831202	0.753083	-0.37802	1	-0.08903	-0.23673	0.300681	-0.29673	-0.06656	0.34103	0.003263
-0.04442	-0.09548	-0.15908	-0.37593	-0.08903	1	0.245865	-0.37175	-0.20378	0.43701	-0.19417	0.335832
0.53874	0.24034	0.156977	-0.17939	-0.23673	0.245865	1	0.547835	-0.41307	0.50082	0.486944	0.646194
0.625535	0.545142	0.415506	0.074623	0.300681	-0.37175	0.547835	1	-0.30415	0.03393	0.490509	0.579513
0.201008	-0.28307	-0.40423	-0.19397	-0.29673	-0.20378	-0.41307	-0.30415	1	-0.88558	0.060544	-0.45181
-0.28996	-0.02544	0.104104	0.122642	-0.06656	0.43701	0.50082	0.03393	-0.88558	1	-0.23255	0.486505
0.57954	0.764634	0.555818	-0.57813	0.34103	-0.19417	0.486944	0.490509	0.060544	-0.23255	1	0.049448
0.514078	0.227765	-0.12041	-0.08861	0.003263	0.335832	0.646194	0.579513	-0.45181	0.486505	0.049448	1

表 4-7 产出指标相关系数矩阵

1	0.792025	-0.12076	0.134374	0.585377	0.193721	0.383477	-0.13281	-0.19542	0.269465	0.035048	-0.20957
0.792025	1	0.026588	-0.10281	0.35595	0.352823	0.734282	-0.27093	-0.14412	0.586931	-0.23872	-0.34353
-0.12076	0.026588	1	-0.55121	-0.03282	0.352381	-0.32199	-0.34362	-0.02466	-0.46157	-0.2358	0.763908
0.134374	-0.10281	-0.55121	1	-0.27	-0.59416	-0.22501	0.741424	0.395451	0.231937	0.361836	-0.30804
0.585377	0.35595	-0.03282	-0.27	1	0.340713	0.083384	-0.40743	-0.84088	-0.18165	-0.52665	-0.29065
0.193721	0.352823	0.352381	-0.59416	0.340713	1	0.433975	-0.05708	-0.11815	-0.23806	-0.2076	0.169996
0.383477	0.734282	-0.32199	-0.22501	0.083384	0.433975	1	-0.16161	0.011818	0.692824	-0.07767	-0.53308
-0.13281	-0.27093	-0.34362	0.741424	-0.40743	-0.05708	-0.16161	1	0.587202	-0.11322	0.454241	-0.03358
-0.19542	-0.14412	-0.02466	0.395451	-0.84088	-0.11815	0.011818	0.587202	1	0.172288	0.741257	0.364884
0.269465	0.586931	-0.46157	0.231937	-0.18165	-0.23806	0.692824	-0.11322	0.172288	1	-0.09068	-0.6551
0.035048	-0.23872	-0.2358	0.361836	-0.52665	-0.2076	-0.07767	0.454241	0.741257	-0.09068	1	0.382106
-0.20957	-0.34353	0.763908	-0.30804	-0.29065	0.169996	-0.53308	-0.03358	0.364884	-0.6551	0.382106	1

表 4-8　投入指标特征向量

0.149991	−0.39236	0.072706	0.067292	0.423608	−0.33313	0.360786	0.173034	−0.01655	0.549066	0.009309	0.247764
0.543631	0.514753	0.190687	0.175655	−0.06261	−0.29181	−0.09647	0.140129	−0.05391	−0.1355	−0.19042	0.44355
0.36694	−0.3438	0.023346	−0.26348	0.08783	0.473036	0.294791	−0.26503	0.11072	−0.35581	−0.18006	0.342472
0.174674	0.303877	−0.27248	−0.21126	−0.14399	−0.1664	0.48735	0.01956	0.620068	0.035869	0.178833	−0.23283
−0.34994	−0.04626	−0.56901	0.153959	0.136002	−0.08846	0.107398	0.446665	0.036027	−0.37744	−0.24792	0.292118
−0.11116	0.254052	0.132054	−0.07834	−0.0953	0.140425	0.604164	0.174861	−0.61006	−0.10951	0.30151	−0.0074
0.063991	0.083623	−0.47713	0.493403	−0.11718	0.190633	0.010794	−0.44205	−0.07291	0.240526	0.346369	0.298446
−0.42015	0.298274	0.389196	0.070817	0.126972	0.433322	0.019437	0.15341	0.403686	0.215267	0.056206	0.37115
0.159697	0.379661	−0.34389	−0.24704	0.372304	0.362959	−0.07843	0.038985	−0.20976	0.369499	−0.3867	−0.20732
−0.03887	0.1685	−0.04113	−0.26415	0.656507	−0.18192	−0.2109	−0.18693	−0.00088	−0.29862	0.508225	0.087416
−0.3619	0.102629	−0.0765	−0.51758	−0.2543	−0.33172	0.027831	−0.4059	−0.1156	0.177011	−0.22729	0.384915
0.208302	−0.15759	−0.19344	−0.41662	−0.3106	0.160936	−0.32813	0.479116	−0.031	0.191279	0.405286	0.243696

表 4-9　产出入指标特征向量

0.177876	−0.54181	0.29272	0.030154	0.11219	0.096546	−0.055	0.337014	−0.5511	0.174433	−0.16964	−0.29459
−0.08648	0.523803	0.087163	−0.42231	−0.07924	−0.32158	0.265497	0.220669	−0.11803	0.331861	−0.18759	−0.37958
0.326522	0.0073	−0.2232	0.484028	0.028206	−0.20825	0.469538	0.260224	0.034584	0.274152	0.447786	0.003795
−0.17711	−0.14874	−0.67682	−0.09799	−0.00078	−0.03323	0.341702	0.111026	−0.31713	−0.20542	−0.3898	0.232206
−0.06151	0.409482	−0.15364	0.364917	−0.33501	0.368019	−0.13847	−0.05391	−0.42025	−0.25104	0.125326	−0.38299
0.065565	−0.05589	−0.29551	−0.22559	0.389995	0.263149	0.056788	−0.59579	−0.15506	0.402539	0.201536	−0.21939
−0.26106	−0.30209	−0.18513	0.329575	−0.40038	−0.31707	−0.17597	−0.25122	0.220346	0.350885	−0.27419	−0.30974
−0.12576	0.145138	0.457339	0.341855	0.064454	−0.15288	0.36334	−0.4592	−0.3331	0.03604	−0.2405	0.310803
0.305274	0.042496	0.02742	−0.12428	−0.52632	0.49677	0.087283	0.028032	0.058937	0.434523	−0.19252	0.356729
−0.168	0.15269	0.018402	0.339463	0.452146	0.43694	0.131635	0.226672	0.378301	0.10958	−0.4276	−0.1757
0.180917	0.315123	−0.20101	0.191015	0.264435	−0.23058	−0.61395	0.118098	−0.23172	0.299822	−0.16093	0.328052
−0.75941	−0.04853	0.054414	−0.01237	−0.01323	0.152769	−0.04478	0.244393	−0.14195	0.319207	0.385269	0.249213

表 4-10　投入指标特征值

0	0	0	0	0	0	0	0	0	0	0	0
0	0	0	0	0	0	0	0	0	0	0	0
0	0	0	0	0	0	0	0	0	0	0	0
0	0	0	0	0	0	0	0	0	0	0	0
0	0	0	0	1E-15	0	0	0	0	0	0	0
0	0	0	0	0	0.206819	0	0	0	0	0	0
0	0	0	0	0	0	0.267025	0	0	0	0	0
0	0	0	0	0	0	0	0.761763	0	0	0	0
0	0	0	0	0	0	0	0	1.592795	0	0	0
0	0	0	0	0	0	0	0	0	2.201186	0	0
0	0	0	0	0	0	0	0	0	0	2.813083	0
0	0	0	0	0	0	0	0	0	0	0	4.157329

表 4-11　产出指标特征值

-2E-15	0	0	0	0	0	0	0	0	0	0	0
0	0	0	0	0	0	0	0	0	0	0	0
0	0	0	0	0	0	0	0	0	0	0	0
0	0	0	0	0	0	0	0	0	0	0	0
0	0	0	0	0	0	0	0	0	0	0	0
0	0	0	0	0	0.085105	0	0	0	0	0	0
0	0	0	0	0	0	0.636588	0	0	0	0	0
0	0	0	0	0	0	0	0.953921	0	0	0	0
0	0	0	0	0	0	0	0	1.318503	0	0	0
0	0	0	0	0	0	0	0	0	1.866547	0	0
0	0	0	0	0	0	0	0	0	0	3.238925	0
0	0	0	0	0	0	0	0	0	0	0	3.900411

表 4-12　投入指标荷载

0.255205	0.817899	0.487602	0.225359	0.354758	0.000228	0.370293	0.572683	0.178691	0.031769	0.615948	0.246894
0.000244	0.102003	0.091204	0.089966	0.172908	0.255733	0.33749	0.008887	0.420657	0.726598	0.145325	0.462068
0.663598	0.040415	0.278679	0.002832	0.313589	0.0264	0.127345	0.102003	0.300527	0.196293	0.068969	0.080536
0.000437	0.004629	0.019526	0.612404	0.002067	0.592801	0.008468	0.259565	0.070079	1.24E-06	0.021287	0.001531
0.022808	0.014958	0.053506	0.000291	0.151979	0.023292	0.148856	0.017928	0.001158	0.026617	0.125506	0.174864
0.034758	0.002485	0.023205	0.063421	0.00308	0.097468	3.11E-05	0.000101	0.001642	0.011877	0.000207	0.02875
0.022951	0.017611	0.046278	0.005726	0.001619	0.004078	0.007516	0.038834	0.027246	0.006845	0.022758	0.005357

表 4-13　产出指标荷载

0.338487	0.561968	5.62E-05	0.210309	0.572127	0.187741	0.374199	0.376774	0.496348	0.120404	0.419754	0.242243
0.093207	0.113974	0.649445	0.492144	0.050872	0.131555	0.243507	0.187334	0.120048	0.592198	0.08388	0.480762
0.056793	0.205566	0.140288	0.078765	0.117635	0.30245	0.229809	0.002424	0.352423	0.022413	0.16779	0.190189
0.400449	0.018367	0.001577	0.132601	0.232861	0.0317	0.064017	0.146292	0.00458	0.188693	0.070798	0.026568
0.108345	0.046451	0.064596	0.011759	0.002772	0.338608	0.060201	0.201147	0.00075	0.049013	0.013304	0.056976
0.001926	0.044872	0.140346	0.074328	0.012205	0.002053	0.019711	0.08404	0.00485	0.011031	0.239949	0.001276
0.000793	0.008801	0.003691	9.397475	0.011526	0.005893	0.008556	0.001989	0.021002	0.016248	0.004525	0.001986

表 4-14　投入指标主成分值

−1.80512	−2.25286	2.572325	−0.328683633	−0.17482	−0.09071	0.284805
−2.25059	0.735903	0.112926	1.702986213	−0.15087	0.065896	−0.76658
3.013018	−2.42284	−0.70765	0.429683961	0.3251	0.539128	−0.24232
0.545075	−0.49468	−1.00453	−0.83621569	0.409081	−1.10775	−0.22918
−1.84886	0.883666	−0.83726	−2.111042136	0.699858	0.578495	−0.05095
0.41581	0.466935	−0.94316	−0.436754481	−2.01187	0.054672	0.180396
−0.7591	0.491784	−1.23224	1.615237931	0.625534	−0.03411	0.794824
2.689773	2.592103	2.039581	−0.035212164	0.277983	−0.00562	0.029007

表 4-15　产出指标主成分值

−1.45615	1.06136	−0.07958	2.033846272	1.182815	−0.62435	−0.0344	0.139105	0.512385	−0.37317	−1.2996	1.113775
0.707355	−2.53498	−1.62105	−0.207731167	0.966594	0.828019	−0.20949	1.048822	0.088013	0.139629	0.925539	−0.06205
−3.626	0.555212	−0.68546	−1.697332958	−0.05637	−0.28875	0.086488	0.396869	2.192557	−0.45747	−1.01899	0.079638
0.868649	−0.64783	1.73992	−0.614059588	−0.25448	−0.8178	−0.48602	−0.46439	−0.78114	−0.11221	0.805756	−0.19355
−0.65483	−0.79514	−0.62418	1.224978977	−2.04276	0.249822	−0.00702	0.175837	1.602319	0.280638	1.038481	−0.95964
1.218991	−1.97634	1.014466	−0.155615312	0.202436	−0.49147	0.549345	0.760969	−1.03273	−0.44543	1.391031	−0.361
2.977201	2.641	−1.52781	−0.511661111	−0.17563	−0.34141	0.054176	−1.97216	−1.83254	0.535949	−1.58943	−1.1986

（二）主成分分析法结论

① 8 所学校投入指标主成分计算总得分分别为－0.7335、－0.3818、0.4316、－0.2250、－0.8107、－0.1009、－0.1067、1.9270（由表 4-14 计算所得），对应学校为院校 1、院校 2、院校 3、洛阳理工学院、院校 4、院校 5、院校 6、院校 7。

从高到低排序为：院校 7、院校 3、院校 5、院校 6、洛阳理工学院、院校 2、院校 1、院校 4。

② 8 所学校产出指标主成分计算总得分分别为 0.0849、－0.6100、－1.3410、0.2436、－0.5391、－0.0026、1.3550、0.8093（由表 4-15 计算所得），对应学校为院校 1、院校 2、院校 3、洛阳理工学院、院校 4、院校 5、院校 6、院校 7。

从高到低排序为：院校 6、院校 7、洛阳理工学院、院校 1、院校 5、院校 4、院校 2、院校 3。

③ 8 所学校中洛阳理工学院和院校 5 为行业性院校，其他均为地方院校，从模型结果可以看出，投入指标中两所学校分别排第五名、第三名，产出指标分别排第三名、第五名。因此，虽然行业院校转型发展的基础好，但是和一般院校相比，投入产出指标因素均没有明显优势。

（三）数据包络分析法模型应用

利用表 4-2、表 4-3 的数据对 8 所学校进行 DEA 综合评价，得到交叉评价矩阵，见表 4-16。

表 4-16　交叉评价矩阵

1	0.076923	0.125235	0.177832	0.022917	0.133669	0.085536	0.121917
0.032804	1	0.078864	0.251938	0.078824	0.121658	0.134437	0.050818
0.065277	0.112841	1	0.086677	0.083214	0.044746	0.132503	0.043483
0.044922	0.149938	0.027185	1	0.015302	0.208507	0.198002	0.025906
0.203449	0.122522	0.199194	0.498699	1	0.106027	0.167546	0.094293
0.02038	0.161972	0.016911	0.315471	0.013974	1	0.120322	0.035974
0.040441	0.102977	0.038206	0.29558	0.014812	0.091302	1	0.046684
0.0181	0.032609	0.043265	0.098765	0.004969	0.185185	0.068039	1

对角线上的元素全都等于 1，这说明 8 所学校的 DMU 是相对有效的，但分辨不出哪个学校更有效，因此需要计算各学校的平均交叉评价值。通过计算，8 所学校的平均交叉评价值见表 4-17。

表 4-17 平均交叉评价值

0.178172	0.219973	0.191108	0.34062	0.154251	0.236387	0.238298	0.177384

（四）数据包络分析法结论

① 8 所学校产出指标主成分计算总得分分别为 0.1782、0.2200、0.1911、0.3406、0.1543、0.2364、0.2383、0.1774（表 4-17），对应的学校分别为院校 1、院校 2、院校 3、洛阳理工学院、院校 4、院校 5、院校 6、院校 7。

从高到低排序为：洛阳理工学院、院校 6、院校 5、院校 2、院校 3、院校 1、院校 7、院校 4。

② 8 所学校中行业性院校洛阳理工学院和院校 5，办学绩效分别位列第一名和第三名，充分说明在办学效益方面，行业性院校更为显著。

（五）小结

综合以上两种分析方法，洛阳理工学院和院校 5，两所行业性院校的投入产出指标均无明显优势，但是在此前提下，办学绩效却成绩斐然，这与学校的行业性特征密不可分。

洛阳理工学院始建于 1956 年，是原国家建材部、国家建材局直属院校，建材行业背景深厚，是全国首批“示范性高等工程专科重点建设学校”，具备较强的服务行业的能力。20 世纪 90 年代，80%以上的河南及周边水泥企业的立窑技术改造、推广与服务由学校承担；校办工厂“洛阳建材机械厂”曾被国家确定为“中国洛阳浮法玻璃技术的出口定点厂家”，拥有浮法玻璃生产线装备标准的制定权，曾经占有国内浮法玻璃生产线市场份额的 70%，属于国内该领域的龙头企业。当前，全国建筑材料行业企业中有超过 50%的管理骨干和技术骨干出自该校。

作为坚守建材特色的高等院校，学校深深地认识到：“紧靠行业市场是学校发展的根基，紧跟行业发展趋势是学校发展的方向，紧贴行业需求培养人才是学校发展的目的”。学校不断固化扎根行业办大学的理念，确立了“行业性、地方性、应用型”的办学定位，“服务国家建材行业发展、服务地方经济社会发展”的双服务面向，并通过《洛阳理工学院章程》将之固化。学校以服务行业高质量推动学校事业高质量发展，走出了一条产教融合、特色兴校的内涵式发展之路。

第五章　洛阳理工学院转型发展的背景

一、高等教育分类管理为学校转型发展提供新机遇

党的十八大以来，在习近平新时代中国特色社会主义思想的指引下，我国高等教育领域综合改革向纵深推进，高等教育体系更趋完备，人才培养质量和科学研究水平稳步提升，对国家发展贡献度不断提高，国际影响力不断增强。我国高等教育已经站在新的起点，正在从高等教育大国向高等教育强国昂首迈进①。

当今世界教育正在发生革命性变化，教育与经济社会发展的结合更加紧密，以学习者为中心，注重能力培养，促进人的全面发展，全民学习、终身学习、个性化学习的理念日益深入人心。教育模式、形态、内容和学习方式正在发生深刻变革，教育治理呈现出多方合作、广泛参与的特点。同时，要清醒地看到，我国教育改革发展虽然取得了显著成就，但教育发展仍不平衡、不充分，还不完全适应国家经济社会发展和人民群众日益增长的新要求、新期盼，尚不能完全适应人的全面发展和经济社会发展需要，主要表现为：科学的教育理念尚未牢固确立，促进学生全面发展的育人模式与环境有待完善，产教融合、科教融合的协同培养机制尚未形成，学生创新创业能力的培养有待加强；教师队伍素质和结构不能适应提升质量与促进公平的新要求；人才培养结构与社会需求契合度不够，教育支撑引领创新发展和服务国家对外开放大局的能力亟待提升；政府为主、全社会共同投入教育的机制还不健全，教育治理能力现代化水平有待提高②。

《国家中长期教育改革和发展规划纲要（2010—2020 年）》的第七章“高等教育”中第 22 条明确提出“促进高校办出特色，建立高校分类体系，实行分类管理。发挥政策指导和资源配置的作用，引导高校合理定位，克服同质化倾向，形成各自的办学理念和风格，在不同层次、不同领域办出特色，争创一流”。③

---

① 徐倩，储召生．昂首阔步迈向高等教育强国——党的十八大以来我国教育改革发展述评·高等教育篇[EB/OL]．2018-09-07. http：//www. moe. gov. cn/jyb _ xwfb/moe _ 2082/zl _ 2018n/2018 _ zl66/2018 _ zl6503/201809/t20180907 _ 347689. html.

② 根据《国家教育事业发展“十三五”规划》《中国教育现代化 2035》整理而成。

③ 教育部．国家中长期教育改革和发展规划纲要（2010—2020 年）[EB/OL]．http：//www. moe. edu. cn/srcsite/A01/s7048/201007/t20100729 _ 171904. html.

河南省以推动本科院校转型发展为抓手，推动全省高等教育分类发展，提升高等教育服务经济社会发展能力。2012 年以来，先后出台《关于全面提高高等教育质量的若干意见》《关于促进普通高等学校分类发展的指导意见》《关于引导部分本科高校向应用型转变的实施意见》等文件，明确引导高校在不同层次、不同领域办出特色、争创一流，建立类别清晰、结构合理，具有地方特色高等教育体系的工作思路，把应用技术型高校作为河南高等教育体系的重要组成部分，从规划设计、政策资金等方面加大支持力度①。为引导部分普通本科学校向应用技术类型高校转型发展，2013 年 1 月，河南省启动了本科学校转型发展试点工作，确定了黄淮学院、洛阳理工学院、许昌学院、黄河科技学院为首批转型发展试点院校。河南省教育厅从政策、资金等方面，支持试点高校从治理结构、专业体系、课程内容、教学方式、师资结构等方面进行全方位、系统性的改革探索，积极引导转型高校真正把办学思路真正转到服务地方经济社会发展上来，把办学定位转到培养应用型和技术技能型人才上来，转到增强学生就业创业能力上来，把办学模式转到产教融合、校企合作上来②。

“在不同层次、不同领域办出特色，争创一流”，高等教育分类管理为洛阳理工学院创建高水平应用型大学建设提供新的发展机遇。

二、建材行业转型升级为学校转型发展提出新期待

建筑材料工业是我国国民经济重要的基础原材料工业。当前，我国国民经济发展进入中低速发展阶段，经济结构深度调整促使建材行业进入新的发展周期。2011 年以来，全国固定资产投资增长速度不断下滑，投资结构亦发生相应变化，基建领域投资比重下降。2014 年以后，建材各产业基本进入产量增长拐点，投资对行业增长的驱动作用明显弱化，传统建材产品面临供给过剩问题，产能过剩、需求不足成为建材行业所面临的突出矛盾。在供给侧结构性改革、政策、市场环境及国内外经济形势叠加影响下，长期以来配套国民经济调整增长所形成的，以规模数量型增长为特征的建材工业体系正面临新的转折。建材工业进入了传统产业转型攻坚、传统产业和新兴产业发展青黄不接的结构调整攻坚、中国制造与中国创造并举的“三期叠加”新业态，在自身结构性矛盾及市场动力转换双重压力下，建材行业正处于在新一轮调整中寻求新的再平衡之中③。

面对建材行业产能过剩的问题，一是要靠创新提升传统产业，提升功能，延

① 教育部网站：河南省四大举措推动本科高校转型发展［EB/OL］. http：//www. moe. gov. cn/jyb_xwfb/s6192/s222/moe_1748/201910/t20191021_404589. html.

② 河南省教育厅：河南省教育厅 河南省发展和改革委员会 河南省财政厅 关于引导部分本科高校向应用型转变的实施意见［EB/OL］. 2016-08-16. http：//www. haedu. gov. cn/2016/08/16/1471319932874. html.

③ 孙星寿. 面临全面转型的建材发展新形势［N］. 中国建材报，2019-09-17（001）.

长产业链，增加附加值；二是要着力加快建材新兴产业的发展，开发新需求，进而进入更多的使用领域扭转行业结构不合理的现状；三是要发展建材服务业，促进制造业的延伸与建材服务业融合，实现两业并举发展；四是要“走出去”发展，真正形成国内国外两个市场，增加在国际市场的竞争力和话语权。总体来看，“走出去”发展是当今建材行业发展的必经之路①。

在整个建材行业转型升级的关键时期，迫切需要与高校在人才培养、科学研究与成果转化等方面找到更多的结合点。高校要在学科和专业紧跟建材行业转型发展的方向，紧跟行业业态发展变化和信息化、智能化、国际化进展，开展面向行业需求的专业人才培养的教学改革，创新具有建材行业特色和创新能力人才培养模式，培养出掌握绿色环保、低能耗新材料生产技术、现代智能装备开发和企业管理知识、具有国际视野的高素质应用型人才，才能为行业高质量发展做好智力和人才支撑。

三、区域经济社会发展为学校转型发展提出新要求

洛阳理工学院地处华夏文明的重要发祥地、丝绸之路的东方起点，十三朝古都，牡丹花城——河南省洛阳市。洛阳市是中原城市群副中心城市、河南经济发展的新增长极，“一五”时期全国156项重点工程有7项在此建设，工业对经济增长的贡献率达70%左右。在《建设中原经济区副中心城市战略纲要》中，明确提出：“以提升产业整体竞争力为核心，以产业产品结构升级为主线，把洛阳打造成为国家先进制造业基地、中西部地区重要的电子信息产业基地、国家新材料高技术产业基地和有重要影响的新能源产业基地，要传承弘扬河洛文化，建设华夏历史文化传承核心示范区。”在从传统工业城市向现代化工业城市迈进过程中，洛阳市形成了先进装备制造、新材料、高端石化、电子信息、旅游业五大主导产业，正在积极培育机器人及智能制造、新能源、生物医药、现代物流、电子商务、金融六大新兴产业，大力发展文化产业、科技服务、牡丹、健康养老、高效农业五大特色产业（简称“五强六新五特”现代产业体系，即“565”现代产业体系）②。伴随着产业结构转型升级进程加快，高素质、创新型、复合型人才的需求越来越大，人才需求的类型、层次不断发生变化；乡村振兴战略深入实施，新型城镇化加速推进，人口流动不断加大，教育资源空间布局面临深度调整；人口老龄化加速和生育政策放宽，学龄人口、劳动年龄人口规模和结构不断变化，人民群众对高质量、多样化的教育需求日益增长，对教育事业提出严峻挑

① 杨虹．“走出去”是当今建材行业新发展的必经之路［N］．中国经济导报，2018-11-21（003）．
② 魅力洛阳［EB/OL］．2020-02-19. http：//www. ngdlysw. gov. cn/党员风采．

战的同时也提供了更大的发展空间①。

在高等教育分类管理、建材行业转型升级与区域经济社会发展需要的大背景下，高校内涵发展核心的学科、专业、课程、教师、体制、机制等教育全要素，迫切需要构建产教融合人才培养新模式和融合发展新机制。洛阳理工学院历届党委精准把握“时”和“势”，2013 年 12 月，学校以全省第 2 名的优异成绩获批为河南省首批转型发展试点院校，2016 年 5 月，被确立为河南省示范性应用技术类型本科院校。7 年来，学校在“实现融入、探索融通、走向融合”中，不断探索构建产教融合、协同育人新模式，并在此过程中拉动“创意、创新、创业”，积极探索并形成了“三融三创、融创结合”高水平应用型大学建设的洛阳理工学院模式。

① 中共洛阳市委 .《中共洛阳市委　洛阳市人民政府　关于印发〈洛阳教育现代化 2035〉〈加快推进洛阳教育现代化实施方案（2020—2022 年）〉的通知》（洛发〔2020〕1 号）[Z] .2019，10.

第六章　洛阳理工学院转型发展的历程

一、2014 年：转型起点年

（一）凝聚转型发展广泛共识

获批河南省首批转型发展试点院校后，洛阳理工学院全校上下认真学习教育部《关于开展引导部分本科高校向应用技术型高校转型发展改革试点的指导意见（征求意见稿）》《河南省教育厅关于做好本科学校转型发展试点工作的通知》等政策文件，先后邀请长春工业大学校长张德江教授、合肥学院书记蔡敬民教授、常熟理工学院顾永安教授等来校讲课，校领导带队、相关职能部门负责人赴合肥学院、常熟理工学院、许昌学院、黄淮学院、成都信息工程学院等转型发展先进院校调研学习。与此同时，学校领导还深入二级院（部）开展广泛调研，帮助教学单位坚定转型发展信心、厘清转型思路，找准转型路子。

2015 年 3 月 20 日，时任校长杨小林教授前往材料科学与工程学院调研，围绕材料科学与工程学院转型发展的思路与措施提出意见和建议。这是学校在开展转型发展起始阶段的一次重要的座谈会，会议提出的思路、观点指引了学校初期转型发展工作的方向。主要内容如下：

第一，材料科学与工程学院领导班子要调整发展思路，拓展发展模式，要树立“大材料”的发展理念。要着眼于陶瓷材料、纳米材料、绿色复合材料等新兴建筑材料，老抱着水泥、玻璃传统建材，很难实现转型发展。陶瓷材料可以将传统和现代相结合，比如对唐三彩工艺进行研发改革，提升结构强度使其符合建筑材料标准，打造成品牌。金属材料要围绕新型建筑材料来做，紧盯绿色环保、保温、防火等概念。新型建材产业链很大、很有价值。材料物理专业要将知识拓展到行业和区域产业发展的实际应用里面去。总之，科研工作一定要把研究方向和产业需求结合起来，要建立团队，要明确带头人，要坚持不懈地做下去。因此，发展思路很重要，发展方向更重要，只有把“大材料”概念树立起来，把生产与应用结合起来，才能够支撑起学校材料学科的转型发展和科学发展。

第二，材料科学与工程学院要先行先试，在改革转型中形成试点经验。借助中国建材联合会、中国建材职业教育委员会、河南省建筑材料工业协会等高端行业资源，推动产教融合、校企合作。同时，材料科学与工程学院要利用好行业资源，率先建设董事会、学术委员会、专业委员会等。要实现从教学型转向教学科研并重的模式，首先需要管理模式创新。要加强党政联席会制度建设，研究和处理好研究所、系、学院三者之间的关系，在模式上把机制搞活，发挥研究所的作用，建好系、所的目标管理体系，发挥基层积极性和能动性。要在专业改造、校企合作等改革事项上探索实践，积累可复制、可推广的校本经验。

第三，学科、专业建设改革最深处是课程。要转换观念，围绕建材特色做文章、围绕行业转型做文章。可以尝试选择1～2个试点专业，从学生后两年的课程模块进行改革。在原来培养方案的基础上，结合行业转型发展特点，把企业、国外最新的内容引入课程模块。要聘请企业技术人员到校授课，校企合作编写教材，把专业改造和课程改革做真做实。

第四，在科研与学科建设问题上，材料科学与工程学院要高度重视横向行业服务项目的开展，要配套好的政策来调动教师的积极性。一方面横向行业服务形式很多，包括引企入校、校企合作、产品转让、行业培训等。另一方面，要与学校资产公司合作或依托研究所，积极推动成果转让并创造经济与社会效益。项目结项后，要争取申请相关的行业标准。

（二）开展转型发展相关研究

洛阳理工学院的《地方院校转型发展研究》《新建地方高校的转型发展定位与学科专业群建设研究》等14个项目先后被列为河南省2014年度教育综合改革项目和河南省高等教育教学改革研究重点项目。葛玻教授主持的《培养建材行业需求的应用型创新人才的研究与实践》、杨小林教授主持的《基于协同创新的土木工程应用型人才培养模式研究与实践》分别荣获河南省高等教育教学成果一等奖、二等奖；《河南省高等教育发展规模和速度研究——基于河南省本科院校英语专业发展出路的调查》等12个项目荣获河南省教育科学研究优秀成果奖。通过编印《洛阳理工学院转型发展简报》，对各单位在转型发展工作中的典型做法、成功经验进行归纳分析和凝练提升。学校一线教师也以岗位实践为案例，撰写并发表了“洛阳理工学院转型发展的探索与实践”“建材行业应用型创新人才培养研究”“论新建本科院校的转型与定型”“地方高校材料成型及控制工程专业培养方案探讨”“基于地方高校土木工程专业产学研合作的实证分析”等30余篇学术文章。通过一系列的政策研究与学习活动，“应用型”办学理念进一步固化，转型发展形成广泛共识。

（三）奠定转型发展扎实基础

2014年，洛阳理工学院以优异成绩通过教育部本科教学工作合格评估，专家组对学校建设特色鲜明的应用型本科的办学成绩给予了高度评价。建筑材料、电子信息技术、文化创意产业等3个学科专业集群被列入河南省第一批转型发展试点项目。在全省第一批转型发展试点高校中期评估中，学校获得第二名的优异成绩。时任河南省副省长徐济超同志到校考察调研工作，对学校转型发展试点工作成绩给予了充分肯定。他指出："洛阳理工学院办学定位明确、思路清晰，学科专业建设特色鲜明，有长期积累起来的独树一帜的行业特色，为区域经济社会和行业发展做出了贡献，是很典型的应用技术型大学。服务经济社会发展是高等教育的历史使命，新常态下经济社会发展要靠实实在在的技术，要靠高等教育支撑。在新的阶段，高等教育服务发展要有新常态，就是要'一反常态'，在思想、意识和实践上实现革命性变化，才能服务新常态的发展。高校转型发展要切实与经济社会发展结合起来，与社会企业、产业和行业共建学科专业，以服务发展赢得社会各方面的认可，还要在此基础上打造特色学科专业，把特色学科专业做好，以特色学科专业带动学校整体发展。在洛阳理工学院考察调研，很受启发、很受鼓舞。建设发展应用技术型大学，洛阳理工学院有一个很好的基础，学校办学定位准确，发展方向明确，做了大量的工作，取得了显著的成绩。下一步发展要发挥好行业优势，在这个基础上，再结合河南的实际，进一步彰显特色、打造品牌，不断提高服务发展的质量水平，努力把学校建成一所能够有效支撑地方经济社会发展的应用技术型大学。"

二、2015 年：顶层设计年

（一）办学定位和双服务面向的确立

学校从建校伊始，就与建材本行业共发展、同进步，血脉相连、兴衰与共，是建材行业应用型人才培养的重要力量。1998 年，国家实施高校管理体制改革，原先归属建材部的 5 所行业特色大学中的武汉建材学院（合并组建武汉理工大学）、上海建材学院（合并入同济大学）、山东建材学院（现为济南大学）、四川建材学院（现为西南科技大学）4 所院校均已组建成为多科性或综合性大学，其办学定位逐渐转向研究型或教学研究型，毕业生就业与行业之间的紧密联系也被打破，服务行业的面向定位也日渐模糊，办学的行业特色越来越不明显，这使得服务于建材行业生产第一线应用型人才的培养出现了日渐严重的供求矛盾①。

洛阳理工学院前身之一的原洛阳工业高等专科学校自 1956 年建校以来，围绕建材行业的产业链已经形成了一套比较完整的专业链。根据行业的生产需要，培养了大批一线产业技能人才，积累了应用型人才培养的丰富经验。以建材行业的工业化、现代化和技术进步为动因，凝练了一批应用型研究方向，形成了一支经验丰富

① 葛玻，韩存仓．建材行业应用型创新人才培养研究［J］．洛阳理工学院学报（社会科学版），2013，28（02）：83-87.

的教科研团队，具有“行业性”的历史基因。原洛阳大学自1980年建校初始，根植河洛大地，围绕区域文化研究传承、服务地方经济社会发展，在人文社会学科专业建设和人才培养方面也卓有成效，这是宝贵的“地方性”历史基础。

因此，学校作为具有“应用型”办学传统的新建本科高校，传承和发展历史办学基因与经验，充分发挥“行业性”和“地方性”的优势，不断固化学校“应用型”的办学思想，都是学校实现新跨越无比珍贵的历史基因。

在确立“行业性、地方性、应用型”的基础上，“服务国家建材行业发展战略、服务区域经济社会发展”的双服务面向进一步清晰，学校“以培养应用型人才为引擎，以服务洛阳地方、服务建材行业”为两翼，实现“两翼齐飞”。校内各项具体措施的制订，都体现了以下思想：专业建设更加紧密对接产业集群，不仅考虑学校发展，更要满足社会需求；人才培养模式体现应用型人才素质需求，不仅满足知识传授，更加注重能力提升；教学型教师更多地转向双师双能型，不仅注重教师学历，更加注重理论与实践相结合；科学研究更加注重应用型，不仅要把科研成果放到书架上，更重要的是摆到货架上。

2015年10月，《洛阳理工学院章程》正式发布。在该章程序言中，确立了学校肩负的历史使命，即以“让政府放心、让社会满意、让考生向往”为办学理念，以“四个坚持”为办学指导思想，以“行业性、地方性、应用型”为办学定位，以“建设特色鲜明的应用型大学”为建设目标（“四个坚持”的办学指导思想是：坚持社会主义办学方向，以育人为中心，立德树人，培养社会主义事业合格建设者和可靠接班人；坚持走内涵式发展道路，稳定规模，优化结构，提升质量；坚持教学优先地位，产教融合发展，不断深化人才培养模式改革；坚持特色兴校，创新发展，服务国家建材行业发展战略，服务地方经济社会发展战略）。在该章程“总则”中，明确规定了“以人才培养、科学研究、社会服务和文化传承创新为基本职能，为国家建材行业和地方经济社会发展培养社会责任感强、基础理论扎实、具有较强实践能力和创新精神的高层次应用型人才”。

《洛阳理工学院章程》的发布，将“产教融合、校企合作”作为学校章程的重要内容予以明确，洛阳理工学院“四个坚持”的办学思路和“两性一型”的办学定位清晰明确，“应用型”办学理念得到进一步固化。

（二）转型发展时间表路线图的确立

2015年4月，中国教育科学研究院职业与继续教育研究所所长、教育规划与战略研究中心办公室主任孙诚教授一行9人到洛阳理工学院开展“应用技术大学设置”专项调研。针对“教科研、科技活动”“教育教学（实践教学）”“招生就业升学和办学经费”“教师评价，教学质量评价”和“校企合作等体制机制”5个“应用技术大学设置标准”的一级、二级指标，分别与校领导、相关职能部门和院（部）负责人、专职教师、学生代表开展深度座谈调研。学校将2015年度校级教学改革研究项目的主题确定为“应用技术大学建设和学校转型发展”，共立项189项（表6-1）。学校上下进一步凝聚了转型发展共识，深入思考并准确把握转型发展内涵，对于坚定信心建好应用型大学具有重要意义。2015年7月，学校成立转型发展领导小组，《洛阳理工学院关于推动转型发展的实施意见》发布实施，明确要坚持“政府主导、学校主体、行业引导、企业参与、社会支持”的总体思路，以提升服务行业和区域经济社会发展能力为目标，通过与行业、产业集聚区的深度对接，充分发挥该校在人才培养、科学研究、社会服务和文化传承创新等方面的作用，以培养应用型人才为任务，加快专业结构调整步伐，深入扎实地开展政、产、学、研合作和协同创新，加快构建与应用型人才培养相适应的教育教学体系（表6-1）。

表6-1　2015年度洛理校级教学改革研究项目（部分）

序号	课题名称	单位
1	转型形势下三位一体实践平台的建设与研究	土木工程学院
2	多措并举打造产学研合作平台培养环境工程专业应用型人才	环境工程与化学学院
3	我校材料学科专业发展思路研究	材料科学与工程学院
4	基于“卓越工程师”计划的电气工程及其自动化专业人才培养模式研究	电气工程与自动化学院
5	基于应用型人才培养的工程创新实践教学平台建设研究与实践	工程训练中心
6	基于转型发展的机制专业本科毕业生培养体系改革与研究	机械工程学院
7	高校转型发展中电子信息学科群实践教学体系研究	计算机与信息工程学院
8	新建本科院校应用型经济管理人才培养质量保障体系研究	会计学院
9	面向地方经济和行业发展专业群建设研究	经济与管理学院
10	我校面向地方经济文化发展的专业集群建设研究	人文与社会科学学院
11	转型发展视域下学前教育本科专业技能标准的研究与实践	教育科学与音乐学院
12	我校转型发展路径研究	两办
13	高校转型发展中教学质量监控与评估体系研究	质量监控与评估中心
14	金属材料工程专业人才培养体系的研究与实践	材料科学与工程学院
15	陶耐专业仿真实习平台设计及教学实践	材料科学与工程学院
16	新建本科院校深化实践教学改革，提高应用型人才培养质量的思考	材料科学与工程学院
17	培养应用型人才专业基础化学化工实验模块构建	环境工程与化学学院
18	环境监测实验开放式教学模式研究与实践	环境工程与化学学院
19	基于应用型人才培养的土木工程专业双语课程教学方案设计与实施研究	土木工程学院
20	专业竞赛在应用型人才专业素质培养中的作用研究	土木工程学院

（三）搭建并积极拓展产教融合平台

2015 年，该校加入全国应用技术大学联盟，当选了河南绿色建材产业技术创新战略联盟副理事长单位、河南省装饰行业职业教育校企合作指导委员会秘书长单位。中国建材联合会会长乔龙德一行到洛阳理工学院考察指导工作，并对学校发挥建材行业优势建设特色鲜明的应用型本科院校的做法给予了高度肯定。在 2015 年全国建材职业教育教学指导委员会工作会议上，时任副校长葛玻教授当选为第二届全国教指委副主任委员和非金属材料类专业建设指导委员会主任委员，时任教务处处长兼材料科学与工程学院院长王晓峰教授当选为非金属材料类专指委委员。河南省建筑材料工业协会出台《关于支持洛阳理工学院转型发展的意见》，并与该校签署全面战略合作框架协议，在内部治理改革、联合组建科技开发和咨询团队、共建“河南省建材行业产教联盟”等方面开展全方位的合作。

2015 年，该校签约首批“教育部-中兴通讯 ICT 产教融合创新基地项目”。作为洛阳市唯一一所省市共建本科高校，为进一步深化与地方合作，该校与洛阳市人民政府签订了《产学研用合作协议》，对于深度开展产学研用合作，加快实施创新驱动发展战略，提高服务地方经济社会发展的能力起到了积极作用，更为进一步深化“地方性”奠定了扎实基础和重要保障；与天津大学、武汉纺织大学、河南科技大学、河南机电职业学院开展学科建设、研究生培养、应用型人才培养直通车等方面合作；与洛阳市洛龙区人民政府、孟津县人民政府、偃师市人民政府、栾川县人民政府等 5 个县（区），中科招商集团、中铁隧道勘测设计院有限公司、河南智博建筑设计有限公司、中国移动股份有限公司洛阳分公司、河南洛染股份有限公司、洛阳圣瑞智能机器人有限公司等 20 余家企业签署校企合作协议。各院（部）积极联合行业先进企业共建实验室，如外国语学院与国家知识产权局知识产权出版社共建机器翻译联合实验室，电气工程与自动化学院先后与三菱电机公司共建“自动化实验室”，与西门子公司、洛阳智超机电科技有限公司、洛阳升华感应加热有限公司共建“自动化驱动与全集成自动化实验室”等院企合作实验室 6 个。

2015 年，该校转型发展的实践成果被教育部评估中心遴选为新建本科院校“地方性、应用型”新型发展优秀实践案例。

三、2016 年：示范建设年

（一）转型发展步入新阶段

为深入推进高等教育综合改革，加快应用技术人才培养、提升高等学校服务社会经济建设能力，推动高等学校分类管理和建设发展，河南省启动了示范性应用技术本科院校遴选与建设工作。2016 年 5 月，河南省教育厅、财政厅联合下发通知，洛阳理工学院获批河南省示范性应用技术本科院校。入选示范校建设单位，是该校全面提升应用型本科院校办学水平的重大战略机遇，标志着该校转型发展步入新阶段，昭示该校将努力建成高等教育综合改革的试验区、普通本科院校转型发展的示范区、高水平技术技能性人才培养的重要基地、先进技术创新和转移与服务的重要基地，以及产教融合、校企合作的重要平台，进一步增强学校服务国家建材行业发展战略和洛阳区域经济社会发展的能力和水平。

（二）科学引领示范校建设

2016年，为了建好示范校，学校以战略思维强化事业发展的顶层设计，秉承“让政府放心，让社会满意，让学生受益”的办学理念，遵循“四个坚持”的办学思路，强化“行业性、地方性、应用型”的办学定位，着力提升学校人才培养、科学研究、社会服务和文化传承创新水平。经前往省内外特色高水平应用型本科院校调研学习、召开转型战略发展研讨会，制定并由教代会审议通过了《洛阳理工学院示范性应用技术类型本科院校建设规划（2016—2020）》与《洛阳理工学院“十三五”事业发展规划》，两个规划在指导思想、基本原则、建设目标、重点任务及保障措施等方面具有高度内在统一性，明确了“十三五”期间，学校的主要任务就是示范校建设。

1. 坚持目标引领

确定了将学校全面建设成为示范性应用技术类型本科院校的总目标。紧紧围绕服务建材行业、服务洛阳地方的服务面向，培养社会责任感强、基础理论扎实、具有较强实践能力和创新精神的高层次应用型人才，不断完善“产教融合、校企合作、协同育人”的应用型人才培养模式，全面提高学校“服务国家建材行业发展、服务地方经济社会发展”的能力和水平，具体明确了5类工作目标。

人才培养方面：所有专业均按应用型设置，应用型核心专业达到60%，完成专业认证6门以上。面向建材行业和洛阳市的就业达到80%以上；毕业设计来源于实际应用型课题达到80%以上，学生在校期间实习实训、创新创业等实践环节时间不低于30%，学生参与实际研究课题的人数达到40%以上，共同开发的专业课程教材或讲义比例占专业课程60%以上，校企合作建立的教学资源库达到450门课程。

科学研究方面：提升应用型研究水平，面向建材行业和洛阳市实际需求的研究课题占80%以上。

社会服务方面：累计为建材行业解决技术难题达到800项以上，为建材行业和洛阳市政府及有关部门提供政策咨询达到800项以上。积极开展新技术推广、劳动者技术技能培训等社会服务，累计为建材行业和洛阳市培养技术能手和技术骨干1500名，师生参与社会实践、社区服务、志愿者服务等公益活动不低于20000人（次）。

师资队伍建设方面：通过校企双向交流和培训，力争使80%的专业课教师具有一年以上的实践工作经历，“双师双能型”教师达到专任教师总量的80%以上，工程实践课程由企业导师参与上课率达到80%以上。

办学条件方面：按照“课堂延伸至企业、企业搬迁进校园”的要求，在校内建立企业联合实验室50个以上，校外实习实训基地200个以上，人均实习实训、创新创业场地面积达到3m²。按照应用型人才培养规律，教室逐步改造成为适应新教学手段及翻转课堂需要的教学场所。

2. 明晰建设思路

按照“建设、改革、创新”的总体要求，根据“示范性应用技术大学”的建设目标模型，制订推进工作的时间表和路线图，建立目标责任制，坚持“整体推进、分步实施、重点突破”的建设思路和建设方案。坚持整体推进，全校要紧紧围绕服务建材行业、服务洛阳地方培养应用型人才的定位，创新人才培养模式，深化教育教学改革，努力培养满足社会需要的应用型人才，不断提升服务建材行业和洛阳地方产业升级、技术进步和社会发展的能力。坚持分步实施，结合各个专业的实际情况，依据学校的财力、师资、实验设施等软硬件建设情况，有计划、有侧重、分步骤地实施。坚持重点突破，根据国家建材行业和洛阳地方经济社会发展需要，建设产教融合的二级学院和专业集群、校企协同创新中心、工业研究院、创新创业基地，建设集产品研发、生产、实践教学于一体的高质量人才培养基地，实现服务建材行业转型发展高技能人才培养和洛阳市装备制造业技术人才的重点突破，为建材行业和洛阳市培养一批“管用”的技术“大工匠”和高水平应用技术型人才。

3. 强化办学定位

在《示范校建设规划》的各项目标与任务中，都突出了“两性一型”的办学定位。如在“全面构建应用型人才培养体系”中，提出“建立与建材行业转型升级、洛阳市重点产业布局和发展战略规划高度契合的学科体系”，形成与建材行业、洛阳市经济社会协调发展的专业结构；大力开展应用型科研及社会服务，重视与建材行业及洛阳市重点产业布局对接，提升服务建材行业及洛阳地方社会经济能力，面向建材行业和洛阳市实际需求的科学研究占学校课题研究的80%以上，专利授权力争达到800项；到2020年，面向建材行业和洛阳市的就业比例力争达到80%等。

（三）积极探索产教新融合

2016年，洛阳理工学院当选中国-东盟建材合作委员会副主席单位，推动学校实质性地融入“一带一路”倡议和国家建材行业发展战略；作为发起单位，当选中国建材联合会绿色低碳建材分会理事单位、中国绿色建材产业发展联盟全国非金属矿专委会理事单位、（中国）应用技术大学联盟新材料专业协作会理事长单位；被教育部确定为首批数据中国“百校工程”产教融合创新项目先行先试合作院校；与曙光信息产业股份有限公司深度开展产、学、研、用创新机制建设，大数据人才培养与社会服务工作。依托此项目，与中共洛龙区委、区人民政府签署共建洛阳大数据与深度智能应用研究中心协议；与河南省人民政府发展研究中心、洛阳市教育局、洛阳国家高新技术产业开发区管委会、洛阳市高新区人民政府、栾川县人民政府、汝阳县人民政府等政府单位签署全面战略合作协议；为适应洛阳市对智能制造人才需求，联合固高（深圳）科技有限公司、洛阳市人民政府三方为主体，按照PPP项目模式建立了机器人学院并于当年开始招生；牵头成立洛阳职业教育联盟和洛阳机器人产教联盟，并当选两个联盟的理事长单位。

2016年，该校先后获批河南省装配式建筑结构工程技术研究中心、河南省第六批博士后研发基地、河南省特种防护材料重点实验室（与总参工程兵科研三所共建）、河南省新型土木工程结构国际联合实验室（与韩国金乌国立工科大学土木环境工学部的结构实验室、韩国汉阳大学的建筑材料耐久性研究实验室联合）等省级平台；洛阳理工学院技术转移中心成为河南省技术转移示范机构；获批洛阳建材机器人装备工程技术研究中心、洛阳市装配式建筑工程技术研究中心、洛阳市土壤及地下水污染风险评估与修复重点实验室、洛阳市工业机器人科普、适用技术传播工程示范基地等市级工程技术研究中心、重点实验室和科普基地；千度众创空间通过科技部审核备案并获批国家级众创空间，大学科技园获批省级大学科技园；设在校内的洛阳科技大市场促进科技成果落地转化项目51项，成交金额765万元；洛阳市华夏历史文明传承创新研究中心荣获全国社科组织先进单位荣誉称号，成功举办了第四届河南创新驱动发展论坛；与上海固高欧辰智能科技有限公司、河南东海复合材料有限公司、中译语通科技（北京）有限公司等签署校企合作协议；与中国建材西安墙体材料研究院联合开展产品检测、新型墙体材料研发等合作；与河南筑诚电子科技有限公司合作成立了筑城3D打印技术学院和3D打印材料研究中心，共建了3D打印技术实验实训基地；发起并联合洛阳鹏飞耐磨材料股份有限公司、河南科技大学和郑州大学联合共建洛阳鹏飞高新材料研究院等。

各类科研平台建设的加速推动，对于学校发挥行业特色优势，充分发挥科研平台的吸纳、带动和辐射作用，凝聚国内外优势研究力量，加快优秀科研成果的产出与转化，更好地服务行业和地方经济建设具有重要意义。

（四）借鉴国际先进办学经验

在与芬兰应用技术大学联盟轮值主席单位——芬兰坦佩雷应用科学大学（以下简称“TAMK”）整整两年充分沟通合作的基础上，双方于2016年5月签署《共建“中芬应用技术大学示范校”合作备忘录》，“中芬应用技术大学示范校”正式揭牌，依托芬兰TAMK中国培训基地、应用型人才培养模式研究院、LIT-TAMK国际教育中心、国际化教师发展中心4个合作项目，两校共同开展应用型高等教育的方法论研究与师生交流，促进学生进入芬兰驻华企业实习和就业，推动 TAMK 成功的应用型人才培养模式的本土化推广等工作。洛理 300 余名管理人员和一线教师，参与了第一期“欧洲高水平应用型大学建设培训班”，TAMK 开设的《欧洲应用技术大学建设的核心理念及经验分享》《应用型人才培养对教师的素质要求》《基于项目的教学方法——教学案例分析》等课程，使学员们学习到了 TAMK 在基于项目的教学方法改革、客观评价学生的学习能力、如何形成有效的学习方法、如何形成闭环式质量监控体系、密切联系与企业的关系、激发学生创意意识与创新能力等方面的宝贵经验与启示。与 TAMK 全方位合作，对深入了解欧洲高等教育先进的人才培养和管理体系，提升学校应用型人才质量的培养水平，进一步提高干部队伍管理水平和一线教师的教学能力，推动学校示范校建设起到了积极作用。

学校与芬兰高水平应用技术大学的合作得到了社会广泛关注。2016 年 8 月 26 日，教育部学校规划建设发展中心、中国应用技术大学联盟在北京听取了“中芬应用技术大学示范校”专题汇报。芬兰驻华大使馆教育参赞弥卡、芬兰国家经济贸易文化促进署高级顾问以及坦佩雷市教育局官员，我国教育部学校规划建设发展中心与应用技术大学联盟领导对两校合作表示高度肯定与赞赏，借鉴国外高水平大学办学经验的“洛理模式”，希望能够及时予以梳理凝练并予以推广。

注：坦佩雷应用科学大学建校于 1912 年，始终致力服务社会，特别是将服务地方经济发展视为己任，被誉为是芬兰“工程师”与“企业家”的摇篮。2016 年，为芬兰应用技术大学联盟轮值理事长单位。2019 年 1 月 1 日起，坦佩雷应用科学大学与坦佩雷大学、坦佩雷理工大学合并成为了芬兰最多元的大学社区，3 所大学学习和研究资源的整合为学生带来了更丰富多元的学习。

（五）不断提升学生创新能力

2016 年，洛理 3100 余名学生参加到科技创新竞赛活动中，共计荣获省级以上奖励 475 项，其中国家级 52 项；荣获 2016 年“创青春”河南省大学生创业大赛优秀组织奖；在全国普通高校学科竞赛排行榜中，以 75 个有效项目，总分 56.21 的优异成绩，名列全国第 192 名，全省第 7 名。

教育部学校规划建设发展中心规划与研究处处长刘志敏高度评价了针对 2016 年洛阳的示范校建设工作，他莅临学校指导工作并指出：学校依托建材行业背景，积极推进产教融合的积极探索与实践说明，只有产教深度融合，在人才链、创新链、价值链中找到自己的定位，学校才能为社会的进步、人才的培养做出更大的贡献。

四、2017 年：内涵建设年

（一）准确把握示范校建设内涵

该校建设了洛阳理工学院示范校建设专题网站，开通了“示范性应用型大学建设工程”微信公众号。2017年3月开始，以“凝聚师生共识，激发创新活力，共谋洛理发展”为主题，在全校范围内开展为期一年的“‘十三五’事业发展规划暨示范校建设规划主题宣讲活动”，半个月举行一次。通过专家谈、师生谈，不断转变师生思想观念、凝聚发展共识，激发干事创业的积极性、主动性和创造性，以思想观念转变为基础、改革为动力推动学校各项工作的开展，落实规划建设目标、任务，提高学校的综合实力与核心竞争力，提升学校与行业、地方的融入度、知名度和社会美誉度。2017年7月，学校正处级以上干部培训班的主题定为“转型发展与示范校建设”，课程内容包括中国教育学会会长、北京师范大学原校长钟秉林“高等学校的内涵发展与质量建设”，教育部高教司原司长张大良“加快新工科建设，培养大批工程技术创新人才”，中国建材联合会常务副书记、秘书长孙向远“深化产教融合，服务行业发展战略”，常熟理工学院党委书记朱士中“转型发展与应用技术大学建设”等11场专题报告，对学校今后一个时期发展的总体布局、改革方案等进行了深入的讨论，为推进示范校建设各项保障制度顺利实施打下了良好的基础。全校师生同心同德、同力同行，人心思干、人心思进，一张蓝图绘到底、一以贯之抓落实的局面已经形成。

（二）不断拓展产教融合新平台

2017年，依托教育部数据中国“百校工程”产教融合创新项目，学校与中科院曙光集团共同建设了“曙光大数据应用创新中心”和“曙光大数据学院”，积极探索开展大数据方向的人才培养工作。全面落实与市政府签署的《产学研用合作协议》、与偃师市人民政府签署的《共建偃师市智能装备协同创新研究院合作协议》、与汝阳县人民政府签署的《共建汝阳绿色建材研究院合作协议》。在洛阳市战略性重点产业和新兴产业发展人才亟须领域，洛阳市人民政府委托学校在材料工程技术、机械设计与制造专业（工业机器人方向）等专业开展单独招生试点，共计录取475人。在“一带一路”的倡议下，学校发起成立河南建材行业“走出去”产业联盟，牵头成立“河南省建材行业‘走出去’产业联盟”。在教育部学校建设规划发展中心的指导下，依托中科曙光大数据学院、中科院曙光集团与学校共建中国建材大数据平台，2017年5月，与中科曙光公司共建的河南省建材大数据工程研究中心，获批河南省大数据领域创新平台。作为理事长单位牵头组建中国应用技术大学联盟“新材料专业协作会”。学校作为副主席单位，分别加入中国—东盟建材行业合作委员会和“中国建材国际产能合作企业联盟”。2017年5月，“中国建材国际产能合作企业联盟培训专委会”落户学校。在中国建材“走出去”第一个实质性项目——孟加拉砖瓦升级项目中，学校将承担中孟双方员工的培训工作，目前教材编写工作已全部完成。

2017年，学校获批国家自然科学基金项目4项，省级项目28项，新增河南省嵌入式技术应用工程技术研究中心、工业机器人河南省工程实验室、河南省建材大数据工程研究中心等3个省级平台，洛阳市大数据与深度智能应用企业研发中心、洛阳市农牧智能传感网络系统重点实验室等市厅级平台。《大型特殊形状齿轮感应淬火装备的研制》荣获河南省科技进步三等奖1项，《硅藻土负载纳米TiO_2复合材料制备与应用技术及产业化》荣获“中国建筑材料联合会·硅酸盐学会”建筑材料科技进步一等奖。根据河南省知识产权局发布的《2017年河南省高校发明专利申请量、授权量和拥有量排行榜》，学校专利申请和授权量分别为371件和209件，分列全省高校第10位和第8位；发明专利授权133件，发明拥有量246件，在全省高校中分列第6位和第8位。

（三）不断扩大示范辐射能力

2017年6月，河南省第一次示范性应用技术类型本科院校建设工作现场会在学校召开。中国建筑材料联合会常务副书记、秘书长孙向远莅临指导工作，他充分肯定了学校60余年来紧贴行业需求开展科学研究与社会服务，不断深化产教融合、校企合作，培养高素质应用型人才的历程，指出“自觉开展产教融合是国家支柱性产业勇于社会担当的一种体现，积极推动产教融合是行业企业实现创新发展的内在需要”。时任河南省教育厅副厅长尹洪斌客观评价10所示范校按照教育厅的统筹安排，结合自身实际，思路明晰，各具特色，积累了许多可持续、可复制的建设经验，产生了积极的示范效应。应用技术类型本科院校建设和“双一流”建设共同构成河南省高等教育领域的两大改革发展目标，高校转型既是高等教育发展的需要，也是产业发展和科技革命的需要，更是高校自身发展的需要。会议充分肯定了学校坚守建材行业特色，服务国家建材行业“一带一路”转型升级的战略任务，深度融入洛阳经济发展的转型实践，激发了学校发挥好行业优势，建好示范校的勇气和信心。

（四）持续提升创新创业水平

学校建立了“因人施策、个性培养”的创新创业推进体系。组建创业教育课程群，完善大学生创新创业训练计划，制订了校院两级《创新创业教师队伍培养培训实施意见》，并与企业合作共建创业基金。学校创新创业中心以大学科技园为主体，建成了“一园三区”的创新创业教育布局。其中，王城校区建有$12000m^2$的孵化器和$2500m^2$的众创空间；开元校区建有$8000m^2$的创新创业中心；九都校区建有$5500m^2$的文化创意产业园。“一园三区”拥有仪器设备总值3000万元以上，超过1000名学生同时进园开展创新创业活动。4260余名学生参加到科技创新竞赛活动中来，获省部级以上奖励473项，其中国家级55项；荣获第十三届“挑战杯”河南省大学生课外学术科技作品竞赛优胜杯、2017年河南省“互联网+”大学生创新创业大赛优秀组织奖等荣誉称号。

五、2018年：制度建设年

2018年，洛阳理工学院抓重点、抓关键破解难题，补短板、重内涵融合发展。学校认真研究新精神、新要求，借鉴兄弟院校的有益经验，对照示范校建设规划，以制度建设为抓手，紧扣薄弱环节，厘清思路、精准发力。全年围绕示范校建设工作，新制订、修订各类制度文件39份。具体包括《洛阳理工学院河南省示范性应用技术类型本科院校行动方案（2018—2020）》1个规划类文件，《洛阳理工学院专业设置与动态调整管理办法》《洛阳理工学院加强专业建设的指导意见》等12个教学类文件，《洛阳理工学院科研及社会服务业绩奖励办法（试行）》等3个科研服务类文件，《洛阳理工学院教师参加工程与社会实践、挂职锻炼实施管理办法（暂行）》等10个教师队伍类文件以及《关于聚焦重点工作任务，加强监督检查为全面建设特色鲜明的示范性应用型大学提供坚强保障的意见》《关于聚焦重点工作任务，加强二级单位领导班子和处级干部队伍建设，为全面建设特色鲜明的示范性应用型大学提供坚强保证的实施意见》《洛阳理工学院示范校建设专项经费管理办法》等14个内部管理类文件。学校党委印发了《关于聚焦重点工作任务，加强监督检查为全面建设特色鲜明的示范性应用型大学提供坚强保障的意见》《关于聚焦重点工作任务，加强二级单位领导班子和处级干部队伍建设，为全面建设特色鲜明的示范性应用型大学提供坚强保证的实施意见》等文件，聚焦示范校重点工作，通过干部队伍建设、强化监督压实责任，促进干部作风和观念转变，引导干部将主要精力和智慧聚焦于示范校建设上，在深入思考上下功夫，在狠抓落实上下功夫，在实干担当上下功夫。

（一）激发示范校建设新活力

2018年5月，学校召开转型发展战略研讨会，中国建筑材料联合会会长乔龙德、秘书长孙向远，中国建筑材料科学研究总院、中国建材国际工程集团有限公司、武汉理工大学等建材行业各领域专家学者40余人莅临参会。会议决定共同成立合作发展联盟，共同破解产教融合、协同育人的难点问题，全面提升服务行业的能力和水平，突出学校“行业性”办学特色。出台《洛阳理工学院河南省示范性应用技术类型本科院校行动方案（2018—2020）》，明确目标任务和责任人，制订推进工作的时间表和路线图，确保建设目标按期完成。做好示范校年度重点项目建设。确立应用型学科专业集群建设、大学生创新实践能力提升工程、国际化教师培训等11个项目为2018年示范校建设年度重点建设项目。出台《洛阳理工学院示范校建设专项经费管理办法》，提高校内经费资助额度，提高经费使用效率、强化对项目绩效目标考核。建立示范校建设全面推进机制，党委会每月听取一次示范校建设专题汇报；学校示范校建设领导小组每月第一周召开教学教辅部门、第四周召开职能部门参加的示范校建设推进会；每一季度召开一次面向全体中层干部的示范校建设经验交流会。压力传导到位、目标任务到位，人人有压力、人人有任务，确保示范校建设有力推进。

（二）学科专业体系逐步完善

根据《洛阳理工学院应用型学科专业集群建设意见》，调整后的5大专业集群分别对接建材行业和洛阳“565”现代产业体系中的10个产业集群。制订《洛阳理工学院专业设置与动态调整管理办法》，新增数据科学与大数据技术、机器人工程等5个新兴战略专业，停招金属材料工程、安全工程、广播电视编导3个本科专业。出台《洛阳理工学院加强专业建设的指导意见》，投入80万元，重点资助10个转型发展示范专业，工程教育认证试点专业已经启动。不断深化理论教学与企业实践结合，实施人才培养模式多元化。实施课程体系特色化，按照“一条主线、两个重点、三个体系、四个平台”构建特色课程体系基本建立。每个课程平台设有2～4个课程模块，每个模块对应相关方面的能力，模块具有可拆分性和灵活性，适应个性化人才培养。出台《洛阳理工学院应用型课程建设指导意见》《洛阳理工学院在线开放课程建设指导意见》，投入30万元，重点资助10门应用型课程建设；投入20万元，重点资助10门在线开放课程建设。制定应用型教材评价标准，出台《洛阳理工学院应用型教材建设指导意见》，组织召开了河南省第二届应用型教材建设研讨会。投入4114.6万元建设一体化实验平台18个。新型建筑材料综合实验平台、智能制造技术综合实验平台等10个平台正在建设中，实现了实验、实习、实训教学的有效衔接。

（三）持续提升科研服务能力

发挥政策引导，修订印发了《洛阳理工学院科研与社会服务业绩计算办法（试行）》《洛阳理工学院科研及社会服务业绩奖励办法（试行）》等政策文件，强化应用型科研导向。加强校地合作，推进与洛阳市政府《产学研用合作协议》，政府拨款300余万元与汝阳县共建“洛阳市科创绿色建材研究院”，推进与郑州大学、洛阳市人民政府三方共建郑州大学洛阳研究院项目，完成《郑州大学洛阳研究院理事会章程》《郑州大学洛阳研究院项目管理办法》等规章制度建设。2018年，学校连续第三年荣获“河南省高校知识产权综合能力提升专项行动十强高校”荣誉称号。2017—2018年，设在校内的洛阳科技大市场，促进科技成果落地转化项目96个，成交金额927.65万元。河南古都文化研究中心获批省高等学校人文社会科学重点项目，全年先后主办或承办第八届中原智库论坛、河南省第五届创新驱动论坛等7次大型学术会议。主动服务行业，受中国建筑材料联合会委托，学校承担《中国工业史·建材工业卷》300万字的编纂工作，承办编纂委员会成立大会暨《大纲》终审会。学校被评为建材企业“走出去”发展先进单位。

（四）持续提升师资队伍水平

修订、出台《洛阳理工学院引进、送培高层次人才待遇及考核管理办法》《洛阳理工学院高层次人才奖励绩效考核管理办法（试行）》等文件，提高人才待遇，强调考核，完善配套政策，鼓励高层次人才积极服务学校示范性建设。重视高水平应用型人才引进，采取“不求为我所有，但求为我所用”的柔性引进模式，聘任中原学者、中信重工机械股份有限公司教授级高级工程师王继生为学校讲座教授。重视师资队伍的工程化建设，修订《洛阳理工学院教师参加工程与社会实践、挂职锻炼基地管理办法（暂行）》《洛阳理工学院教师参加工程与社会实践、挂职锻炼实施管理办法（暂行）》《洛阳理工学院教师参加工程与社会实践锻炼管理办法实施细则》。2018 年，遴选了 61 个工程与社会实践、挂职锻炼基地，129 名教师赴相应的基地参加实践锻炼，选派 15 名教师赴上海应用技术大学教务处及相关学院挂职锻炼。依托中芬应用技术大学示范校项目，芬兰坦佩雷应用科学大学专家组针对应用型人才培养标准及课程设置、翻转课堂及数字化技术多媒体课堂等 8 个专题，对学校中层干部和骨干教师开展为期一周的培训。14 名教师前往芬兰坦佩雷应用科学大学进行为期 30 天的“应用技术大学创新发展模式及应用型研究”课程学习。重视职称评审的导向作用，通过把“双师双能型”教师、工程实践与挂职锻炼、横向经费引进、指导学生获奖、应用技术教育培训、科技特派员挂职锻炼等内容纳入到量化积分评价体系中，如将“专业课教师须具有半年以上的工程和社会实践锻炼背景”作为必备条件等。同时，对教育教学成果、科研成果、能力提升与社会服务三大项进行了标准分量化，设定了比例上限，使得职称评价体系更加科学合理。

（五）创新创业工作稳步提升

不断深化创新创业教育改革，将创新创业教育和素质拓展列为必修模块，出台《洛阳理工学院本科生创新创业素质拓展学分实施办法》。大学科技园被确定为“第五批河南省大学生创新创业实践示范基地”，发起成立“河南双创基地（洛阳）管理创新联盟”，与洛龙区人民政府、洛阳日报报业集团等 4 家单位共建加速器，与白俄罗斯国立大学科技园和中白工业园签订战略合作协议。在孵的科技型中小微企业总收入达到 3451 万元，带动就业 1500 余人。在学生创新创业成绩方面，获省部级以上奖励 638 项，其中国家级 80 项。荣获河南省“互联网＋”大学生创新创业大赛优秀组织奖、“创青春”河南省大学生创业大赛优秀组织奖、河南省第十六届大学生科技文化艺术节优秀组织奖、河南省第五届大学生艺术展演活动优秀组织奖等荣誉称号。在中国高等教育学会发布的《2014—2018 中国高校创新人才培养暨学科竞赛评估结果》中，学校在全国普通高校本科组中排名第 266 位，河南省第 10 位。

（六）校际交流渠道有效拓展

2018年1月，与上海应用技术大学签署《全面战略合作协议》，从师资和管理队伍建设、学科专业建设、人才培养、科研与社会服务等领域开展深度合作。重视与“一带一路”国家交流合作，聘请俄罗斯科斯特罗马国立大学的合唱指挥、绘画专家，讲授艺术设计学院、教育科学与音乐学院的相关课程，深受学生好评。推进中芬示范校建设进程。落实与芬兰坦佩雷应用科学大学共建中芬应用型大学示范校建设。一年间双方校长实现互访，就建立TAMK-LIT培训基地、派送骨干教师赴芬兰进行“国际高等教育职业教师”资格培训、交换生项目等全方位合作细节展开深入商谈，并将两校的合作提升为战略合作伙伴关系。

案例1　豫沪教育合作项目

2017年5月，上海市教委与河南省教育厅签订《豫沪教育合作协议》（简称“豫沪合作”），在教育教学、科研创新、成果转化、人才培养、联合办学等方面展开合作。经过深入研判，学校党委审慎决策，决定与办学历史、办学特色、办学定位等方面高度相似，且合作基础深厚，特别是具有高水平应用技术大学成功发展经验的上海应用技术大学结成对子。上海应用技术大学建于1954年，由原全国示范性高工专——上海轻工业高等专科学校、上海冶金高等专科学校、上海化工高等专科学校以及原国家轻工业部所属上海香料研究所合并组建而成，是全国最早以“应用技术”命名的公办普通本科高校，致力于培养实践能力强、具有创新精神和国际视野、以一线工程师为主的高水平应用技术人才。

乘着豫沪合作的东风，2018年1月，学校与上海应用技术大学签署《全面战略合作协议》。在师资和管理队伍建设方面，两校共建管理干部、专家学者团，每年举办管理和学术交流和辅导，形成年会机制；在双方优势学科开展访学，在高层次人才方面实现共享。在学科专业建设方面，双方依托自身学科专业优势，协助对方加强学科专业建设，提升双方学科专业建设水平并在硕士点建设方面开展合作。在人才培养方面，两校间二级教学单位都将建立友好合作关系，在相同或相近专业开展专业合作，并充分利用现代教育技术，共建网络课程，实现优质课程资源远程共享。在科研与社会服务方面，双方所属各类实验室、实验实训中心、科技创新平台、大型教学科研仪器设备等相互开放。双方科研团队深度合作，共同申报省部级以上科技项目、科技成果奖，推动技术成果转移转化，共同提升服务地方经济社会发展的能力与水平。2018年，学校共分两批派出管理干部、专业教师15人前往上海应用技术大学挂职锻炼。

2019年12月27日，沪豫教育合作高校集中签约仪式在学校举行。上海市教委总督学平辉带领高教处、上海理工大学、上海应用技术大学、上海戏剧学院4所上海高校负责人，中共河南省委高等学校工作委员会专职委员陈垠亭以及厅发展规划处长、社科处、高教处、科技处、研究生处部门负责人，郑州航空工业管理学院、郑州工程技术学院、信阳职业技术学院负责人出席签约仪式。上海理工大学与郑州航空工业管理学院、上海应用技术大学与洛阳理工学院、上海工程技术大学与郑州工程技术学院、上海戏剧学院与信阳职业技术学院8所高校集中签署了合作协议。会议充分肯定了洛阳理工学院在2018年与上海应用技术大学在思想层面上找融通点、在组织管理上找握力点、在合作交流上找切入点，双方在教师培养、教育教学、学科专业建设、研究生教育、科研与社会服务等方面开展了一系列扎实有效的合作交流举措，并取得显著成果。以此次会议为标志，洛阳理工学院成为豫沪教育合作的标杆。

六、2019年：质量提升年

2019年是河南省示范校建设收官转段之年。学校坚持“产教融合发展”的思路，坚持“有所为，有所不为，为我当为”的方针，学校集聚资源，突出重点，发挥优势，强化特色，为高水平应用型大学建设奠定了坚实基础。

（一）强化制度政策保障

2019年6月，学校第二次党代会确立了建设“在建材行业有影响、服务地方有贡献、‘一带一路’有作为，特色鲜明的高水平应用型大学”的总体目标，提出了“1358”的工作思路，号召全校师生奋力开启特色鲜明的高水平应用型大学建设新征程。制订《洛阳理工学院目标管理实施办法》，强化目标与绩效的一致性。召开目标管理暨目标任务书签订大会，将示范校建设目标分解为各单位具体的指标任务，激发事业发展活力。出台《〈“十三五”事业发展规划〉优化调整方案》，优化提升指标10项、新增指标4项、名称调整指标4项、调整指标7项、删除指标2项，确保了该规划的前瞻性、科学性，也更具操作性。制订“示范校”建设提升计划，制订《洛阳理工学院2019年“示范校”建设提升计划》，将办学条件、教育教学、教师队伍、专业建设、双创教育、科研与社会服务、经费统筹、示范辐射等方面各项目标任务纳入《2019年目标任务书》，做到任务明确到人，压力传导到位，加快推动示范校建设目标顺利实现。根据国家和河南省《教育现代化2035》及《实施方案》要求，客观分析形势、剖析矛盾、确定目标、谋划工程，编制《洛阳理工学院中长期事业发展规划（2020—2035）》，助推学校事业实现跨越发展。

（二）提升基础办学条件

学校高度重视办学条件与办学规模的关系，经科学论证及教代会通过，2019年，调减普通专科招生计划1500人，停招11个专业；调减成人类招生计划8900

人，停招 18 个专业。新增教学行政用房 9244m^2；投入 3981 万元建设实验平台 22 个，重点建设了 5 个跨专业综合实践平台，新增实训面积 3000m^2；新增实习基地 9 个；投入 900 万元用于文献资源建设。

（三）提升人才培养质量

经省内外应用型高校专家函审，征集全国 70 余名校友意见，科学制订《2019 版本科专业人才培养方案的指导意见》，52 个本科专业共设置了 15 个与建材行业相关、65 个与区域经济相关的专业方向特色课程模块，平均每个专业开设校企合作课程 5 门，确保“行业性、地方性、应用型”办学定位落实到位。深化产教融合，改革育人模式。获批教育部产学合作协同育人项目 33 项，比 2018 年增加 25 项。通过实施“一院一特色”，形成符合各自学科专业特点的校企合作育人模式。制订《洛阳理工学院行业学院管理办法》，新建“力诺电力学院”“福建中琉环保创新班”等 4 个行业学院（冠名班）。实行退出机制，停办天瑞干部学院、中迈干部管理学院。

（四）提升师资队伍质量

新设置党委教师工作部，加强教师的思想政治教育与师德师风建设工作。新聘任 26 名企业高技能人才担任应用型专业带头人，新遴选专业建设首席教授 10 人、校级学术技术带头人 45 人。新聘任国内外学者担任客座教授 32 人、国外专家 19 名。新选聘 334 名业界导师和校外导师，新增“双师双能型”教师 199 人，比列达到 57.6%，比上一年增长 2.6%。新遴选 100 个工程与社会实践、挂职锻炼基地，选派 130 名教师参加实践锻炼，30 名教师分批赴上海应用技术大学、上海戏剧学院进行半年的应用能力提升锻炼。2019 年 3 月，学校当选“全国应用型高校教师发展联盟”常务理事单位。

（五）提升专业建设水平

持续深化紧密对接产业链的专业结构改革，出台《洛阳理工学院实施一流本科专业建设“双万计划”规划》等政策文件，遴选 12 个转型发展示范专业和 6 个工程教育认证试点专业为校级一流本科专业，获批 6 个省级一流专业。新设置智能科学与技术、电子商务 2 个本科专业，分别服务于洛阳先进装备制造主导产业和河南自贸区洛阳片区建设。持续深化应用型课程体系和教材开发建设，新出台《洛阳理工学院校企合作课程管理办法（试行）》等教学文件，分两批遴选《热处理工艺》等 20 门应用型课程、《机械原理》等 20 门在线开放课程给予重点资助建设，编写完成《陶瓷耐火材料工业热工过程及设备》《新能源汽车技术》等 12 本校企合作教材。获批省级精品在线开放课程竞争类立项项目 8 项，虚拟仿真实验教学项目 3 项，324 名教师在学校 MOOC 平台创建 640 门课程，开设

81门校企合作课程，开展混合式教学的教师超过30%。建设具有集群特色“微专业”课程模块，2019年9月，首批立项的“人工智能”、“创业管理”和“虚拟现实文化创意设计”3个“微专业”已经正式开课。

（六）提升双创工作质量

持续深化“三创”融合发展，成立创新学院。出台《洛阳理工学院创新创业教育指导意见》《洛阳理工学院大学生创新创业训练计划项目管理办法（试行）》《洛阳理工学院“专创融合”课程建设办法》等政策文件，实现创新创业教育与教育教学过程的有效融合，促进学生科技创新能力提升。成立洛阳理工学院（北京）离岸创新中心，大学科技园荣获科技部中国技术创业协会“科技创业孵化贡献奖”“科技创业导师贡献奖”，在省级科技企业孵化器2018年度考核评价中被评为优秀（A类）（全省12家），入孵的科技型中小微企业总收入达到7259.06万元，带动就业300余人。在学生创新创业成绩方面，7200余名学生参与到科技创新竞赛活动中来，获省部级以上奖励700项，其中国家级奖励90项。荣获第十四届“挑战杯”河南省大学生课外学术科技作品竞赛优胜杯、2019年河南省“互联网+”大学生创新创业大赛优秀组织奖等集体荣誉。在中国高等教育学会发布的《2014—2018中国高校创新人才培养暨学科竞赛评估结果》中，学校在全国普通高校本科组中排名第245位，河南省第9位。2019届本科毕业生中，共有1105人获得各类职业资格证书，占毕业生总数的24.2%，1105人累计取得1981份职业资格证书，其中与专业相关的688份，占获取证书比例的34.73%。2019届毕业生初次就业率达88.35%，面向建材行业和区域就业率达到50%以上，在“武书连2019年全国大学本科就业质量排行榜”中，名列河南省第8位。

（七）提升双服务的能力

2019年，学校获批河南省硕士学位授予立项建设单位。修订《横向科研经费管理办法》，将管理费预算额由合同总金额的10%下降到2%，支持应用型科研开展。强化导向性，将应用性科研成果纳入教师职称评审和绩效评价标准，把引进一定数量的科研经费作为职称评审的必要条件。新增河南省绿色智能建材装备工程研究中心、河南省高校知识产权运营管理中心建设试点单位、河南省技术转移示范机构3个省级平台。设在校内的洛阳科技大市场促进科技成果落地转化项目375个，成交金额4678.66万元。本校教师参与的《牡丹新品种培育及提质增效关键技术创新与应用》《高磨蚀地层盾构TBM刀具磨损预测关键技术及应用》分获河南省科学技术进步一等奖、二等奖。在河南省社会科学优秀成果奖评选中，洛理课题《地理标志产品的综合价值研究》《社会主义核心价值观的文化基因》荣获二等奖，《河南省古代契约文书整理与研究》荣获三等奖。

服务行业有影响。完成《中国工业史·建筑材料工业卷》（初稿）300万字的编纂任务，全国编纂工作先进单位；完成《中华人民共和国建材工业志》（初稿）编写工作，完成“一带一路”系列术语词典的首部《墙体材料汉英术语词典》编写工作，完成中国建材工业博物馆的可行性研究报告和规划设计工作。依托设在校内的中国建筑材料联合会、中国机冶建材工会培训基地，承办中国砖瓦工业协会青年企业家研修班、西南水泥生产管理人员集训班等，112 名高级管理及技术人员来校学习。

服务地方有贡献。区域特色新型智库——河南文化旅游研究智库获批省级智库，获批中共洛阳市委全面深化改革工作“文化体制改革”“经济体制改革”2 个咨询专家团队；完成了《洛阳经济社会发展报告（2018 经济卷）》等咨政报告 10 余项；教师受邀全程参与《河南教育现代化（2035）》《洛阳教育现代化（2035）》等重大教育规划的编制工作；全国范围唯一一家校企合作、侧重应用型高校教育数据研究的机构，“洛阳理工学院-麦可思应用型大学教育数据研究中心”成立。2019 年，学校累计为洛阳市培训 39 名工业机器人工程师，6000 余名机器人技术人员，2500 余名社会体育指导员，提供咨询服务、技术服务 400 余人次，参与志愿者服务的师生近 2 万人次。

服务“一带一路”有作为。2019 年，学校将“服务‘一带一路’倡议，助力中国建材‘走出去’”确定为书记校长年度履职亮点项目。5 月至 8 月期间，学校先后承办国家商务部“‘一带一路’国家职业技能培训班（建筑类）”等 3 次重要援外培训任务，先后有来自布基纳法索、乌兹别克斯坦等 20 个发展中国家的 100 余人次在学校学习。

砥砺使命担当，聚力凝心见成效，2019 年 10 月 17 日，在河南省示范校建设收官转段的关键一次考评中，学校荣获全省并列第一名的优异成绩，为建设高水平应用型大学奠定了扎实基础。

回顾 6 年来的转型发展实践，尤其是 4 年示范校建设历程，洛阳理工学院在改革中探索，在探索中奋进。洛阳理工学院的转型发展是始终不忘高素质应用型人才培养这颗初心，牢记培养社会主义建设者和接班人使命的过程；是全校师生员工攻坚克难、砥砺前行的过程；是“实现融入、探索融通、走向融合”中构建产教融合、协同育人新模式，并在此过程中拉动“创意、创新、创业”的过程。干在实处、走在前列，“三融三创、融创结合”的洛阳理工学院模式逐渐形成和发展。

第七章　“三融三创、融创结合”的行业应用型大学建设洛理模式

一、“三融三创，融创结合”模式的内涵与逻辑

1. 三融

从融入到融通再到融合，是产教融合一个逐步演化和递进的过程。首先是融入，高校要精准对接行业需求和社会需求，融入企业的生产和研发环节，融入产业的技术进步链条，融入行业的发展趋势和未来。其次是融通，高校要将其核心使命——人才培养、科学研究、社会服务、文化传承、国际合作五大职能实现连接、集成并形成协同效应。在此基础上，学校努力打破与行业企业和社会组织的障碍和壁垒，促进资源共享与协同发展，实现“你中有我、我中有你”。最后是融合，在融入、融通的基础上，学校与行业企业和社会组织形成更大、更深的交集，合二为一，融为一体，实现“你就是我、我就是你”。

2. 三创

从创意到创新再到创业，是高素质应用型人才培养的基本路径，只有好的创意才能实现创新，只有基于创新才能实现更好的创业。创意是大学生开展创新创业活动的基础，高校要从以知识传授为主，向启发学生的创新思维转变，鼓励学生勤于思考、敏于探索，不断激发创意思维。在创意萌发的基础上，结合学生个人兴趣、所学专业以及社会需求，高校通过开展职业生涯辅导、创新教育课程、举办科技创新活动等，提高学生的创新意识和创新能力。创业是“创意”“创新”落地的过程，是推进高质量就业的重要渠道。高校积极搭建创业培训、政策落实、创业服务等平台，使之成为助推学生成功创业的“发动机”和“孵化器”。让创意发生，让创意引领创新，让创新推动创业，实现“启蒙—课程—赛事—实践—创业”的良性循环。

3. 融创结合

学校在实现融入、探索融通、走向融合的过程中，通过在“资源、平台、机制”关键要素上持续发力，使产教双方的各种资源要素互相转化、互相支撑，不断实现产、教“全过程累进支持、全方位匹配资源、全体系协同支持”融创结合的高素质应用型人才生态体系。

二、“三融三创、融创结合”洛理模式

原洛阳工业高专在建校之初，就是为国家大型工程建设培养技术人员，后历经建筑材料工业专科学校等阶段，为国家建材行业累计培养了6万多名技术技能型与应用型人才。原洛阳大学前身为洛阳职业大学，成立的出发点也是为满足地方经济社会发展对实用人才的需要。两校在合并前各自的办学过程中，自觉形成了“行业性、地方性、应用型”的办学定位。原国家建材局副局长、现任中国建材联合会会长乔龙德多次来校视察工作，他强调指出：“紧靠行业市场是学校发展的根基；紧跟行业发展趋势是学校发展的方向；紧贴行业需求培养人才是学校发展的目的”。行业的呼唤、自身的需要，更加增强了学校主动转型发展，为行业、地方培养高素质应用型人才的道路自信。

（一）三融：实现融入、探索融通、走向融合

1. 融入

产教融合分为3个水平，即从融入到融通再到融合，这是一个逐步演化和递进的过程，首先是融入①。学校紧密对接行业和区域经济社会需求，融入企业的生产和研发环节，融入产业的技术进步链条，融入行业的发展趋势，实现了“教育资源与生产资源、教育要素与创新要素、教育过程与生产过程”的“三对接”。

（1）融学科

学科专业建设是高校核心竞争力的集中体现，特色优势学科的发展更是行业特色院校的立校之本、兴校之本，特色优势学科的建设是行业特色院校形成自身特色的核心要素②。学校紧紧围绕建材行业和区域经济社会发展的新趋势、新需求，面向产业链或企业中的岗位链，以优势学科专业为龙头，强化建设具有产业、行业背景的应用型学科专业集群，从而形成大学科布局，将若干个服务于相近产业链和创新链，且具有内在关联性的学科专业集合在一起，形成应用型学科专业集群，为主要的服务面向提供人才保障；更好地适应新产业、新技术、新业态对应用型人才提出的新要求，切实提高学校人才培养的质量，增强对共性技术或关键技术以及重大问题的解决能力。

依托学校已有的岩土工程、材料学、机械设计制造及其自动化、控制理论与控制工程、中国古典文献学5个省级重点学科，通过集群建设，带动引领其他学

---

① 刘志敏．产教融合：从“融入”走向“融合”［J］．中国高等教育，2018（2）：24.

② 葛玻，韩存仓．建材行业应用型创新人才培养研究［J］．洛阳理工学院学报（社会科学版），2013，28（02）：83-87.

科的发展，有效提高了各学科与区域经济社会发展的契合度、参与度与贡献度，实现引领区域新产业、新业态的发展。

① 五大学科专业集群全面对接建材行业和洛阳现代产业体系

紧紧围绕产业链、创新链调整专业体系，并将服务同一产业链的相关专业组织为专业集群统筹管理。2013年，建筑材料、电子信息技术、文化创意产业3个学科专业集群被列入河南省第一批转型发展试点项目。2015年，学校与洛阳市人民政府签署的《产学研用合作协议》中明确，要“支持学校对接洛阳产业集群，改造建设现有专业集群”。2018年，《洛阳理工学院应用型学科专业集群建设的指导意见》出台，根据“对接产业集群、推进产教融合”的思路，搭建“产教融合、校企合作”的常态机制，集中力量建设“建筑材料”、“先进装备制造”、“电子信息技术”、“服务区域经济社会”和“文化创意”五大学科专业集群，全面对接建材行业和洛阳“565”现代产业体系中的11个产业集群，强力推进大舰战略。

依托建筑材料行业，以无机非金属材料工程为支撑，凝练材料学科方向，建设“建筑材料专业集群”。紧跟水泥、玻璃、陶瓷、耐火材料等建材生产的新技术、新工艺、新设备，为建材企业转型升级提供技术支持与智力支撑，突出服务建筑材料行业的专业特色。同时，对接洛阳的新材料、新能源、生物医药产业，积极服务区域经济社会发展和产业升级需要。学校发展涵盖了与新材料、新能源和生物医药等产业相关的9个二级学科，材料科学与工程学院、机械工程学院、环境工程与化学学院、土木工程学院的15个本科专业；建成了2个省级重点学科，8个省级教育教学和科研平台，4门省级精品资源共享（在线开放）课程，3个省级优秀基层教学组织。

依托并服务于洛阳市先进制造业，以洛阳市智能制造装备和机器人产业发展为契机，以机械设计制造类专业为主，建设“先进装备制造学科专业集群”，主要培养从事智能装备制造研究开发的高素质工程技术人才。

依托洛阳市新兴电子信息产业，以计算机与信息工程学院、电气工程与自动化学院、数学与物理学部等电子信息类专业为主，建设“电子信息技术学科专业集群”。联合科大讯飞洛阳语音云创新研究院、中国科学院计算技术研究所洛阳分所、达内集团、深圳市杨森工业机器人有限公司、深圳市世椿智能装备股份有限公司、力诺电力集团股份有限公司等企业，以构建“一基地、一中心和一学院”（即智能操控和语音识别创新型人才培养基地、自然语言处理及应用研发中心和人工智能学院）为主要建设内容，开展人工智能相关的科学研究和社会服务、专业建设、专业方向建设、课程建设、第二课堂建设、微专业建设，形成跨学院、多专业、多企业的多对多产教融合、协同育人新模式，为“智慧洛阳”及地方电子信息产业发展服务。

围绕区域经济社会发展，以经济与管理学院、会计学院、外国语学院商务英语专业为基础，建设“区域经济学科专业集群”。为河南省、洛阳市政府、企事业单位开展技术服务和技术咨询活动，为中原经济区建设、洛阳区域经济社会发展培养从事管理经营和服务的应用型人才。

依托洛阳历史文化和河洛文化底蕴，面向人文、旅游、工业等特色文化创意产业，汇集艺术设计学院、人文与社会科学学院、外国语学院、教育科学与音乐学院学科专业，建设“文化创意学科专业集群”，服务中原经济区和洛阳市文化产业发展，培养应用型文化创意人才。

② 五大学科专业集群建设的主要内容

专业集群建设主要包含5项建设内容，分别为：一是建立与区域产业链的实质性合作机制，主要通过和企业达成协议，建立全方位深入合作关系；二是与企业共建学科创新平台，校企共同研究解决企业存在的技术问题，开展在应用科研方面的合作；三是建立校企人员交流共享机制，企业为学生授课、指导实践，教师到企业挂职，增强工程实践能力等；四是建设具有集群特色的“微专业”，发挥集群在特定学科优势，通过开展产教融合引入具有鲜明特色的项目，培养复合型、应用型人才；五是探索集群合作育人的新模式，与企业共同开展产业学院、行业学院、企业冠名班等，根据企业需求开设课程，引入企业课程等，达到深化产教融合的目的。

案例2　部分应用型专业集群建设思路与成效

建筑材料集群：学校树立“大材料”发展理念，以无机非金属材料工程为支撑，紧密对接建材行业产业链，建设的“建筑材料专业集群”涵盖了与新材料、新能源和生物医药等产业相关的材料科学与工程学院、环境工程与化学学院、土木工程学院等大部分的专业，以及机械工程学院的过程装备与控制工程专业。为充分发挥各专业特点，彰显集群的集合优势，突出企业在应用型人才培养中的重要作用，一是高度重视与集群学科专业契合度高的企业合作，先后与海螺水泥股份有限公司、中铁隧道集团有限公司、中铁十五局集团有限公司等单位建立长期、稳定的产学研合作关系，学生固定时间到企业一线进行顶岗实习，提升学生的工程实践能力。二是发挥集群团队科研优势为企业解决技术难题，促进企业技术革新，如中铁隧道集团在开展973国家科技重大专项“基于高效破岩的盾构刀盘刀具数字化设计基础研究”项目过程中，迫切需要与具备力学、机械、土木等专业背景的研究团队合作，建筑材料集群组织立刻组织以上学科背景的两个博士团队，一个组织开展刀具破岩机理、刀盘刀具数字化仿真研究，一个负责开展为隧道支护结构快速硬化速凝剂的研制进行联合技术攻关，解决了速凝剂快速硬化时间与强度下降的技术难题。三是依托集群共建实习实训平台和应用型课程，如综合集群内各专业需求，建设了水泥生产VR虚拟仿真实验室。

先进装备制造集群：以洛阳市智能制造装备和机器人产业发展为契机，立足“新工科”培养理念，以满足区域对智能装备制造研究开发的高素质工程技术人才的迫切需求为立足点，开展集群建设。为了保证将最新企业技术融入教学，集群每年选送教师到西门子公司、固高公司（深圳）进行为期半年到1年的NX-CAD、NX-CAM培训，确保6名教师掌握先进的智能设计与制造技术、机器人技术。在B180201-04、B1802012-15等8个本科班的“三维造型设计”课程中，全面采用最新技术理念进行教学和实训，引入智能制造行业的真实任务、真实案例进行教学，突出教学过程与生产过程的衔接，不断优化课程内容设置。依托集群平台的服务教学功能，河南省教学改革研究项目——“应用型本科院校机械类专业实践教学质量保障机制研究与实践”项目、河南省教育技术装备与实践教育研究项目“《机械设计》齿轮传动综合实验系统”均顺利结项。

与西门子共建“洛阳理工学院西门子校企联合实验室”，校企共建如三维造型设计、电气控制与PLC、数控技术与装备等系列应用型课程，课程更加重视学生实践动手能力的提高，更加注重创新创业育人体系的建设，更加注重学生解决实际工程问题能力的提升。

集群先后获批工业机器人河南省工程实验室、洛阳市智能制造工程技术研究中心、洛阳市先进制造与刀具重点实验室、洛阳市石化弯管制造与检测设备实验室、洛阳市智能制造工程技术研究中心等市级重点实验室。依托智能设计与制造实训平台、工业机器人实习实训平台、先进装备制造协同创新平台，集群内部建成了三维设计、PLC控制、工业机器人、数控加工制造4个团队，为师生开展教科研活动提供了高水平专业平台。教师的科研项目“多重分形自适应干切削刀具及其增效设计技术”“楼式骨料制备成套设备”“盾构刀具破岩试验平台与刀盘选型设计技术”先后荣获河南省科技进步奖二、三等奖和中国机械工业科学技术奖二等奖。

鼓励学生利用实训平台开展大学生科技制作活动，学生在“西门子杯”中国智能制造挑战赛中荣获华中赛区三等奖1项。2019年12月，在全国三维数字化创新设计年度总决赛中，机械工程学院4个学生团队荣获数字工业设计方向国赛二等奖、3D打印方向国赛二等奖、数字人居设计方向国赛三等奖、数字工业设计方向国赛三等奖的优异成绩。通过参加高水平专业大赛，极大地锻炼了学生的创新能力和团队协作能力。部分学业优秀学生参加西门子NX CAD认证培训和认证考试并获得国际通行的职业资格认证证书，大大提升了就业竞争力。

作为洛阳机器人产教联盟理事长单位，学校依托校内的洛阳市机器人培训中心，通过举办如与中国一拖集团合作的工业机器人工程师等培训班，为洛阳智能装备相关企业提供机器人技术服务以及人员培训，更好地服务洛阳智能装备产业发展和提高企业的竞争能力。

电子信息技术集群：依托计算机与信息工程学院、电气工程与自动化学院、数学与物理学部的电子信息类专业，联合科大讯飞洛阳语音云创新研究院、中国科学院计算技术研究所洛阳分所、东软集团股份有限公司、达内集团、深圳市杨森工业机器人有限公司、深圳市世椿智能装备股份有限公司、力诺电力集团股份有限公司等电子信息技术知名企业，以构建“一基地、一中心和一学院”（即智能操控和语音识别创新型人才培养基地、自然语言处理及应用研发中心和人工智能学院）为主要建设内容，开展人工智能相关的科学研究和社会服务、专业建设、专业方向建设、课程建设、第二课堂建设、微专业建设，形成跨学院、多专业、多企业的多对多产教融合、协同育人新模式。

集群尝试基于集群、跨学科的“双主体”应用型人才培养模式，以适应区域产业链的复合型、应用型、创新型人工智能人才需求。依托校内实践教育实训中心，增加科技型企业参与教学环节，合理设置科技型企业教学的课程、学时及开设学期，形成科技型企业教学贯穿四年的系统结构，形成一个成熟的、适应现代工业的高效率人才培养模式。2018 年，构建“协同创新”“联合研发”“合作办学”“校中厂”4 种校企协同育人模式。2019 年，经力诺电力与洛阳理工学院共同商议，力诺电力基础设施硬件投资 620 万元，每年运行投资 30 万元，与电气工程与自动化学院联合建设行业学院，每年招生规模 60 人，建设周期 8 年，就人才培养、科技开发与服务、学生就业能力提升 3 方面进行联合培养，共同打造校企合作的示范引领平台。

以支撑适应区域产业链的复合型、应用型、创新型人工智能人才为目标，以软件工程、电气工程及其自动化两个专业为核心带动其他专业课程建设，开展课程与教学资源建设，使之更紧密联系人工智能区域产业链，逐步形成以专业类融合为特色的核心课程群。除了利用学校课程平台设立的通识课程、人工智能类大类课程外，确定专业核心课程，在实现宽口径培养的基础上，保证专业知识体系的完整性及实用性。加大实践课程的调整力度，在每个课程模块中除了设置公共的必修课外，针对不同专业方向设置不同与人工智能相关的必修课程，同时设置一定数量的选修课程和实践课程，从而完善并最终构建一套特色鲜明的“人工智能类专业”课程体系与相应课程模块。2018 年，建设人工智能微专业，通过校企联合培养、线上线下结合、项目案例教学、项目实训等方式，以快速、集中培养的方式，通过基础知识（人工智能纵横谈）、操作知识（人工智能编程入门）、实训操作（人工智能项目实战）等几个主要环节的教学，达到微专业教学目标。

重视实践教学环节和第二课堂建设，打造全真实训基地。以 2～4 个智慧城市、智能工业、智能家居、智能客服、信息安全等领域内区域产业链的人工智能技术相关业务流程为核心，通过大学生社团和各级各类技能竞赛、教师科研项目、校内企业联合实验室、大学生创新创业训练项目等各种形式，实现教、学、训、考、评、研、产等一体化管理和运行，打破传统实践教学模式，强化“理论—实践—反思—提升”，提前完成毕业生以往需要进入工作岗位后的适应过程。2019 年，着手打造大学生创新创业中心，包括“智能制造自动化技术实训平台”“世椿智能装备学院（研发中心）制作基地”和“人工智能创新创业基地”，是学校展示校企合作、大学生创新创业活动的重要场所。其中，世椿智能出资建设“世椿智能装备学院（研发中心）制作基地”，并每年为学校捐赠价值50万～70万元设备、50万元科研经费。

集群建成河南省嵌入式技术应用工程技术研究，与科大讯飞洛阳语音云创新研究院、中国科学院计算技术研究所洛阳分所，校企共建语音识别、智能车辆校企联合实验室。依托河南省建材大数据工程研究中心、洛阳市服务机器人工程技术研究中心、农牧智能传感网络系统研究中心省市级科研平台，围绕“农业4.0”计划和“工业4.0”计划，开展面向智能农机网联驾驶、工业设备智能语音操控、智能物流、自然语言识别与处理等领域内技术和理论研究，打造了河南省一流、国内知名的人工智能专家团队，以满足区域产业链所需的复合型、应用型、创新型人工智能人才培养需求。

（2）融培养

作为一所理工类院校，学校在多年工程教育积淀的基础上，发挥“卓越计划”成果，以培养卓越工程师素质为核心的改革课程体系，创新培养模式。以项目驱动为抓手，以产学合作基地和第二课堂为工程能力拓展平台，探索适于建材行业和区域经济建设需要、特色鲜明的应用型高校的卓越工程师教育培养模式①。2019年是中国高等教育改革数量最多、力度最大的一年，办好新工科、新医科、新农科、新文科，以六个“一流”全面出击，努力实现全面振兴本科教育的工作目标②。根据《普通高等学校本科专业类教学质量国家标准》、《教育部关于加快建设高水平本科教育全面提高人才培养能力的意见》和《国务院办公厅关于深化产教融合的若干意见》等文件精神，结合学校办学理念、办学定位和工程教育专业认证的要求，学校各二级教学单位深入兄弟高校与行业企业调研，从撰写专业人才需求调研报告开始，确定本专业人才培养目标定位、毕业要求、人才培养模式、课程体系，征求各专业建设指导委员会的意见建议后形成初稿。教务处组织行业专家、高校同行专家、学校职能部门负责人从人才培养目标、培养要求、人才培养标准、课程体系教学内容的规划、学时学分分配比例、人才培养模式、专业基本支撑条件以及特色等各个方面开展深入论证，形成《2019版本科人才培养方案》。

《2019版本科人才培养方案》全面贯彻了党的教育方针，遵循高等教育规律和人才成长规律，落实“立德树人”的根本任务，立足学校“行业性、地方性、应用型”的办学定位，面向建材行业和区域经济社会发展需求，推进产教融合、协同育人，探索知识能力与职业素养并重、课堂教学与实践教学融合、校内学习

① 葛玻，韩存仓．建材行业应用型创新人才培养研究［J］．洛阳理工学院学报（社会科学版），2013，28（02）：83-87.

② 定了！2019年高等教育将要干这10件大事［EB/OL］. https：//www. sohu. com/a/291472709_503494.

与校外实践互补、课内学习与创新创业一体的应用型人才培养体系，培养社会责任感强、基础理论扎实，具有较强学习能力、实践能力、创新创业能力和职业素养的高素质应用型人才。其主要具有以下特点：

① 课程体系完备

作为支撑应用型人才培养的依托，新培养方案的课程体系里，通识教育课程、专业基础课程、专业课程、实践教学既相互分工，又共同用力。着力构建面向工程、产业的创新能力培养实践教学平台；通过综合性、开放性、工程型的课程设计改革，加强系统化工程训练；合理配置各个实践教学环节（实验、实训、实习、社会实践等)，培养学生的综合实践能力，并按基本技能、专业技能和综合技能，循序渐进地安排实践教学的内容，在遵循学生成长规律的情况下，系统地培养学生的综合素质、应用能力和创新精神。这是学生在校学习期间健康成长、全面发展的坚实基础。

② 实践比例提高

所有专业实践教学环节比例均提高到 30％以上。知识结构紧紧围绕一线生产的实际需要设计，在能力培养中突出对基本知识的熟练掌握和灵活应用，鼓励增加实验、实训、实践课程，这是建立新课程体系的重要原则之一。这项原则在修订各专业人才培养方案的过程中，得以全面的贯彻落实，使得包括综合性实践课、创新性实践课、毕业实习等在内的各种实践课程，有效地、无缝地覆盖了学生从入学到毕业的各个阶段。这是学生在实践中接受锻炼、获得提高的有力保障。

③ 创新创业教育贯穿人才培养全过程

创新创业与素质拓展模块共 6 学分，配套出台《洛阳理工学院“专创融合”课程建设办法》，开启专业教育和创新创业教育深度融合的“专创融合”课程建设工作，将学生创新思维、创新能力、创业意识和创业本领的培养贯穿于人才培养全过程。

④ 校企合作课程标准明晰

依据产业需求和岗位标准开设校企合作课程，共 10 学分。学校与企业共同建设课程体系和教学内容，共同实施培养过程，共同评价培养质量。如依托教育部数据中国“百校工程”项目，曙光信息产业股份有限公司就为计算机与信息工程学院开设了《大数据概论》等 13 门校企合作课程。

⑤ 建材行业特色突出

《2019 版本科人才培养方案》制定伊始，就将“统筹考虑培养标准”“体现学校办学定位”作为编制原则，要求院部“深入了解行业企业标准，认真研究并参照相关职业标准”制订人才培养方案。明确要求每个专业要设置 1～3 个可供学生选择的面向建材行业或区域经济社会发展需要的特色课程模块，特色模块要与学校行业性、地方性办学定位和传统办学优势相契合，按照就业岗位群或相关职业资格标准设置，聚焦学生的职业能力培养，校地企合作共建专业方向课程。在52个本科专业人才培养方案中，无机非金属材料工程、机械设计制造及其自动化、商务英语等8个专业设置了14个与建材行业相关的专业方向的特色课程模块。特色课程模块开设4门课程，8个学分，学生可以根据自己的兴趣、职业发展的需要及就业展望选择修读。通过建材行业相关课程特色模块的开设，可以更好地为建材行业培养复合型高素质应用型人才，服务国家建材行业转型升级。

⑥ 鼓励学生个性化发展

层次化的实践教学体系，提升了人才培养与社会需求的符合度。通过实行弹性学制、设立柔性专业课程模块、采用“平台+模块”架构等措施，学生更加主动地学习，自行定制最适合其个人兴趣和发展规划的课程表，将学生个性化发展和培养创新型人才的重要举措落实落细。

案例3　教学院部开展校企协同育人举措与成效

学校鼓励各院（部）院根据自身特色和专业特点，探索开展多种育人模式，形成校企协同育人体系，有效提升协同育人质量。

机械工程学院在机械设计制造及其自动化专业的建设中实施了包括严格组建程序、实行“双导师”管理机制、落实多阶段实训教学等新改革和新举措。在第七学期实践教学部分中，包含校内实训和企业实训在内的5～7个阶段，各阶段都安排内容不同的实践教学，帮助学生熟练掌握各种产业前沿的技术技能。第八学期毕业设计部分的毕业设计题目均来自产业发展一线，由校内专业教师和企业技术导师共同指导。个性发展和精准就业为导向的校企共同培养模式，使学生毕业后与就业岗位形成了“0时间差”的无缝对接，人才得以迅速地融入产业发展。

电气工程与自动化学院在电气工程及其自动化等专业中实施“3+1”人才培养模式，为大学生提供了自主实践平台和高质量就业之路，为学校人才培养模式改革提供了借鉴，为企业招聘人岗相适、应用能力强的人才提供了可靠途径，真正实现了学校、学生、企业三方的合作共赢。仅电气工程及其自动化、自动化专业，就与力诺电力集团股份有限公司、深圳市杨森工业机器人股份有限公司、深圳市世椿智能装备股份有限公司、昂顿科技（上海）有限公司、洛阳铜牛电气集团等40多家知名企业在人才培养上开展深度合作，向社会输送了一大批应用能力强、专业素质优、职业素养高的优秀人才。

在认真研究应用型人才培养的理论和实践教学体系的基础上，土木工程学院将职业标准、执业标准以课程模块形式列入培养计划，将课程改革与职业导向相结合，理论教学对接《建筑与市政工程施工现场专业人员职业标准》和二级建造师职业标准，教学大纲和授课内容对职业标准进行了全覆盖；课程设计按照一人一题进行“联合设计”，设计题目伴随学生的整个学习过程，各学期分别进行的建筑设计、结构设计、基础设计、施工组织设计、工程造价设计等课程设计，都按照“联合设计”题目进行；毕业设计采取“试点引领、逐步推广”的办法，在传统的“建筑设计＋结构设计型”设计课题之外，积极推行“机构设计＋施工设计型”“工程造价型”“科学研究型”等新类型毕业设计课题，并将优秀毕业生创建的“河南捷信工程造价咨询有限公司”引入学院。由企业兼职教师和专职教师共同指导毕业生“真刀真枪”做毕业设计，使应用型人才培养质量得到明显提高。为了强化工程实践能力和创新精神的培养，土木工程学院还加强了国家大力推广的BIM技术、装配式建筑结构、海绵城市、地下管廊等内容，以“更加贴近应用型人才培养目标”为总体思路，注重体现工程认证思想，细化培养标准实现矩阵，形成了知识、能力、素质、技能为一体的培养方案。

环境工程与化学学院不断深化教学过程管理与改革。全面落实2019版培养方案中专业培养要求与培养标准，以工程教育专业认证理念为指导，持续开展课程教学“达成度”评估，落实知识、能力和素质构成培养要求。学院与山东京博农化公司签署合作办学协议，联合探索“3＋1”人才培养模式；与江苏盐城滨海工业园区的清泉化工、普信制药、远大制药等企业开展毕业生顶岗实习，在工作岗位完成毕业论文（设计）等教学实践。

艺术设计学院积极探索“四三”育人模式，服务地方经济发展。“四”是指四种课程教学模式：“教师示范”“课程展览制度”“项目式教学”“设计大师进课堂”；“三”是指三种实践教学模式：走进行业、先做后讲、特色工作室。近年来，艺术设计学院完成洛阳地区的设计服务20余项，工作室科研团队获得商务部、教育部主办的第八届大学生服务外包大赛全国二等奖1项。通过项目式教学，完成“洛阳九九龄醋业保健品有限公司视觉形象识别系统设计”项目、“双元围棋文化发展有限公司品牌提升设计服务”、“卡萨米亚产品包装与推广”、“河洛文化墙体设计”等区域性特色项目。

经济与管理学院以“互联网”时代发展为契机，以跨境电商作为教学改革突破口，形成“学赛练”一体递进式人才培养模式，由企业赞助冠名设置“科技城”杯跨境电商大赛等，打通课内课外教学环节，在中国国际贸易学会主办的OCALE全国跨境电商创新创业能力大赛中荣获第一名。

（3）融专业

建立紧密对接产业链、创新链的专业体系。根据《洛阳理工学院加强专业建设的指导意见》，依托各专业建设指导委员会，建立行业和用人单位专家参与的校内专业设置评议制度。为顺应新形势，2019年，出台《洛阳理工学院实施一流本科专业建设“双万计划”规划》《专业设置与动态调整管理办法（试行）》等文件，在专业建设中全面贯彻落实“行业性、地方性、应用型”的办学定位，扎实推进专业设置动态化、专业建设社会化，紧密结合区域经济社会发展需求，合理增设新专业，建立专业退出机制。机械设计制造及其自动化、电气工程及其自动化、计算机科学与技术、土木工程、应用化学、国际经济与贸易 6 个专业获批河南省一流本科专业建设点。2018—2019 年间，学校立项建设的 17 个转型发展示范专业、工程教育认证试点专业和校级一流专业中，无机非金属材料、环境设计等 5 个专业都设置了与建材行业相关的专业方向或服务面向；12 个专业服务于洛阳市“五大主导产业、六大新兴产业、五大特色产业”的现代产业体系。2014 年以来，新增数据科学与大数据技术、机器人工程应用型等新兴战略性本科专业 18 个，停招金属材料工程、安全工程、广播电视编导 3 个本科专业。制定《洛阳理工学院专业设置与动态调整管理办法》，依据社会需求及高考录取率、新生报到率和毕业生就业率及时调整专业结构，对有一定市场需求而规模过大的专业进行招生数量限制，招生计划向转型发展示范专业倾斜，逐步淘汰高考录取率和新生报到率低、就业率和就业质量差、行业和社会贡献度不高的专业。

案例 4　面向建材行业的专业建设

无机非金属材料工程专业是学校的优势特色专业，为建材行业培养输送了很多高素质工程技术人才，因而在建材行业享有很高的声誉。与全国大中型建材生产企业、工程设计单位及相关领域企业的联系紧密，如与海螺集团、中联水泥集团、洛阳浮法玻璃、黄河同力水泥有限公司、天瑞集团水泥有限公司等几十家行业企业建立了紧密的产学研合作关系。实行了“3+1”的人才培养模式，即学生在 4 年学习期间累计有 1 年时间在企业完成其教学过程，大大强化了实践环节的教学。专业核心课开设的有粉体科学与工程基础、硅酸盐工厂设计概论等；专业方向必修课开设的有新型干法水泥（浮法玻璃、陶瓷、耐火材料）生产技术与设备、粉碎工程与设备、玻璃纤维与玻璃深加工技术、环保与绿色生产技术等；针对现代新材料、新技术开设职业拓展选修课，包括功能材料及其制备、纳米材料概论、光电子材料及应用、新型墙体材料等课程。采取分类设置、分步实施的方式，按照“基本技能—初步综合技能—高级综合技能—创新技能”的梯度模式，构建了专业实践教学体系。

机械设计制造及其自动化专业设立了建材机械专业方向，重点面向建材机械技术装备，发挥洛阳市先进制造基地优势。分别与中信重机股份有限公司、洛阳建材机械厂等建立了产学研合作机制，为建材行业提供建材机械设备的维修、维护、运行及建材机械设备的设计制造人才支撑。建材机械专业方向设置建材机械设备、建材机械设计、建材机械制造等课程。对实验教学进行系统整合，强化工程教学与工程实践，依托“建材机械基础”省级实验教学示范中心，采用模块化结构分层次教学，使学生自编工艺、自己动手加工、自主设计实验方案，提高学生动手能力和创新意识。构建课堂内外相结合、模块化多层次的开放性实践教学体系，增加实践所占教学比重，实习分为认识实习、制造工艺实习、建材产品生产工艺实习、毕业设计 4 个阶段，构建了基于 CDIO 理念机械基础一体化教学模式，以项目为载体，提高学生工程能力水平。

自动化专业瞄准建材自动化工程，培养学生掌握建材企业生产一线的主要自动化技术及企业技术改造和生产线应用与维护的工程能力。增加建材行业自动化技术的教学内容，如水泥生产设备及控制、余热发电控制技术等，在电气控制与PLC、计算机控制技术等课程教学内容中增加水泥生产过程控制的相关内容，使课程体系和教学内容能对接行业需求。学生工程能力训练主要包括水泥生产设备电气控制系统设计、安装、调试、维护技术训练；水泥厂集散控制系统设计、安装、调试、维护技术训练；水泥厂供配电系统设计、安装、调试、维护技术训练。以建材设备的自动化为目标，建立起大工程的概念，从而升华为工程素质。

环境工程专业积极培养能够解决建材行业环境问题的应用型工程技术人才；过程装备与控制工程专业开设了建材机械专业方向，与机械设计及其自动化专业一起，为建材装备和建材装备制造业培养高素质应用型人才，共同形成了全国高校唯一服务于建材装备的学科专业，凸显建材行业背景的办学特色和优势。土木工程专业以绿色混凝土研究所为依托，开设绿色混凝土配料加工技术方向。材料成型与控制专业基础上新设了焊接工程专业，强化了金属建材方向，在一定程度上弥补了建材行业内金属建材人才的不足。在无机非金属材料工程、高分子材料与工程专业的基础上，新增设化学建材专业方向，打通了专业壁垒，初步形成了以无机非金属材料、高分子材料、金属材料等互相融合、互为支撑的覆盖建材行业全领域的“大建材”专业群。

案例5　依托产业确立材料物理专业定位

国内众多理工院校都开设了材料物理专业，按专业方向分为金属材料、无机非金属材料、有机高分子材料和复合材料方向材料物理专业。不同高等学校的基础与依托行业背景不同，决定其开设的材料物理专业特色各异。例如武汉理工大学原隶属于国家建材局，具有雄厚的行业基础，依托无机非金属材料及其复合材料作为专业建设特色；安徽工业大学依托学科和人才优势，将专业人才培养特色定位于钢铁冶金行业，优先考虑钢铁行业的需求，找准冶金行业对材料物理人才需求的切入点，毕业生可到钢铁企业从事材料分析检测、质检工作。

随着材料科学的快速发展，材料物理由原来相对独立的单一组成材料，通过相互渗透融合，呈现出多元化发展趋势，例如传统建材混凝土与外加剂的协同发展、薄膜材料在玻璃深加工上的应用、用于水泥砂浆的改性和对陶瓷工艺进行改进的有机高分子材料等。近年来，能源短缺问题日益严重，而传统能源的过度开采和使用给生存环境造成了巨大威胁，国家的政策支持推动了光伏产业与新型储能行业飞速发展。学校地处的洛阳市是重要的工业城市，近年来大力发展新能源产业，建成国家硅材料及光伏高新技术产业化基地，高纯硅、太阳能电池片、光伏组件以及光伏电站的安装与施工等企业相继落户洛阳高新区光伏产业园。其中，以洛阳中硅高科技有限公司、洛阳尚德太阳能电力有限公司、阿特斯光伏电力（洛阳）有限公司、中航锂电（洛阳）有限公司等为代表的新型高科技新能源企业快速发展，新能源行业已经形成战略性新兴产业聚集群，并成为洛阳经济的新增长点。

根据光伏产业发展现状与趋势，结合学校“行业性、地方性、应用型”的办学定位，材料物理专业依托材料科学与工程学院建设，其专业定位：兼顾材料科学与物理学科平衡，通过理学与工学交叉融合，强化工学特色。厚基础、宽口径，服务区域新能源产业发展。其专业方向：光伏和锂离子电池方向，其中的光伏方向涉及行业整个产业链，包括高纯硅与电池片制备，光伏组件的生产以及光伏电站的设计与安装；锂离子电池涉及锂离子电池正、负极材料制备，电池封装工艺。其培养规格：通过系统学习材料物理方面的基础理论和基本知识，获取科学思维与材料物理方面的科学实验基本训练，具备运用物理学和材料科学的基本理论、基本知识和实验技能进行新型材料的生产、分析测试和应用开发的初步能力，掌握光伏材料和锂离子电池材料的制备工艺、光伏材料组件与锂离子电池方面的基础知识，掌握材料制品检测技术的基础知识和技能，突出以新能源材料为特色的高水平应用型本科人才培养特色①。

（4）融课程

学校肩负着为建材行业和区域培养应用型人才的使命，只有依据企业生产一线的真实环境进行课程设计，课程实施环节真学真做，课程评价检验学生解决生产一线实际问题的真本领，扎实推进校企合作建设应用型课程，才能通过提升劳动力能力实现提升劳动力贡献率，助力行业和区域经济的持续发展。

根据社会经济发展和产业技术进步的要求，学校积极探索以学生自身发展为中心的校企合作应用型课程建设。课程内容紧贴生产、管理一线需求，教学方式与工作模式紧密对接，课程评价与行业能力、素质要求相互呼应，把最新技术纳入课程，广泛引入真实案例、真实项目进课堂，培养学生专业应用能力和创新能力。结合学校不断加强教师工程锻炼和社会实践能力的要求，坚持把教学经验丰富，有企业培训和实践锻炼经历，熟悉企业生产运营与管理过程的骨干教师选拔为课程负责人。2017 年，学校入选教育部 20 所“混合型教学试点院校”。2019 年，主动响应社会经济发展和产业技术进步对人才培养质量的要求，出台《洛阳理工学院应用型课程建设指导意见》《洛阳理工学院在线开放课程建设指导意见》。目前，学校共建成 81 门校企合作课程，实践课程由行业企业导师参与指导比例超过 30%，毕业设计（论文）源自实际应用型课题的比例近 94%。

案例 6　材料科学与工程学院课程改革

材料科学与工程学院基于对行业企业的调研结果，进行课程内容的建设与改

① 贾铁昆，闵志宇．应用型大学材料物理专业定位、建设与发展的探索——洛阳理工学院为例［J］．广东化工，2017（6）：188-189.

革，开展了校企合作、应用型课程和在线开放课程三位一体的建材特色应用型课程群建设工作。金属材料成型自动控制基础、材料科学基础等4门课程入选校级应用型课程和在线开放课程；《浮法玻璃生产技术与设备》建设成为省级精品课程、《新型干法水泥生产技术与设备》建设成为校级精品课程。完成建设《陶瓷生产史》MOOC课程，和企业共建14门“校企一体化”课程。建筑材料专业集群的各专业采取深入企业现场录制视频资料、企业技术人员现场讲解工艺过程的模式，将建材行业的实际生产场景、最新技术标准和产品纳入了课程内容，通过深入企业现场录制视频资料、企业技术人员现场讲解工艺过程的模式，将课堂延伸至企业，将企业搬迁到课堂。学校自主研发的新型干法水泥生产模拟仿真系统，荣获2016年省级教育教学成果一等奖，并主要用于学生课堂教学。根据应用型人才培养需要，将《无机材料工艺学》课程根据专业方向拆分为《水泥工艺学》、《玻璃工艺学》和《陶耐工艺学》，在保证结构完整性的基础上减少理论学习部分，增加了应用实践部分。与洛阳浮法玻璃公司共建《玻璃生产技术与设备》课程，根据生产现实增加了玻璃熔窑的全氧、纯氧和富氧燃烧技术及在线镀膜等相关知识。水泥方向从单纯的“水泥生产”调整为“水泥生产与应用”，增加了《混凝土学》《混凝土施工工艺》课程；玻璃方向从单纯的“玻璃生产”调整为“玻璃生产与深加工”，增加了《玻璃深加工》课程；新型建筑材料专业方向增加《新型建筑材料》《新型墙体材料生产工艺》课程。《工程设计图的识读与绘制》《水泥生产技术与设备》等44门课程的教学任务由企业一线工程师或校企双方人员共同承担。机械工程学院面向全校工科学生开设《建材机械概论》公共选修课，提高非建材专业学生的建材知识素养，提高学生服务建材行业的能力，彰显“建筑材料”办学特色。

案例7　机器人学院课程改革

机器人学院是在国家创新驱动、产业转型的大背景下，2016年5月，由洛阳理工学院、洛阳市人民政府和固高科技（深圳）有限公司开展政校企合作，按照PPP模式共同创建的，采取实体制办学模式，旨在为洛阳地方培养机器人及智能装备行业所需的应用型高素质技术人才。根据机器人技术企业、行业需求，以及应用型人才培养要求，机器人学院探索构建理论教学与实习实训合一，教学内容与产业行业需求接轨，促进产教融合的课程体系。

多学科融合，构建知识结构。联合机器人企业、行业专家，对机器人专业应用型人才所需掌握的知识、技能、素质、能力等做出明确要求，使培养目标与企业行业一线需求接轨。同时，根据机器人专业应用型人才培养要求，对机械、电气、计算机以及软件等多学科知识进行融合，形成由工业机器人机械工程群、运动控制群、软件控制群、工程实训组成的知识结构。

搭建平台，重构课程体系。以培养学生学习能力和工程应用能力为主导，对知识结构进一步深化，凝练方向，体现自身特色，搭建1个公共基础平台、4个学科基础平台、3个专业方向平台、1个工程实训平台，以此构建机器人专业课程体系。其中，专业方向体现专业特点，有工业机器人末端执行机构、智能控制、应用操作3个专业方向；工程实训贯穿整个培养过程，提高学生工程实践能力，将应用型人才的培养落到实处。机器人工程课程体系以工程能力培养为主线，由公共基础课程模块、专业基础课程模块、专业核心课程模块、专业方向课程模块、工程实践模块构成。专业基础课程使学生对机器人结构、控制系统具备初步的认识，为进一步掌握核心知识奠定基础；专业核心课程使学生具备工业机器人结构分析、控制与驱动的分析与设计能力，工业机器人系统集成、开发与维护的专业能力；专业方向课程进一步延伸学生在末端执行机构、智能控制、应用操作的设计分析能力；工程实践课程确保课程与产业对接，加强应用能力的培养。

产教融合，加强课程改革。根据机器人技术和行业、企业的需求，对教学内容进行重构，制定课程教学大纲，加强教学方法改革，探索适合产教融合与应用型课程的教学方法，努力打造省部级一流课程。对教学组织、教学内容讲解与教学实施进行创新，形成新机制下的课程教学新模式，并以理论与实践紧密结合的实践—理论—再实践的工程教育思想组织教学，提高学生的学习兴趣，使学生进行自主学习。将机器人比赛常规化，融入课程学习与考核中，让每个学生都参与（遴选历届比赛项目），提高学生的学习积极性及创新创业水平，同时强化学生的创新意识和工程实践能力培养。突破现有的授课与考核模式，推进教考分离，进一步加大企业技术人员参与授课和考核的力度，把课堂和考核从教室、实验室延伸到生产一线，为培养学生工程实践能力提供支持。学院通过与企业合作，在校内打造机器人生产线，将机器人工业现场环境搬入实验室，做到工厂进校园，实现了理论教学、实践教学、产品研制三位一体，为产教融合课程建设提供有力的支撑。

目前，机器人学院全部采用小班授课，部分实验实践环节由企业技术人员授课，提高教学效果。采用集体备课模式，并且不定期地组织教学研讨会，及时更新课程内容、教学方法、教学手段等，已实现将项目驱动式教学方法、多样化教学手段融入模块化教学与阶段任务式教学过程中，并在考核方式中增加实验实践环节比重，操作部分要求人人过关，切实提高学生的工程实践能力，取得了良好的教学效果。

案例8 《机械设计》课程改革

机械设计课包括机械原理、机械设计，可合并开课也可分设。传统的实践环节包括课内实验及课程设计，课内实验主要是模型观摩及演示、模型测绘，实验内容缺乏理论深度，对教学重点和难点缺乏有效覆盖。创新和验证性实验不到5%，实验学时占总学时的比例不到12%，实验内容对课堂教学重点和难点的覆盖率不足10%。同时，还普遍存在实验手段技术陈旧、缺乏深度等问题。课程设计主要是机构设计及减速箱拆装，较为单一。其中，机械原理课程设计是在给定设计参数和范围的前提下设计机构，用作图法和解析法计算运动参数，用差值法绘制整个过程的运动曲线，并编写设计说明书。机械设计课程设计主要以设计二级齿轮减速箱为主，包括传动、轴系以及壳体设计等内容，学生提交设计图纸和设计说明书，其中齿轮传动设计是其核心内容，时间为1～2周。

机械设计课程教学改革，主要做好两件事：一是要围绕着解决工程技术问题进行课程体系设计。将机械强度设计理论应用在智能制造、轻量化设计、优化设计等工程领域，通过深入解析工程技术问题，体现基础理论应用价值。通过有针对性地设置一些实践环节，在对基础理论进行验证的同时，揭示工程技术问题的复杂性，明确了教学目的，更好地激发教学的积极性。二是抓好实践环节推动机械设计教学综合改革。明确机械设计课程知识点、重点和难点，建设机械运动实训平台、机械传动实训平台和机械强度实训平台，实现实验内容涵盖课堂教学90%以上的重要知识点。机械机构运动实训环节中涵盖机构运动设计仿真、数控加工编程、机构制作装配、验证和分析诊断等内容。实训平台为学生提供了数十套机构设计模板，学生实际体验了从设计到工程验证的整个环节，验证和分析诊断环节中涵盖了材料的加工公差、装配、力学、运动学等诸多问题，为后续专业技术学习打下了坚实的基础。为实现教学核心内容与解决工程实际问题的对接，设置机械传动和机械强度实训平台，应用数字可视化技术手段，学生通过亲身体验机械传动、可靠性设计中的工程技术，强化对机械设计课理论的理解和掌握，激发对课程的学习兴趣和热情。

通过机械设计课程教学改革，有力地促进了学校应用型人才的培养。主要体现在：一是课程实践教学内容提高30%以上，特别是具有科学探索和工程特色的实践教学体系建立，提高了学生综合运用知识以及工程问题的解决能力。二是在理论设计的验证基础上，通过优化实践环节方案，充分激发了学生对实验实训和参与科技项目的热情。学生不仅设计出符合工程需要的机构，还能清晰指出机构运动和力学特性的优势所在。三是依托实际工程项目开展的机械设计实践教学改革，在教学、课程设计、毕业设计全过程中贯彻创新设计和服务工程实际的理念，机构动力学、机械强度设计实训实验不仅为课堂教学提供支持，也为企业提供了专业化的技术服务。

案例9 《太阳能光伏学》课程改革①

《太阳能光伏学》课程包含两方面的内容：一是与企业生产紧密结合的太阳能电池的生产过程，二是太阳能光伏发电系统的设计与优化。课程学习需要综合

① 李继利．太阳能光伏学课程教学模式改革研究——以洛阳理工学院应用技术型大学转型为例［J］．轻工科技，2018（43）：184-185.

运用材料科学基础，半导体材料与器件、光电子材料等课程的理论知识，最终要求学生具备太阳能电池生产及太阳能光伏系统的设计、施工及维护的能力，是一门与实践锻炼密不可分的课程。李继利博士设计了“太阳能电池生产部分采用‘校企业合作＋传统’的教学模式，光伏系统设计采用‘项目驱动＋传统’的教学模式”，使学生的自主性、设计性、创新性能力不断提升。

“校企业合作＋传统”的教学模式。光伏产业是新兴产业，随着科学技术的发展，新技术、新工艺、新方法、新理念都在迅速地更新换代，校企合作是达成培养目标的重要手段。在专业教师中选拔出能力强、业务精、肯吃苦钻研的教师，到生产企业中进行挂职锻炼，真正参与到工程实践中，不仅提高了教师的动手实践能力，还促进了课堂教学更加切合生产实际。例如在太阳能电池片制备中的丝网印刷工艺决定了产品的质量，银浆的准备时间、搅拌速度以及固含量这些因素会对丝网印刷的质量产生较大影响，但是在课堂讲授时经常难以涉及这些细节问题。学生到光伏企业见习并动手操作，对生产过程有了清晰准确的认识。邀请企业具有丰富生产管理经验的工程人员到学校授课，主要讲授太阳能电池生产工艺与实际生产过程，例如太阳能电池片的制绒工序问题，企业教师详细讲授制绒液的成分和比例，整个操作过程的注意事项等问题，有效弥补了教师一线知识匮乏的缺点。

“项目驱动＋传统”的教学模式。将生活中常见的小型太阳能光伏发电系统以项目的形式引入课堂及课后拓展中，如太阳能路灯、共享单车太阳能光伏系统、太阳能玩具等等。首先，根据学生的基本知识掌握程度进行小组及岗位分配。其次，小组内查找相关资料，包括：不同太阳能光伏系统的组成设备及具体参数，相应的厂家以及设备之间的连接方式。最后，举行小型项目设计答辩会，学生讲解设计过程并回答其他同学提问，在此过程中不断激发学生学习兴趣和探究问题的能力。

案例 10 《单片机原理与应用》课程改革[①]

《单片机原理与应用》课程传统体系是单片机概述、单片机内部机构、指令系统与编程、中断系统、串行通信技术、接口技术、应用系统设计等。高校一般按照这个课程内容与顺序开展教学，以一个行政班 30 个学生为例，到学期结束大约有 70％的学生不知道该如何应用单片机开展设计与应用。

2014 年起，学校专业建设首席教授李蒙博士尝试采用基于工作过程系统化的应用型课程设计。他带领团队在北京、广州、西安和省内的相关行业进行走访调研，紧密对接行业实际，提升课程内涵建设。2019 年 1 月，与郑州新开普公司开展产教融合合作，根据新开普公司的行业与岗位特色，更新课程目标与实验

① 李蒙．地方本科高校供给侧改革的实践路径——洛阳理工学院应用型课程建设初探［J］．河南高教（高教），2016（10）：71.

项目，以“应用型人才培养为目标的课程重构——《单片机原理与应用》应用型课程设计”为题目，与新开普公司成功申报教育部产学合作协同育人项目（课题号：201802343006）。

通过深入产业界调研，不断明确单片机课程对应的具体工作岗位，如门禁系统、电子显示屏、智能仪表设计等。首先，根据岗位要求设计任务的过程：需求分析与概要设计、原理图与PCB设计、硬件焊接与调试、软件设计、系统联调、设计文档整理与产品发布。其次，整合典型工作对应的知识、技能与态度要求，构建完善的课程体系，将工作过程教学化。再次，选取跑马灯、万年历、反向呼叫器、寻迹小车4个项目构建学习情境，从文档设计到最后产品的实现。4个项目涉及的知识点与能力是逐个递进、不断强化的工作过程。教学过程设计则依据工作过程6要素进行设计，主要包括资讯环节：教师下发任务书，学生根据任务书进行需求分析，概要设计；计划环节：学生制订项目计划和实施方案，教师做指导、观察与记录；决策环节：学生做演示汇报小组讨论，教师做组织与技术支持；实施环节：学生进行硬件设计、焊接、软件编程、文档撰写，教师通过观察，规范操作行为、指导设计思路、记录设计过程；检查环节：学生测试产品功能与性能、完成设计报告，教师协助解决存在问题；评价环节：学生开展自评、互评、答辩、反思与文档归档工作，教师评审报告，给出评价与改进建议。

通过《单片机原理与应用》课程教学改革实践，更加明确了应用型课程设计要坚持以学生为中心，教师指导、观察，学生探索尝试；在教学过程设计上重视学生的参与及师生互动、学习资源的分享与利用；教学方法要采取交互式、多样化的教学方法；在教学内容编排上要将工作情境带入教学过程、要有可延伸模块、要涉及交叉学科；教师的角色是学生学习的帮助者、促进者；学生分组要尽可能异质。教学评价要基于绩效与产出，是面向过程的评价，评价依据为岗位职责所需的技能、知识和态度；评价者要依据行业能力标准的要求搜集证据；通过判断是否满足工作中需要完成的业绩，评价是否获得相应的能力。

案例11　“微专业”跨学科课程建设

“微专业”跨学科建设项目，是学校创设的一种人才培养方式，教学对象为非本学科专业的学生，使得“外行不再是外行”，从而促进学科融合，满足区域经济社会发展对复合型应用型人才的需求。

2018年年初，学校正式启动“微专业”跨学科建设项目，选择在学校优势学科专业、学生报考的热门专业和适应新经济、新工科发展的专业开展。微专业课程分为3个模块，共6个学分，包括线上课程2学分，线下课程2学分，实践环节2学分。要求必须开展线上线下混合式教学，实践环节学生要完整地开展1个项目，必须引入企业项目，确保学生通过1个“微专业”的学习，基本上可以掌握这个工作项目的基础知识、操作知识，并能完整地开展一个项目。2019年9

月，首批立项“人工智能”、“创业管理”和“虚拟现实文化创意设计”3个“微专业”正式开课，来自材料科学与工程学院、机械工程学院、会计学院等学院的190名学生参与学习。

“人工智能”微专业对接科大讯飞洛阳语音研究院、洛阳智能农机研究院、中科院计算所洛阳中科信息产业研究院、郑州领航机器人公司、哈尔滨工业大学洛阳机器人公司、北京达内公司（百度和阿里技术支持）、郑州宇信公司（华为技术支持）、技术社区及在线技术培训平台51CTO共8家企业，为学生设计了近20个实践实训项目选作，同时提供技术指导、实习实训基地和就业机会。“创业管理”微专业对接洛阳创业学院，引入洛阳成功企业家作为创业导师，激发学生的创业意识，提高学生的社会责任感、创业精神和创业能力，每期选择不少于10个优秀创业项目在洛阳大学科技园进行实际孵化。“虚拟现实文化创意设计”微专业与光辉城市（重庆）科技有限公司、洛阳市子午线软件开发有限公司合作推出，共96学时。校企合作培养非本专业学生掌握运用虚拟现实技术实现简单的文创设计开发，以及将虚拟现实技术拓展应用到自身所学专业的基本能力与意识。通过校企合作实施“基础知识＋操作知识＋实训操作”3个主要的教学环节，采取线上线下相结合、项目制培养、校企合作联合教学以及项目实训等方式，达到专业培养目标（表7-1）。

表7-1　2019—2020学年微专业选课人数统计表

课程名称	学生人数	学生来源
人工智能基础 （人工智能微专业模块一）	70	材料科学与工程学院：6人； 机械工程学院：1人； 电气工程与自动化学院：19人； 土木工程学院：1人； 环境工程与化学学院：5人； 经济与管理学院：1人； 会计学院：5人； 机器人学院：22人； 计算机科学与技术学院：10人
创业管理微专业课程模块一	60	材料科学与工程学院：8人； 电气工程与自动化学院：7人； 计算机信息与工程学院：15人； 土木工程学院：1人； 环境工程与化学学院：4人； 经济与管理学院：6人； 会计学院：12人； 人文与社会科学学院：1人； 外国语学院：2人； 机器人学院：4人

续表

课程名称	学生人数	学生来源
虚拟现实文创设计基础 （虚拟现实文创微专业模块一）	60	材料科学与工程学院：6 人； 机械工程学院：1 人； 电气工程与自动化学院：5 人； 计算机信息与工程学院：19 人； 土木工程学院：2 人； 环境工程与化学学院：5 人； 经济与管理学院：11 人； 会计学院：7 人； 外国语学院：2 人； 机器人学院：2 人

（5）融教材

学校坚持以学生自身发展为中心，深化产教融合，通过校校合作、校企合作开展应用型教材建设，为应用型人才培养提供高质量的教育资源。为进一步推动河南省应用型本科院校之间的深度合作、资源共享、优势互补，深化产教融合、校企合作、构建应用型教材体系，推动河南省高校应用型教材的共建共享共用。2017 年 8 月，学校发起组建河南省应用型本科院校教材建设联盟，先后组织召开了第一届和第二届河南省应用型本科院校教材建设研讨会，发布了《河南省应用型本科院校教材建设洛阳宣言》《应用型教材建设标准》等文件，立项建设校企合作编写应用型教材和讲义 50 本。2018 年，学校出台《洛阳理工学院应用型教材建设指导意见（试行）》，根据应用型教材的“应用性”原则，要求：教材要与企业行业专家合作编写，符合应用型人才培养目标及本课程教学的要求；教材内容充分体现应用要求，能够对接职业标准和岗位要求，满足工作岗位所需的知识和能力要求；教材知识点与对应岗位工作过程相结合。根据应用型教材的“创新性”原则，要求教材中融入现代信息化技术、创新内容和形式，学习成果达成要求；把企业行业中的新技术、新知识、新工艺、新流程、新案例融入教材中；例题、习题、思考题注重学生自学能力和解决实际问题能力的提高。学校教师深入企业，调研其关键岗位、关键程序的技术要点，通过校企合作开发“行业教材”“乡土教材”，编制培训讲义，聘请建材企业技术人员走进课堂为学生授课，将行业发展趋势、业务技能、岗前培训等内容前移到专业课程中，提高学生专业认知水平和对新技术、新工艺的理解掌握。

2018—2019 年，学校作为河南省应用型本科院校教材建设联盟“材料科学与工程”和“机器人及智能装备”两个学科的主任委员单位，校企合作编纂的《陶瓷耐火材料工业热工过程及设备》《高分子材料》《机械工程材料》《3D 打印技术概论》《工业机器人典型应用》《工业机器人操作、编程与应用》《工业机器人机器视觉应用基础》《控制型电机应用基础》等 12 本应用型教材已陆续出版。

案例 12 材料学科教材建设

“材料学”是学校的特色优势学科，材料科学与工程学院是河南省应用型教材建设学科协作委员的主任委员单位，牵头组织联盟内高校应用型教材的材料类，尤其是建材类教材的编写、评审和出版工作。通过校企合作编写了《新型干法水泥厂工艺设计基础》《浮法玻璃生产技术与设备》《陶瓷耐火材料工业热工过程及设备》《非金属矿粉碎工程与设备》《建材企业生产运作管理》《环境保护概论》等行业特色系列教材。学校水泥工艺专业 81 级校友、特聘教授、山东宏艺科技股份有限公司总经理赵洪义与学校教师共同编写的《水泥工艺外加剂技术》《水泥助磨剂应用技术》《绿色高性能生态水泥的合成技术》等教材、讲义和实习实训指导书深受师生的好评。

（6）融实践

学校高度重视以提高实践能力为引领的人才培养流程再造，不断深化对接一线生产实际的实践教学资源建设。坚持增进项目建设融合度、开放共享度、突出特色化为原则，通过邀请行业、企业专家参与论证，学校着力建设校企一体、产学研用一体的大型实验实习实训中心，努力构建符合真实生产、技术服务和流程的技术技能体系和实验实习实训环境，使教学过程与生产过程无缝对接，为应用型人才培养提供有力支撑。

2014 年转型发展至今，学校投入 1 亿元建设水泥生产模拟 VR 实验室、新型建筑材料综合实验平台、型材智能化成型生产线实验平台、智能制造技术综合实验平台、化工综合实训基地、三维数字化与 3D 打印实验平台、土木工程 BIM 工程实训中心等 20 个一体化实验平台，实现学生实验、实习。其中，“水泥生产模拟 VR 实验室”项目为学校与济源中联水泥有限公司签订协议，采用 VR 技术仿真企业实际生产过程，使学生可以观察到生产现场看不到的生产工艺流程；“智能设计与制造实训平台”则引进德国西门子公司先进设备和技术，使学生直接获取智能制造领域最新技术和知识，成绩优异者代表学校参加“西门子杯”中国智能制造挑战赛。

截至 2019 年年末，学校实训实习的课时占专业教学总课时的比例达到 30%，用人单位直接参与课程设计、开发以及实践课程由行业企业导师参与指导比例超过 30%，毕业设计（论文）源自实际应用型课题的比例近 94%。学校已经建成外实习实训基地 239 个，其中，河南省实习实训基地 199 个，面向建材行业实习实训基地 76 个，占比 31.8%。

案例 13 实践教学平台建设

为更好地服务于国家建材工业转型升级、绿色低碳发展需要，材料科学与工程学院引入企业全套参数，联合济源中联水泥有限公司共同设计并建设了水泥生产虚拟现实VR实验室。实验室以5000t/d新型干法水泥生产线为蓝本，利用VR技术建设开发出的模拟VR实训平台，实现了新型干法水泥生产企业的实景本地化再现及人机交互现实感体验。该虚拟仿真实验室的建设不仅打破时间、空间的限制，解决了学生在现场实习中不能看到的高温高压等恶劣条件下的生产情况，而且构建了教师、学生、技术人员实时互动平台，实现了实践教学与企业生产相互对接，虚拟、现实的高度融合。对于全面提升学生实践技能，激发创新意识和创新思维，培养实践和动手能力具有积极作用。同时，将“业界实践训练”作为实践教学体系的重要一环，组织学生深入建材企业实习实践，将第一课堂与第二课堂紧密衔接。作为河南省普通高校“专业综合改革试点专业”和“本科工程教育人才培养模式改革试点专业”的“无机非金属材料工程专业”，积极与企业共同制订培养目标，共同建设课程体系和教学内容，共同实施培养过程，共同评价培养质量。企业兼职教师深度参与整个教学过程，承担部分理论和实践教学内容。

环境与化学学院的环境工程专业在课程设置和教学内容上，增加了建材企业生产过程中产生的污染物、污染特征及污染治理技术等知识模块。在实践教学环节中，安排学生到同力水泥、中联水泥等建材企业生产实习，重点学习新型干法水泥生产线污染源分布及源强（主要是除尘、脱硝），实际生产过程中污染物的收集与控制技术，以及治理设施的设计、运营与管理、操作与维护等知识。在毕业设计（论文）环节，相当一部分学生的设计题目与建材企业污染物治理密切相关，如“某干法水泥生产厂烟气脱硝工艺初步设计”“某水泥厂生活区污水处理站工程初步设计”“某水泥厂余热发电冷却循环水处理工艺初步设计”等，还涉及建材行业除尘技术、脱硝技术发展等应用型题目。

紧紧围绕建材装备的建设需要，机械设计制造及其自动化专业建成了河南省高等学校建材机械基础实验教学示范中心、洛阳市建材装备重点实验室、洛阳市建材机器人装备工程技术研究中心、固体废弃物资源化加工装备省级重点实验室等平台，为建材行业培养培训了大批建材装备人才，并广受企事业单位的好评。

案例14　工程训练中心工程能力培养改革

学校工程训练中心是面向全校理工科学生开展工程训练的重要实践教学基地，也是规模最大、参加人数最多的大学生科技创新基地。该中心主要承担金工实习、电工实习、电子实习、工程训练，以及电工电子学课程教学实验等教学任务，年平均接纳学生实习8250人次，完成约50万人时数的实践教学任务。为了满足培养高素质应用型人才的要求，构建了以掌握基本操作技能为基础、以综合能力提高为目标、以工程意识为主导、以创新制作为纵深发展的实践教学理念。

工程训练中心在推进工程能力培养教学改革过程中，实现了4个转变：一是将教学目标从服务课程向工程能力培养转变，即从传统的单一组织学生开展金工实习、电工实习和电子实习转向学生工程能力的培养上，即在完成工程项目的过程中，培养学生的工程意识、质量意识、安全意识、团队合作能力等。二是将教学过程从操作训练向产品导向转变，即在熟练操作设备的基础上，引入CDIO理念，让学生体验一个产品的全生命周期，从构思、设计、实施到评价，在产品的制作过程中培养学生解决复杂工程问题的能力。三是将教学内容从固定内容向自主训练转变，即在实训环节增加自选和创意内容，学生在完成大纲要求的基本实训任务后，可以选为提高项目或自主创新项目，培养学生创新意识，提高学生学习兴趣，比如在焊接实训中，学生可以选做点焊创意制作项目；在车工、铣工实训中，学生可以进行创意形状加工。四是将教学模式从课堂为主向课上课下相结合转变，通过加大实训室开放力度，实行业余时间实验室预约制度，学生可以自主设计训练项目，利用工程训练中心的加工设备，把自己的创意变成实际的产品。同时，实验室还向没有实训教学任务的学生开放，不管什么专业的学生，只要有创意就能在工程训练中心实现。

为适应综合工程能力培养需要，工程训练中心面向全校学生开设创新实践特色选修课《轮式机器人制作》，以完成轮式机器人的制作为教学内容，从设计、加工、编程、调试，学生可以接受机器人制作的全过程培训。《轮式机器人制作》已经成为学生公选课的热门课程。目前，新开发的《3D打印技术应用》《激光加工实践》《数控加工技术》《木艺产品制作》等创新类、实践类选修课都让更多的学生能够走进工程训练中心，体会工程创新带来的快乐并获得创新教育学分。根据文理交融、机电贯通的理念，以产品制作为导向，综合机械产品制作、电子产品制作、木艺产品制作等实训项目，工程训练面向非工科学生开展工程能力综合实训。艺术设计学院产品设计专业2016级学生首次走进工程训练中心接受工程实训教学，积极探索非工科学生开展工程能力培养的实践教学。

（7）融科研

高校要真正融入业界，必须直面地方经济社会发展的迫切需求，做到与企业“同频共振”。在持续提高自身科技服务地方社会发展能力的基础上，加快筛选凝练科技创新性强、技术关联度高、产业带动性大、辐射影响面广的科技成果并组织实施转化，让高校智力资源真正融入企业发展①。

学校始终大力倡导面向建材行业、区域社会发展和产业转型实际需要的应用型科研工作开展。《洛阳理工学院“十三五”科学研究及社会服务发展规划》中强调“要大力开展应用型科研及社会服务；要密切与建材行业及洛阳市重点产业布局对接；要积极面向建材行业和洛阳地区相关企事业开展项目研究”等要求，并提出“到2020年，争取为建材行业和洛阳地区相关企事业单位解决技术难题800项以上；鼓励广大教师积极主动地深入社会生产实际，发现并解决实际技术

---

① 王任，刘志刚．深化产教融合 让高校智力资源真正融入企业发展［EB/OL］．2019-02-38．http：//js.people.com.cn/n2/2019/0228/c360307-32690202.html.

问题，横向科研项目有200项以上，横向项目占学校科研项目总量的80%；面向建材行业和洛阳地区实际需求的科学研究占学校研究课题的80%以上”等具体目标。修订《洛阳理工学院横向科研经费管理办法》，将管理费预算额由合同总金额的10%下降到2%，提高项目负责人经费使用自主权，大大提高了教师开展横向研究的积极性。通过政策创新，充分调动教师的积极性，让教师们主动走进企业、融入企业，在开展产学研合作的实践中增强科技服务水平，提升学校服务地方社会的能力，真正让智力资源“动”起来、“活”起来、“用”起来。2014年至今，学校累计获批省级以上科研项目281项，开展校企合作研究550项（仅2019年已签订234项横向合同），科研总经费8400余万元，其中横向科研经费金额5300余万元，并建成应用型科研团队22个。

① 面向建材行业

面向建材行业，通过不断凝练绿色建筑材料、水泥及混凝土制品、玻璃与信息功能材料等面向行业的研究方向，学校先后建成“固体废弃物开发利用河南省工程实验室”“有机钼（钨）河南省工程实验室”等省级工程实验室，“河南省水泥及混凝土制品生产力促进中心”“河南省特种防护材料重点实验室”“河南省建材大数据工程研究中心”等16个省级科研平台和创新平台，省级高校实验教学示范中心“水泥工程实验教学中心”，与洛阳君江建材共建“省级产学研合作试点项目”，联合开展项目研究和技术开发。先后与中国建筑材料科学研究总院有限公司、中国建材国际工程有限公司、河南同力水泥股份有限公司、中国联合水泥集团有限公司、中铁隧道集团盾构国家重点实验室、中国洛阳浮法玻璃集团有限公司、中钢集团洛阳耐火材料研究院有限公司等40余家大型企业，以及13家产业园区、产业集聚区和县区地方政府签订了校企合作或产学研合作协议。通过派出科技特派员指导企业科技工作，面向企业征集技术需求，解决企业的技术难题，完成横向项目及地方政府委托项目200余项。例如材料科学与工程学院王利剑博士针对临江市宝健纳米复合材料科技有限公司纳米TiO_2复合材料制备关键技术开展研究，带领10人学生科研小分队，通过对纳米TiO_2复合材料的组成、工艺、结构研究，以零污染、全资源利用为目标，为该公司以及国内纳米TiO_2复合材料的高效开发利用提供可行的解决方案。其研究成果“硅藻土负载纳米TiO_2复合材料制备与应用技术及产业化”荣获中国建筑材料联合会、中国硅酸盐学会科技进步一等奖，同时取得国家授权发明专利2项。

② 面向区域社会

学校高度重视产学研平台建设，平台数量和层次在全省同类院校中名列前茅。校内建有工业机器人河南省工程实验室、河南省装配式建筑结构工程技术研究中心、河南省隧道与地下工程院士工作站、河南古都文化研究中心等18个省级科研平台。与郑州大学、洛阳市人民政府在校内共建郑州大学洛阳研究院。学校拥有洛阳市先进材料成型重点实验室、洛阳市大数据与深度智能应用企业研发中心、洛阳市先进制造与刀具重点实验室、河洛方言与文学研究中心、河洛文化传承与创新研究中心、洛阳外宣翻译研究中心、洛阳市投融资研究中心、洛阳市应用经济研究所、地方文献信息研究中心、洛阳市华夏历史文明传承创新研究中心等32个市级科研平台；拥有洛阳市科创绿色建材研究院、先进设计制造技术研究所、中原乡村振兴研究院、洛阳市新型城镇化研究中心、洛阳市公共体育服务研究中心等35个校级科研平台。

土木工程学院与中铁隧道集团有限公司、中铁十五局集团有限公司、总参工程兵科研三所（国防工程研究院）、中电建（洛阳）装配式建筑科技有限公司、河南智博建筑设计有限公司、河南方圆工业炉设计制造有限公司、洛阳市规划建筑设计研究院有限公司、洛阳广鑫建设集团有限公司、洛阳河阳建设集团有限公司、杭萧钢构股份有限公司、洛阳炼化奥油化工股份有限公司、洛阳市金鉴工程质量检测中心有限公司共12家单位开展深入合作，并组建了产学研合作研究中心；通过产学研合作研究中心积极打造科研平台，开展技术研发，完成国家和省部级科研项目56项，获得河南省科技进步奖3项，河南省教育厅科技成果奖28项，洛阳市科技进步奖14项。

（8）融服务

在新时期的新形势下，行业特色高校必须把握良好的发展机遇，审视发展中的各种影响因素，正视发展中存在的问题，坚持“以服务为宗旨，在贡献中求发展”，以提高办学质量和内涵发展为根本战略取向，瞄准建设高水平行业特色大学的战略目标，从提升学校自身发展实力、促进内外战略互动、营造学校发展的良好环境等若干方面构建学校的发展战略与措施，从而实现可持续发展。

① 服务融入建材行业转型升级

64年来，学校始终坚守服务国家建材行业发展战略，为建材行业转型升级培养高素质应用型人才的初心，面向建材行业开展人才培养培训、科学研究、标准制定等多领域、多角度的深度服务，体现行业院校的责任担当。

建材行业有影响。学校是中国建筑材料联合会常务理事单位、中国建筑材料联合会科教委员会副主任单位、中国—东盟建材行业合作委员会副主席单位、中国建材国际产能合作企业联盟副主席单位、中国建筑材料联合会绿色低碳建材分会副理事长单位、中国绿色建材产业发展联盟全国碳酸钙产业专委会、全国非金属矿专委会理事单位、国家技术标准创新基地（郑洛新）绿色耐材技术标准创新联盟、全国耐火材料标准化技术委员会成员单位、（中国）应用技术大学联盟新材料专业协作会理事长单位。校长刘国际教授兼任中国建筑材料联合会科技教育委员会副主任、河南省建材工业协会副会长等职务，通过参与各类行业组织，关注行业发展前沿，及时掌握行业发展动态，精准对接行业发展需求。作为发起单位之一，学校与河南省建材研究设计院、同力水泥等单位组建了“河南省绿色建材产业技术创新战略联盟”并担任副理事长单位。学校作为主要实施者，与汝阳县政府共同建设“洛阳科创绿色建材技术研究院”；作为副理事长单位，与尚德太阳能、阿特斯光伏电力等企业共同组建了“洛阳市光伏产业联盟”，与河南科技大学、洛阳双瑞橡塑有限公司等企业组建了“洛阳市高性能高分子材料产业技术创新联盟”。积极发挥行业高校作为，为行业发展提供高校智慧。例如材料科学与工程学院材料测试中心作为学校对外技术服务、对内教育教学、科学研究的重要基地，先后为上百家建材企业，500 多个项目开展各类技术服务。学校自主研发的新型干法水泥生产模拟仿真系统，除了用于学生课堂教学以外，先后面向 16 家企业开展培训千余人次。

案例 15　编史修志，贡献行业发展

2018 年 1 月，受中国建筑材料联合会委托，学校承担了《中国工业史·建材工业卷》300 万字的编纂工作。《中国工业史》作为向建党 100 周年献礼的鸿篇巨制，共 19 卷，将全面记录、阐述中国工业波澜壮阔的发展过程，现实意义重大、历史意义深远。作为原国家建材局直属高校，深感任务艰巨、使命光荣。学校领导高度重视此项工作，成立由校长担任主任的校内编纂委员会，成立了协调组、材料组、编写组、专家组等工作机构。其中，编写组由校内 13 名教授、博士、专家等组成，还有辅助编纂的学生 12 名。同时，联合会专门安排行业专家全面指导校内编纂工作。中国建材联合会动员全行业支持《建材工业卷》编纂，收集到电子和纸质图书资料上万册，在这些资料的基础上，学校建成“建筑材料工业专业文献馆”，供全行业交流使用。学校编纂委员会全体人员提高政治站位，强化使命担当，恪尽职守、奋发有为，用两年的时间，完成了 300 万字的编纂任务。《建材工业卷》以建材工业发展过程中的重大政策、重大事件、重大突破、重要人物、重要理论的涌现为关键点，完整、准确地梳理出建材工业史的基本脉络，具有鲜明的时代烙印，准确描绘建材工业自新中国成立以来“引进效仿”“跟随探索”“追赶并跑”“超越引领”的发展过程，体现国家在中国共产党领导下的快速发展，体现当代中国的创新发展，体现新世纪人类命运共同体合作共赢、共同发展。因学校组织得力、书稿交付及时且质量较高，学校被中国工业经济联合会评为 2018 年全国编纂工作先进单位。同时，学校还在中国建筑材料联合会的正确领导和建材行业的大力支持下，完成 35 万字《中华人民共和国建材工业志》核心内容编写工作。

“一带一路”有作为。习近平总书记提出的“一带一路”倡议，为建材行业“走出去”寻求蓝海指明了方向，也对行业人才培养质量、能力素质等方面提出了新要求。2016 年 6 月以来，学校先后当选中国—东盟建材合作委员会副主席单位、中国建材国际产能合作企业联盟副主席单位、中国高等教育学会“一带一路”研究分会成员单位。学校发起成立河南建材行业‘走出去’产业联盟，牵头成立“河南省建材行业‘走出去’产业联盟”。在教育部学校建设规划发展中心

指导下，学校获批教育部“数据中国”百校工程试点院校，中科院曙光集团与学校在校内共建中国建材大数据平台，包括：建材“走出去”政策数据库、“走出去”意向企业数据库、东盟建材市场分析数据库、东盟项目4大数据库。2017年5月，河南省建材大数据工程研究中心获批河南省大数据领域创新平台。2017年5月，中国建材国际产能合作企业联盟培训专委会落户学校，重点开展建材行业国际产能合作项目的人才培养培训，以及相关科学研究、行业标准制定和技术推广等合作。国家发展和改革委员会委托中国建筑材料联合会开展孟中印缅经济走廊项目，也是中国建材“走出去”第一个实质性项目——孟加拉砖瓦升级项目，学校承担中孟双方员工的培训工作。学校组织14名教师，按照技术技能、文化、语言、管理、安全、心理和模拟共7个知识模块完成了教材编写工作。2018年7月，按照国家国际发展合作署《关于请推荐2019年援外人力资源开发合作项目的函》（国合署函〔2018〕150号），学校被河南省商务厅推荐为开展援外培训项目单位。2019年初，为积极推进援外培训项目开展，学校将“服务‘一带一路’倡议，助力中国建材‘走出去’”确定为书记校长年度履职亮点项目。学校先后承办国家商务部2019年首个援外培训项目——“‘一带一路’国家职业技能培训班（建筑类）”“2019年发展中国家青年领袖研修班”“2019年塞拉利昂企业管理与发展研修班”共3次重要培训任务，先后有来自布基纳法索、乌兹别克斯坦、利比亚等20个发展中国家的外交部、公职部、住房城乡建设部、议会以及职业教育领域100余人次在学校学习。学校被评为建材企业“走出去”发展先进单位。

案例16　开展援外培训，服务中国建材“走出去”

2019年5月31日—6月6日，商务部主办的“2019年‘一带一路’国家职业技能培训班（建筑类）”在学校开展为期7天的培训活动，来自布基纳法索、乌兹别克斯坦、利比亚等11个发展中国家的外交部、劳动部、公职部、住房城乡建设部以及职业教育、建筑行业的43名学员来校学习。这是学校作为中国建材国际产能合作企业联盟培训专委会协办的首个援外培训项目，对于“以做大‘一带一路’国家教育服务为抓手打造服务行业的品牌”、践行“‘一带一路’有作为”意义重大。学校高度重视，从课程安排、师资配备、讲义撰写与翻译、文化体验、志愿者选拔、安全和后勤保障等各个环节都做了周密的安排和部署。为期7天的培训过程中，来自11个发展中国家的43名学员集中学习了中国建筑史、中国园林艺术、单位工程施工组织设计、钢筋混凝土结构、大型深基坑支护施工技术与优秀案例分析等课程，开展了新型干法水泥生产和新型建筑结构等实验实训，前往世界文化遗产龙门石窟、少林寺进行了中国历史文化参观考察，并就舞蹈、书法、茶艺、古琴、太极拳、武术等内容进行了交流体验。2018年5月才与中国恢复外交关系的布基纳法索女学员卡博·埃塞尔·杰奎琳，挥毫写下“我爱中国”4个毛笔大字，乌兹别克斯坦的学员额尔加舍夫·诺迪尔·厄尼亚佐维奇将人生中第一幅书法作品“服务地方、我爱中国”赠送给授课教师。通过培训班的举办，学员们彼此分享了建筑和建筑材料行业新概念、新技术、新观点，增进发展中国家间的相互了解，共同促进各自国家在建筑、建材产业以及人才培养领域的进步。同时，学员们更加深入地了解中国文化、中国经济的发展以及“一带一路”倡议，希望今后能再有机会来到中国，共叙发展友谊，促进交流合作。

② 服务区域经济社会发展需要

学校前身之一的原洛阳大学始建于 1980 年，隶属于洛阳市。在河南省实施高校分类发展的重要机遇下，作为一所省市共建的本科高校，学校紧紧围绕洛阳经济社会需求，特别是产业结构转型升级和郑洛新自主创新示范区、中国（河南）自主贸易示范区洛阳片区等战略需要，坚持“双服务”面向，以“为区域相关企事业单位解决技术难题”“为区域各级政府及有关部门提供政策咨询”“为区域培养技术能手和技术骨干”等规划目标为服务动力，切实立足于服务区域经济和社会发展，以服务求支持，在服务中凝练特色；以贡献求发展，在发展中创建办学特色①。充分发挥高校在人才培养、科学研究、社会服务和文化传承创新、国际交流与合作中的积极作用，坚定不移地深化产教融合，推进政产学研合作，聚焦中原经济区副中心城市和洛阳市 565 现代产业体系建设任务，在谱写新时代中原更加出彩的洛阳绚丽篇章中贡献智慧和力量。

服务区域人才培养需要，依托与洛阳市人民政府签署的《产学研用合作协议》，学校与地方政府相关部门建立良好的沟通与合作机制，及时有效地融入地方经济社会发展进程。与洛阳市政府联合建立了洛阳市服务外包学院，根据地方需要有针对性地培养服务地方经济发展的应用型人才。洛阳市政府投资 250 万元与学校共同成立了“洛阳市文化创意产业实训平台”，培养直接服务于洛阳市文化创意产业方面的人才，推动了洛阳市文化创意产业的发展。

在产教融合平台建设方面，学校发起组建了河南省装饰行业职业教育校企合作指导委员会、洛阳市光伏产业联盟、洛阳市机器人产教联盟、洛阳市职业教育联盟、洛阳市文化创意产业联盟等，坚持政府主导、职教联合、面向社会、服务经济、管理创新、资源共享，立足区域产业结构调整和转型升级，深化体制创新和资源整合，推动校校、校企、校地深度合作，在校政、校产、校企、校校之间，打造政策信息沟通、专业产业对接、教学资源共享、人才培养合作、科研服务合作、对外交流合作共六大平台，推动区域职业教育的资源、信息、服务、特色和品牌集聚②。

---

① 唐一科．依托行业背景，走新建院校特色发展之路［J］．中国高等教育，2007（6）：54.

② 洛阳职业教育联盟及机器人产教联盟成立［EB/OL］.2016-12-26. http：//lyrb. lyd. com. cn/html2/2016-12/26/content _ 97011. htm.

在服务区域人才服务方面，学校通过派出科技特派员指导地方企业科技工作，面向企业征集技术需求，把企业技术需求作为真实教学案例和科研课题，以及与企业共同开展科技创新项目研究等方式，解决企业的技术难题，实现了科技成果的就地转化，服务区域经济的能力水平逐步增强。转型发展至今，教师现场解决技术难题2万余人次，获取发明专利1538件，学校连续3年荣获河南省高校知识产权综合能力提升专项行动十强高校、十快高校。

在区域智库建设方面，学校紧紧围绕中原经济区建设、河南自贸区建设、中原城市群副中心城市建设、郑洛新国家自主创新区建设、洛阳文化传承创新体系重大专项项目、洛阳国际旅游名城建设及其他河南省、洛阳市重点重大项目，进行政策法规制定修订、决策咨询、文化服务，帮助政府与企业解决重大问题与难点问题，有针对性地促进学科的发展和经济社会的进步。学校与河南省商务厅合作完成的“郑州航空物流发展策略研究”“河南省产业安全预警监测”“中原（郑州）航空物流博览会可行性研究报告”等成果被政府部门采纳。学校教师积极承担地方重要战略规划编制工作，先后主持《建设中原经济区副中心城市战略纲要(2015—2020)》《洛阳高新区军民融合产业发展规划》《洛阳高新技术产业开发区国家自主创新示范区政策体系》《洛阳华夏文明传承示范区发展规划》《宜阳县“十三五”脱贫攻坚计划》《伊川县产业集聚区产业链图谱》等100余项规划，连续发布“洛阳市商圈指数报告”，主持编写《洛阳经济社会发展报告》《洛阳经济发展蓝皮书》等咨政报告40余项，为区域经济社会建设提供了有力的智力支撑。其中，经济与管理学院院长胡延松教授主持编制的《中原经济区副中心城市五年规划纲要（2015—2020年）》，作为洛阳市委2015年1号文件发布，该文件对于洛阳全面建成小康社会、加快转型振兴再现古都辉煌，具有重大的现实意义和深远历史意义。

通过整合、调整省、市、校人文社科基地，学校先后与河南省社会科学院、河南省政府发展研究中心、郑州大学出版社等进行了合作，建成了河南省社会科学院洛阳分院、河南省发展研究中心豫西分中心、郑州大学出版社洛阳分社等机构。学校与洛阳市工商联合作，先后成立了洛阳市民营企业研究院、洛阳市社会组织培训基地等平台，校内心理健康中心也全部面向地方开放。学校进入河南省示范性应用技术类型本科院校以来，河南古都文化研究中心获批河南省高等学校人文社会科学重点研究基地，区域特色新型智库——河南文化旅游研究智库获批省级智库，中共洛阳市委批复全面深化改革工作“文化体制改革”“经济体制改革”两个咨询专家团队，乡村振兴研究中心、关公文公研究院被列为洛阳市重点文科基地。加上之前的河洛文化传承与创新研究中心等，截至2019年年末，学校拥有省市级人文社科重点研究基地（含社科普及基地）17个。学校先后主办“第六届中原智库论坛”、“第四届河南创新驱动发展论坛”、澳门国际关公文化研讨会、豫西南伏牛山发展研讨会等重要的学术活动。作为全国范围唯一一家校企合作、侧重应用型高校教育数据研究的机构，“洛阳理工学院-麦可思应用型大学教育数据研究中心”成立，主要服务于应用型本科人才培养各个环节，聚焦课程教学、质量评价，通过数据采集、建模、可视化分析和解读，更好地促进产教融合和应用型人才培养，为应用型高校的改革与发展做出积极贡献。

在服务文化传承方面，学校立足河洛文化、历史遗产遗存、牡丹文化、三彩艺术、河洛戏曲等洛阳历史文化优势，聚焦创新理论、传承文明、资政育人、服务社会的目标任务，联合洛阳地方志办公室、洛阳报业集团主办“根在河洛酒杯”寻找洛阳十大文化符号评选活动，评选出河图洛书、二里头遗址、杜康、周公、白马寺、关林、龙门石窟、牡丹、水席、“东方红”拖拉机共“十大文化符号”，对于更好地弘扬河洛文化，挖掘文化能量与城市精神发挥了重要作用。艺术设计学院围绕古都旅游文化，开发了《洛阳周王城天子驾六博物馆文化创意产品设计系列》《得劲洛阳系列》，通过设计“方言”扑克等，弘扬地方文化特色，该院杨建宏副教授设计的“牡丹花都”标志，作为洛阳市城市对外标志已被广泛应用。

2014 年以来，学校针对地方企业、政府、院校积极开展技术培训，累计完成机器人技术人员培训 4000 人次，培养 2500 余名社会体育指导员，提供企业咨询服务、技术服务 1200 余人次，参与志愿者服务的师生近 5 万人次。

案例 17　科技特派员助力地方经济发展

2014 年以来，学校共选派 5 期 23 名教师作为科技特派员、三区人才，前往洛阳市下辖的栾川县、汝阳县、嵩县、宜阳县、伊川县等洛阳市周边市县区，深入农村一线开展创新创业和人才扶持服务。结合学校的办学特色和专业优势，在旅游文化资源信息化、固体废物综合利用、耐火材料有效利用等方面，开展科技咨询与服务等帮扶工作，帮助当地支柱企业解决核心技术难题。以服务促科研，23 名科技特派员和三区人才在教学科研方面取得了突出成果，先后获批国家级项目 6 项、省部级项目 10 项、地厅级项目 12 项，横向项目 14 余项，荣获省部级科学技术成果 8 项，引进经费 500 余万元；发表科研论文 100 余篇，其中 SCI、EI 收录论文 60 余篇、中文核心论文 20 余篇，出版专著 5 部，获得国家发明专利授权 36 项，指导学生参加各类创新创业大赛并获奖 20 余项。

案例 18　经济与管理学院服务区域社会发展情况

经济与管理学院秉承立足地方、服务社会的宗旨，紧紧围绕高素质应用型人才培养目标，依托河南省区域产业研究中心、洛阳市应用经济研究中心等省市级科研平台，充分发挥学科优势和人才优势，以服务洛阳地方经济社会发展需要为导向，通过建设新型政府智库、提供企业咨询服务、开展人力资源培训以及举办专家讲座等形式，在服务社会中锻炼科研队伍、提高育人质量，多领域、多层级、多渠道地融入洛阳地方经济社会发展。

经济与管理学院是中共洛阳市委全面深化改革工作咨询专家团队，连续5年承担《洛阳市经济蓝皮书》、参与洛阳市政协《推动一体化发展，建设豫西北现代化都市圈示范区》、主持洛阳市委全面深化改革办《提升我市对外开放水平、积极融入共建“一带一路”，加快打造内陆开放高地对策及建议》等重大项目的调研和报告撰写工作，为推进洛阳市经济社会发展提供重要的参考依据，受到洛阳市委主要领导的高度评价。自2016年学校获批示范校以来，经济与管理学院教师更加积极主动地融入区域经济社会发展，通过开展编制政府规划、咨询报告，承担企业培训等形式，先后主持完成80余项横向课题，引进经费345万元（表7-2）。

表7-2 近年来经济与管理学院教师主持编制的地方规划及资政报告（部分）

序号	成果名称	合作单位	应用情况
1	《建设中原经济区副中心城市战略纲要（2015—2020）》	洛阳市	洛发〔2015〕1号文件发布
2	《偃师市基础设施投融资试点方案》	偃师市发展改革委	获发展改革委等六部委批复，偃师市成为河南省基础设施投融资试点县
3	《洛阳高新区军民融合产业发展规划》	洛阳高新区项目服务和经济发展局	河南省国防科学技术工业局采纳
4	《洛阳高新技术产业开发区国家自主创新示范区政策体系》	洛阳高新技术产业开发区管理委员会	洛开工文〔2017〕44号发布
5	《宜阳县“十三五”脱贫攻坚规划中期评估》	宜阳县	宜阳县人民政府实施
6	《嵩县创建小微企业创业创新基地城市示范县实施方案》	嵩县人民政府	嵩县人民政府实施
7	《汝阳县关于加快建设现代产业体系的指导意见》	汝阳县发展和改革委员会	汝阳县人民政府采纳
8	《洛阳市关于构建现代产业体系的指导意见》	洛阳市发展改革委	洛发〔2016〕6号发布
9	《宜阳县“十三五”脱贫攻坚规划》	宜阳县人民政府	宜阳县人民政府实施
10	以洛阳为中心建设“华夏之源”文化特区的建议	洛阳市政协	豫发〔2016〕32号采纳
11	大力培育河南全面融入“一带一路”战略所需的高端人才	河南省教育厅	河南省高等学校哲学社会科学委员会的资政参考采用
12	《涧西区国民经济和社会发展第十三个五年规划纲要》	涧西区人民政府	洛涧政〔2016〕11号发布

续表

序号	成果名称	合作单位	应用情况
13	《洛阳经济社会发展报告（2018经济卷）》	洛阳市人民政府	面向全社会发布
14	《洛阳经济社会发展报告（2019经济卷）》	洛阳市人民政府	面向全社会发布
15	《推进一体化发展建设豫西北现代都市圈示范区联合调研》	洛阳市政协 济源市政协	形成调研报告提交洛阳市委市政府决策咨询
16	宜阳县的乡村规划（100个村）	宜阳县政府	宜阳县人民政府作为各行政村规划实施

案例19　艺术设计学院服务区域社会发展情况

艺术设计学院始终坚持走产教融合的应用型道路，走学科与专业建设共同发展的道路，走文理兼通的艺术跨界之路。自2012年起，连续举办以“创意集市”为主题的文化创意类展览群，推进文创作品实现由作品到产品再到商品的“三品转化”，“方言扑克”“手绘地图”“行者日记”等品牌文创产品引领了洛阳文创设计发展的动向。2019年举办以“跨界·融合”为主题的洛阳理工学院设计艺术节，并成功推出《博物馆之都文创作品展》，传达出专业设计创作与洛阳博物馆产业的深度融合，紧紧围绕市委、市政府打造“博物馆之都”、建设国际文化旅游名城的战略目标，深化洛阳市博物馆资源转化，促进文旅融合，有力地支持洛阳文化创意产业发展。

艺术设计学院积极响应教育援疆、文化援疆的号召，针对哈密市的文化创意产业需求，精心策划、组织教育文化援疆工作。2018年，视觉资料、文字整理、视频拍摄三个由师生组成的项目组赴哈密市伊州区、巴里坤县和伊吾县，全方位地调研当地文化旅游资源，与哈密市旅游局、哈密礼物馆、相关企业、传统手工艺的负责人就哈密礼物及哈密旅游品牌形象设计进行深入交流。图片收集组师生凝练出以“哈洛情”为主题的哈密宣传形象，提出“七天哈密”的旅游纪念品主题设想，从功能、材料、工艺、造型创新来扩大产品类别，运用哈密的独特事物形象做角色设计，挖掘洛阳和哈密故事，通过动画、插画、漫画的形式进行推广。经过师生们的不懈努力，产生了125套课题成果、上千幅创意作品，涵盖了视觉传达设计、产品设计、数字媒体艺术等各个专业领域。师生设计的作品立足哈密产业发展需求，涵盖面广，创意设计新颖，文化内涵深刻，地域特色明显，从旅游文创产品、农副产品产业化方面，策划设计了“密途、密域、密语、密探、密奇、密醇、密行、密服、密源”等十余个主题系列产品。设计作品极大丰富了哈密市文化旅游创意产品的内容和内涵，有力推动了哈密区域经济和文化旅游产业的发展。师生们在参与教育援疆、文怀援疆的过程中，不断深化立德树人的根本任务，不断深化豫哈情、洛哈情，不断深化民族大团结、奋进新时代的坚定信心。

案例 20　石念锋博士团队与栾川智慧旅游

洛阳市栾川县是河南发展旅游业潜力最大的县份之一，乡村旅游资源丰富，但信息化、智能化无法满足智慧旅游发展需要。为了配合智慧栾川建设，在洛阳市栾川县人民政府的领导下，计算机与信息工程学院石念峰博士联合中原经济区智慧旅游协同创新中心、洛阳丁大信息科技有限公司、洛阳传诚信息科技有限公司、陕西秦翼智能科技有限公司等机构，成立了智慧乡村游科技服务团。

从 2014 年开始，石念锋博士带领团队先后 30 多次赴栾川县老君山、重渡沟等 15 个景点、700 多家农家乐、80 多家酒店、15 家农产品特产生产企业，配合栾川县科技局开展需求采集、方案论证、施工组织等智慧乡村游科技服务活动，有效地促进了栾川县旅游经济发展。2014—2015 年，结合栾川县智慧旅游实际需求，围绕乡村游的“吃、住、行、游、购、娱”等环节，团队研发了乡村旅游网、乡村游 OTA 系统、乡村智游宝 APP 等智慧乡村游系列产品。项目组提出了基于农家乐路径采集、产品采集的乡村游农家乐导航技术，开发了乡村智游宝 APP，开创性地解决了“农家乐缺少游客，游客找不到农家乐”的乡村游实际难题。2015 年，为了更好地开展“全境栾川”智慧旅游服务，石念峰博士联合陕西秦翼智能科技有限公司，整合了栾川县境内 1645 家农家乐、565 家酒店、15 家景区和 27 家农产品特产生产企业等乡村旅游资源，建设了智慧乡村游平台，为栾川县智慧旅游产业增加营业额 3.2 亿元，带动就业 10.2 万人。由于成效显著，石念峰博士团队设计的“洛阳智慧旅游服务云平台”和“栾川乡村旅游服务云平台”被列入洛阳市国家小微企业创业创新基地城市示范项目，并获得河南省科技厅科技攻关计划两项。智慧乡村游平台和智慧乡村游建设经验被推广到陕西省柞水县、凤县，青海省门源回族自治县等地市。石念峰博士先后被河南省科技厅、栾川县人民政府聘任为河南省“三区人才”科技特派员、智慧栾川建设发展顾问。2019 年，石念峰博士带领的“栾川县电子商务服务团”被洛阳市确定为“洛阳市科技服务团”。

（9）融师资

工程实践能力是应用型大学师资能力结构的核心要素。学校始终将深入行业企业，提高社会实践和工程锻炼能力作为教师队伍建设的重要内容。根据“地方性、行业性、应用型”的办学定位以及培养应用型人才要求，学校多措并举地调整教师结构，改革教师聘任制度和评价办法，逐步使专业课教师既具有较高的理论水平，又具有较强的实践能力。先后修订《洛阳理工学院教师参加工程与社会实践、挂职锻炼基地管理办法（暂行）》《洛阳理工学院教师参加工程与社会实践、挂职锻炼实施管理办法（暂行）》《洛阳理工学院教师参加工程与社会实践锻炼管理办法实施细则》等政策文件，加强教师工程实践能力培养。学校加大职称评审的导向作用，加大教师参与工程与社会实践、“双师双能”型教师、科研开发、服务社会能力、指导学生科技制作、校企合作等应用型成果在职称评价体系中的分量和比例，将“45 岁以下专业课教师须具有半年以上的工程和社会实践锻炼背景”作为必备条件，增强教师提高实践能力的主动性、积极性。

自 2014 年转型发展至今，学校根据“不求为我所有，但求为我所用”的柔性引进模式，先后聘任中原学者、中信重工机械股份有限公司教授级高级工程师王继生、洛阳白河书斋晁氏藏书博物馆馆长晁会元等 4 名企业专家为学校讲座教授。从企业引进 26 名高技能人才作为应用型专业带头人，聘请 331 名企事业专家作为学校业界导师、校外导师；共遴选 100 个与学校学科专业建设、人才培养标准契合度高的行业企业作为基地，其中，面向建材行业的有 22 家。2014 年以来，通过挂职锻炼、博士服务团、科技特派员以及暑期集中下厂等形式，累计派出 381 名骨干教师深入建材行业企业，了解行业发展最新动态，提高自身实践能力。教师们将了解到的最新技术和行业动态引进课堂、写进教材，或者作为科研项目加以研究。教师们深入企业一线，积极学习企业生产工艺、成品研究、操作使用，促进了教师的教学水平、科研能力、创新能力、服务能力有效提升，成为学校和企业交流的桥梁纽带。目前，学校 1391 人专任教师中双师型教师 801 人，占比 57.6%，比 2014 年增长 16.7%；具有行业任职资格及工程背景 437 人，占比 54.6%；半年以上实践工作经历的专任教师 381 人，占比 27.4%，比 2014 年增长 17.3%；聘请企业优秀专业技术和管理人才 702 人，占专任教师 50.5%，比 2014 年增长 28.2%。

学校高度重视教师队伍国际化水平提升。依托 2016 年 5 月开展的中芬应用技术大学示范校项目，先后两次邀请芬兰专家对骨干教师和中层干部 700 余人次开展“芬兰应用技术教育”专题培训，内容包括《面向未来的应用型人才培养模式》《翻转课堂及数字化技术多媒体课堂》等 8 个专题。3 批、共 52 名教师前往芬兰坦佩雷应用科学大学，进行“应用技术大学创新发展模式及应用型研究”课程学习；聘请爱尔兰阿斯隆理工学院校长卡荣欧凯恩教授、工学院院长奥斯汀教授，俄罗斯科斯特罗马公立大学教授、俄罗斯功勋音乐家马琳娜教授，芬兰坦佩雷应用科学大学 Tiina 女士、Juha 先生等 10 多名海外知名专家为学校客座教授。

案例 21　豫沪合作中的师资队伍建设

在 2018 年 1 月学校与上海应用技术大学签订《合作协议》框架下，两校人事处签订了《师资建设与交流协议》。根据协议，学校人事处教师发展中心分批从文科、理工科院部选派骨干教师、青年干部赴上海应用技术大学参加挂职锻炼；聘请上海应用技术大学优秀教师作为学校客座教授、兼职教授或特聘教授，并定期来学校指导学科专业建设工作，以及积极组织两校专家学者团开展学术交流和项目指导等活动。学校充分利用种子教师的学习以及上海应用技术大学优秀教师来校指导，将宝贵的经验转化为学校示范校建设发展的推动力。2018—2019年，共计30名干部教师前往上海应用技术大学开展为期半年的挂职学习。

上海应用技术大学高度重视此项工作，精心组织研修方案，组织选派师德高尚、业务精湛、经验丰富的教师担任1对1导师，同时邀请全国教学名师为学员们授课。挂职锻炼的一个学期里，教师们深入上海应用技术大学的学校课堂、实验室，参与专业人才培养方案修订研讨、教学改革项目验收、实验室建设项目评审、毕业论文答辩、学生座谈会。教师们学习到了上海应用技术大学的知识能力与职业素养并重、课堂教学与实践教学并举、校内学习与企业实践融通的应用型人才培养体系；学习到了上海应用技术大学产教融合、校企合作的“双百工程”，“学生中心、产出导向、持续改进”的工程教育理念；学习到了上海应用技术大学“盐溶于汤”的课程思政育人理念；学习到了上海应用技术大学通过中华母亲节、萱草文化节等丰富多样的第二课堂活动，将“三创”教育贯穿人才培养全过程的特色经验。先进经验一点一滴，汇聚成促进学校改革发展的推动力。

通过研修研讨和实践，教师们在研修锻炼中提升能力，收获最大的是对价值引领、知识传授、能力培养三位一体的教育教学理念的领悟，同时也提高了教学、管理、科研发展等能力。学成归来的干部教师将上海应用技术大学先进的教学管理经验运用在实际工作当中，建立教师工作坊，从角色扮演、破冰训练、教学实践几个环节组织实施课堂教学，构建完整的混合式课堂教学体系，吹响“课堂革命”的号角。作为上海应用技术大学重要的生源基地，洛阳理工学院仅材料科学与工程学院就有30名学生考入该校攻读硕士研究生，开启人生新征程。

同时，原上海应用技术大学校长、现任上海市教育委员会主任陆靖教授，现任校长柯勤飞教授，党委副书记宋敏娟教授，材料学院院长徐家跃教授，人文学院院长刘红军教授等20余人先后到洛阳理工学院开展内部治理结构改革、应用型人才培养、师资队伍建设、学术讲座等交流活动，进一步拓展两校合作的深度和广度。

案例22 中芬合作的师资队伍建设

为更好、更便捷地学习国外优秀应用技术大学先进的人才培养模式、教学及课程评估和管理体系，提升教师国际化水平的国际视野，依托“中芬示范校”建设项目，学校分3年3批，选派52名骨干教师赴芬兰坦佩雷应用科学大学学习，对于如何建立新型师生关系、如何从传统的以教师为中心和以传授知识为主的教育观念转变为以学生为中心的新型教学模式、着力培养学生自主学习知识的能力有了重要的启发。教师们全方位地学习了如何建设优质的教师队伍，如何引进企业家、专业人士参与指导教学，强化企业人才培养基地建设，构建完善的人才质量监控体系等重要内容。

芬兰坦佩雷应用科学大学每年均安排专家来校开展芬兰应用技术教育专题培训，培训时间为期1周，专题都有不同的侧重，从宏观到微观，逐渐下沉到改革深处。如第一期开设课程主要集中在宏观方面，有“芬兰教育系统与应用技术大学特色”“应用型人才培养对教师的素质要求”“基于能力的学习模式”等12个专题。第二次培训专题聚焦课程及教法等微观方面，如“芬兰应用技术教育”，设有“面向未来的应用型人才培养模式”“应用型人才培养标准及课程设置”“项目教学法应用与实践”“基于能力的教学法及实践”“翻转课堂及数字化技术多媒体课堂”等8个专题。学校领导、各级管理干部、骨干教师和省内兄弟院校教师代表700余人接受了培训，认真学习芬兰先进的教学理念，对于提升教师国际化水平，助推高素质应用型人才培养具有重要意义和作用。

案例23　材料工程学院的教师暑期实践锻炼

2009年，材料科学与工程学院开始施行“教师暑期集中下厂锻炼”制度。11年来，每年暑期均组织各专业骨干教师到全国建材行业企业开展不少于两周的挂职锻炼、顶岗实习或者调研学习。教师深入建材相关企业进行实践技能训练和专业发展调研，通过生产线实地考察、与企业人员座谈、技术报告等方式，对新型干法水泥生产工艺及生产组织管理、浮法玻璃生产、陶瓷和耐火材料生产等形成系统认知，丰富了生产操作经验，进一步提升专业技能，实现课堂理论与实际生产的衔接，以便引导学生了解专业知识的综合应用方法，提高实践教学技能。通过调查现代水泥企业对专业人才的实际需求、对专业知识的运用程度和专业技能掌握情况，促进教学内容及教学方法的改进。教师们在深入车间工位与一线员工同吃同住同劳动的过程中，既提高了动手实践能力，又真切地了解到建材工业产品设计与生产一线的具体要求，掌握了最新行业动态。基于对实际生产过程中的技术难题和亟待改进的工艺问题有了更加清晰的认识，一方面将岗位必备知识运用到课堂教学中去，另一方面将了解到的技术和工艺难题作为科研项目予以研究解决。

2014年至今，材料科学与工程学院总计派出教师200余人次，分别前往重庆海螺水泥有限公司、梁平海螺水泥有限公司、达州海螺水泥有限公司、广元海螺水泥有限公司、冀东金隅海天水泥闻喜有限公司、池州海螺水泥有限公司、全椒海螺水泥有限公司、白马山海螺水泥有限公司、陕西蓝星玻璃有限公司、中国洛阳浮法玻璃集团有限责任公司、洛阳耐火材料厂、洛阳国邦陶瓷有限公司、偃师市华泰综合利用建材有限公司等50余家省内外水泥、玻璃、陶瓷等建材企业下厂锻炼，不断提升教师实际教育教学水平和应用型科研能力。

案例24　机器人学院的师资队伍建设

成立于2016年的机器人学院通过吸引高层次人才、培育青年教师、聘请企业高级工程师担任兼职教师等多种方式，不断改善师资队伍规模、结构和质量，建成了一支涵盖与机器人相关的控制科学、信息电子、软件工程、机械工程等学科方向，教学质量好、实践动手能力强、解决企业实际问题准的青年教师队伍。

主要建设途径与措施有：围绕爱校荣校、爱岗敬业以及转型发展、“十三五”规划和示范校建设等内容开展经常性学习教育，激发教师工作热情和创新意识，能够积极推进教学改革、校企共建实验平台和应用型教材（含讲义）编写工作。针对专任教师均为青年教师的现状，按照“给任务、压担子，支持与指导相结合”的教师培养模式，以教学能力培养为基础，每位青年教师要加入1～2个教学团队或者课程群，了解人才培养体系和核心课程，掌握课程目标、任务，能按照应用型教学要求，具备教案设计、微课制作、编制培训教材和讲义、实验室项目开发等综合能力。所有新进教师只有在完成固高公司（深圳）的岗前培训以及专业培训合格后方可上岗工作。学院定期组织教师参加学术交流，掌握机器人行业前沿技术，深入企业了解现场难题并解决实际问题，加大聘请有丰富工程实践经验的企业工程技术或经营管理人员担任兼职教师，从而保证授课内容与行业发展、企业需求接轨。

2. 融通

将高校的核心使命——人才培养、科学研究、社会服务和文化传承创新、国际交流与合作五大职能实现连接、集成并形成协同效应，始终坚持以“人才培养”为办学立校之根本，形成了以“人才培养+”为核心理念的洛理融通模式。

（1）人才培养+科学研究

科学研究是大学人才培养职能的延伸，也是大学培育人才的重要手段。科研育人是高等教育发展的时代呼唤，是新时代办好社会主义大学和培养担当民族复兴大任的时代新人的一个重要特征，对于学生高阶认知能力的发展以及多种学术技能和社会性能力的获得有重要作用。教育部党组书记、部长陈宝生在新时代全国高等学校本科教育工作会议上的讲话中指出：“创新人才培养，要推进科教融合，让学生尽早参与和融入科研，早进课题、早进实验室、早进团队，加大各级科研基地向本科生开放力度，提高学生科研实践能力和创新创业能力。”

学校充分发挥科研的育人功能，积极构建科学研究和人才培养紧密互动、有效协同的运行机制。《洛阳理工学院“十三五”事业发展规划》中明确：“鼓励在校期间学生积极参与教师科研项目”。依托建材行业企业在校内设立的科研机构和联合实验室，面向建材行业的学科专业积极尝试开展“大学生科研助理”活动，吸纳学生参与科研项目，带领学生融入企业研发团队，参与企业产品、技术创新研发，提升学生的综合素养。一方面，积极地推进科研成果进教材、进课堂，主动将前沿研究成果及时融入教学体系，不断向学生提供最新的学科知识和信息，进一步丰富教学内容，提升教学质量；另一方面，通过更加广泛地吸纳学生参与到教师科学研究中来，通过形式多样的科研活动，培养学生的科学精神、创新思维和科研能力，激发大学生自主学习主动性，培养学生分析问题和解决问题的能力。通过“人才培养+科学研究”模式，教师在科研实践中“教”并予以启发，学生在研究实践中“学”并勤于思考，逐步形成科研反哺教学的长效机制。

自2014年以来，累计3000余名学生参与到教师科研与社会服务项目中来，师生共同发表论文、撰写研究报告306余篇，获批专利92余项。

案例25　科教融合培养学生科研能力

材料科学与工程学院高度重视在校本科生参与教师科研活动工作。石磊博士依托国家级、省部级项目，及时将最前沿的学术成果不断充实到自己的课堂中，弥补了原有课程知识与最新研究之间的“断层”，也极大地激发学生的学习兴趣。他带领材料成型及控制工程专业刘俊杰、刘爽、陈程阳等30余名学生科研助理参与科研活动，24名学生荣获省级以上竞赛活动奖励，其中，13名学生在荣获2019年河南省“互联网+”创新创业大赛一等奖1项、二等奖1项，陈程阳和刘爽等同学参与发明专利的申请1项，发表论文1篇。阳勇福博士带领10名学生科研助理参与“赤泥资源化综合利用”横向项目关键技术研究，为国内赤泥的高效开发利用提供可行的解决方案。刘缙博士组建7人科研团队，带领10余名学生科研助理，共同开展“LED光学玻璃综合性能优化”关键技术研究。通过系列研究，以零污染、高性能利用为目标，为国内LED光学玻璃的高效开发利用提供可行的解决方案。参与项目研究的学生通过深度参与资料查阅、深入企业、开展实验与分析等工作，得到了很好的专业训练和科研能力培养。李继利博士结合国家基金“‘锂离子泵’薄膜外延包覆改性富锂锰基正极材料及储锂机理”项目，带领16名学生科研助理，成功制备了富锂锰基正极材料，基于项目研究指导学生完成的毕业论文荣获校级优秀论文奖。

环境工程与化学学院倡导专业教师通过“大学生科研助理”活动，指导学生开展检索文献、制订课题方案、开展实验和论文撰写等科研学习。目前，全院共有170余名在校本科生参与40名教师的48个在研项目。例如杨瑞先博士指导的学生科研助理2014级宣俊好等3名同学在SCI期刊《Polish Journal of Microbiology》上发表学术论文，宣俊好同学还以第一作者在中文核心期刊《植物保护》发表学术论文《洛阳地区牡丹3种主要叶部病害病原菌的分离与鉴定》等。2014级彭彪彪和2015级孙孟筱等6名学生分别在《微生物学报》（Ⅰ级期刊）和《北方园艺》（中文核心期刊）上发表学术论文3篇。2016级陈胜尧等5名学生组成的学科竞赛团队，获得了“首届河南省大学生生命科学竞赛”二等奖。

（2）人才培养+社会服务

服务社会，既是社会发展和人的发展的需要，也是高等教育自身发展的需要。学校充分主动发挥自身优势，助力建材行业和区域产业转型升级。通过将事业发展、人才培养融入服务行业和区域经济社会发展的大循环，在“以本为本”

的人才培养过程中，建立内生的“产学结合”机制，努力实现学校知识体系与行业人才诉求的协调，树立服务区域经济社会发展、服务国家战略的价值导向，以实际贡献力规避“孤岛效应”。同时，不断优化课程体系和实践育人体系，在主动服务社会中培养堪当民族复兴大任的时代新人。

把知识应用到为人民服务中。以全心全意为人民服务为人生目标，是大学生成长成才的内在要求。大学生志愿服务作为动员和凝聚青年学生的有效方式，鼓励学生们将知识技能积极地付诸实践，并在此过程中不断地坚定理想信念，不断增强学生们的向心力、凝聚力，在服务人民、奉献社会的实践中创造人生的价值，肩负起建设中国特色社会主义、实现中华民族伟大复兴的历史使命。电气工程与自动化学院家电义务维修服务队为学校最具代表性的学生组织，30余年来，一代代学生坚守为教职员工、社区居民、扶贫帮扶定点村庄等服务之初心，开展“学雷锋，献爱心”家电义务维修、暑期“三下乡”社会实践等，每年服务人次超过万人，累计维修家电超过20万件，受到社会各界的广泛赞誉。家电义务维修服务队先后荣获2018年全国大中专学生志愿者暑期“三下乡”社会实践优秀团队、中国青年志愿者服务项目大赛河南赛区选拔暨河南青年志愿服务项目大赛铜奖、洛阳市优秀志愿服务项目、洛阳市优秀青年志愿服务组织等荣誉。其先进事迹多次被河南电视台、洛阳电视台、《洛阳日报》等媒体宣传报道。

把知识应用到助力精准脱贫服务中。大学生参与脱贫攻坚是其作为社会主义建设者和接班人的主人翁意识的具体体现，也为其自身健康成长成才提供了广阔的实践平台。2019年，共青团中央办公厅和民政部办公厅联合印发《关于实施青年志愿者助力脱贫攻坚行动的通知》（中青明电〔2019〕3号），明确提出要“吸引、凝聚和动员更多的青年志愿服务组织开展脱贫攻坚志愿服务”。艺术设计学院100余名师生发挥专业优势，承担洛阳市各县域共410个村庄乡村规划设计服务，先后完成了栾川抱犊寨景区景观大道、嵩县木植街镇整体形象设计、洛宁新安民宿改造等项目设计；成立洛理美丽乡村行墙绘艺术团，多次组织学生赴宜阳县董王庄乡、五岳沟村、赵坡村、韩城等乡镇进行文化扶贫、美化乡村墙绘活动。其中，在学校定点扶贫的宜阳县韩城镇五岳沟村，师生们组织“农村文化艺术扶贫墙绘活动”，选择社会主义核心价值观、中国传统文化等内容，选用花鸟等元素，共计美化墙面400多平方米，既用文化与艺术美化了乡村环境，又生动地宣传了党的政策，更加坚定了学生学好真本领、奋进新时代的信心和决心。人文与社会科学学院师生利用社会工作专业特色开展社会服务，取得显著成效。2014年至今，该院先后与洛阳市扶贫开发办公室、洛阳市栾川县人民政府办公室、洛龙区农村工作办公室等单位，签订《洛阳市精准扶贫第三方评估工程》《栾川县潭头镇张村精准扶贫项目第三方评估》等服务合同10余项，参与师生达1600多人次。在《宜阳县香鹿山镇脱贫攻坚成效第三方评估》项目中，师生200多人次奔赴宜阳县香鹿山镇的段村、后庄、王凹等31个村庄，访问农户900余户，完成评估调查问卷近千份，撰写评估调研报告10余万字。通过调研、访问、评估、分析等工作的开展，教师的专业服务能力、学生的实践能力均得到大幅提升。在《洛阳市精准扶贫成效第三方评估工程》项目中，师生跑遍了洛阳市十几个县（区、市）的200多个村庄4000多户农民，涉及面广，社会影响大。河南卫视《新闻联播》专门报道了学校社会工作专业师生利用大数据开展精准扶贫成效第三方评估的事迹，受到河南省扶贫办领导的高度重视和高度赞赏。

把知识应用到助力乡村振兴服务中。学校积极贯彻国家乡村振兴战略安排部署，成立中原乡村振兴战略研究院，落实服务乡村振兴七大行动，积极引导全校科研力量，凝练学术方向，组建科研团队，发动师生共同为洛阳市乡村振兴战略贡献智慧和力量。2019年，学校与洛阳市的宜阳、嵩县、洛宁等9县，伊滨区、洛龙区等6区签订了380余个行政村（约3000余个自然村）的村庄规划协议，合同金额1865万元。在前期调研环节，100余名师生走入乡村、深入村户开展乡村基本情况调研，收集“村庄规划基础资料收集表”180份，收集“村庄规划——群众调查问卷”3000多份，为每个村庄的村容村貌、人口状况、经济发展、主要企业、基础设施、文化设施、景观遗存等留下了丰富的影像资料。同时，师生还积极主动地为村民普及乡村振兴的相关政策与知识，树立脱贫攻坚奔小康的信心和决心。2019年暑假，48名师生联合6家规划设计院奋战在乡村规划第一线，45天就完成了320个村庄的测绘，并根据“洛阳市村庄规划导则(征求意见稿)”要求完成了示范性村庄的初步规划工作。

通过为县区编制乡村规划、服务乡村振兴战略，师生们用实际行动践行“扎根中国大地办大学”要求。教师们提升了科研与社会服务水平，打通了科研成果转化落地的瓶颈，践行了在经济社会发展中体现科研工作价值、把科研写在大地上的科研理念。学生们通过参与问卷、走访、调研，以及协助教师们做规划，实现了理论与实践相结合，增强了对乡情村情的理解，密切了与人民群众的情感，受到了深刻又生动的政治理想教育。

把知识应用到群众文化生活服务中。繁荣群众文化生活对于坚定文化自信、激发人民创造活力、弘扬社会主义核心价值观、提升国民素质和社会文明程度等方面发挥着不可替代的重要作用。教育科学与音乐学院师生努力发挥专业和人才优势，扎根教育和文化艺术事业，自觉地将专业知识应用于繁荣群众文化生活服务中，实现人生磨砺，“奉献”与“进步”共生，社会情感日渐笃厚。以打造洛阳文化品牌为己任，在中国洛阳牡丹文化艺术节、河洛文化旅游节两个重点节会上，教育科学与音乐学院学子从未缺席，他们以37年的精彩表现彰显了教音学子深厚的专业基础、河洛文化厚重的精神气质。师生们连续13年参加全国群众文化活动——“河洛欢歌·广场文化狂欢月”，多次获优秀组织奖。基于对河洛大鼓的传承与探索，教育科学与音乐学院师生创作的表演唱《情系洛神》，为已有百年历史的国家非物质文化遗产注入新时代的元素，并荣获省第五届大学生艺术展演活动一等奖，为宣传洛阳的原创公益歌曲《牡丹赋》录制原唱，并主演拍摄了 MV，且荣获洛阳市第九届“五个一工程”优秀作品，还有纪念新中国成立 70 周年的原创歌曲《七十年》等优秀作品不胜枚举。2014 年以来，学生参与重要省、市群众文化生活服务百余场次，参与心理健康宣传与咨询服务、禁毒公益宣传、文艺展演等活动的师生累计达 3000 多人次。教育科学与音乐学院师生用实际行动回应了新时代对人才培养质量的新要求，在服务社会的实践中，学生们获得了专业成长的高峰体验，孕育了人民情感与社会责任感，为走向社会、回馈社会奠定了坚实的基础。

把知识应用到文明城市建设服务中。下乡支教、文明交通、环境保护等志愿活动增辉文明城市建设。2000 年，由环境工程、应用化学、生物技术以及工业分析等专业学生组建的环保协会成立。20 年来，协会持续在校内开展“回箱计划”“废旧笔芯回收”“地球熄灯一小时”等活动，用绿色理念、绿色行动影响并带动学校师生共同参与到环保事业中来。他们走进洛阳多所小学开展“环保进课堂”活动，将课堂所学专业知识整合、归纳、提炼，寓教于乐地向小学生普及海洋生物保护、大气污染防控等知识。利用大学生暑期“三下乡”社会实践的契机，响应“圆梦中国、公益我先行”的号召，协会组织的“针对黄河中下游流域饮用水安全问题的水资源保护调研团”入选“圆梦中国”公益行动国家级重点团队。调研队分别前往黄河中下游的临汾、渭南、运城、三门峡、洛阳、郑州、新乡、开封、济南、东营共 10 个地市采集黄河水、水源地水、城市饮用水和农村饮用水 4 种水样，进行黄河沿线水资源的检测与调研。通过对沿线居民进行走访和实地勘察等方式，深入了解干支流污染状况，对各地区黄河支流和当地居民饮用水分别进行取样后，交至各地区的环境监测站或带回学校实验室进行检测。学生们利用专业水质测量仪器进行严格的检测，并向各地环保局工作人员了解当地的黄河水资源利用情况、水质信息。立足洛阳，协会完成“洛阳周边新农村固体废弃物处理”“洛阳周边土壤重金属污染”“洛阳海绵型城市建设”等调研活动，宣传环保理念、为推进洛阳文明城市建设贡献着力量和才智。2014 年以来，环保协会共组织各类环保活动近百次，参与环保宣传与调研的学生人数累计达 5000 余人次，先后荣获“全国大中专学生最具影响力环保社团”“河南省优秀学生社团”“洛阳市优秀社团”“洛阳市最具影响力学生社团”等荣誉称号，并被国际绿色和平组织吸收为会员，成为唯一来自中国的学生社团。

案例 26 学生开展志愿服务情况

学校积极引导大学生通过开展志愿服务来弘扬树立青年大学生的良好形象，发挥专业培养学生社会责任感、为人民服务的意识。多年来涌现出许多社会实践优秀服务项目品牌，如电气工程与自动化学院“义务家电维修小组”几十年走进乡村社区开展义务维修服务；向日葵支教团以暑期社会实践为平台，支教足迹遍布洛阳市的十几个贫困山区及农村。学生通过参加志愿服务和社会实践活动，在活动策划、团队建设、沟通交流、专业技能、演讲答辩、总结提炼等能力上得到了综合锻炼，在服务基层和人民群众中，认识国情，经受锻炼，磨炼能力品质、道德观念。学校志愿服务活动成为洛理学子受教育、长才干、做贡献的重要一课。走出校门的洛理大学生们，用自己的脚步丈量梦想，把青春洒在祖国的大江南北。逐渐形成了具有洛阳理工特色的志愿服务模式，一是坚持思想引领，形成一流志愿服务文化氛围。二是发挥保障强、实战强、专业强的三大优势，创建一流志愿服务管理水平。三是打造了服务校园、服务社会、服务暑期社会实践的三层志愿服务项目，树立一流志愿服务品牌。通过持续开展一系列具有洛阳理工特色的志愿服务项目，形成了一道彰显洛阳理工学院学科特色、展示洛理学子风采的亮丽风景线。截至2019年年末，学校共建成校外志愿服务基地7个，登记在册的学生志愿者2.3万人，占学生总数的70%以上。2014年以来，共组织开展各类志愿者活动1200余次，参与志愿者累计38929人次。

案例27 “向日葵”支教团志愿服务情况

“向日葵”支教团是由洛阳理工学院在校大学生自发组织的义务支教队伍，在校团委的领导和社会各界爱心人士的关注、支持、帮助下，以暑期社会实践为平台，不断发展壮大，从不足十人的志愿者团队发展到15年后的逾千名学生志愿者，队员们的足迹遍布河南省几十个贫困山区及农村。以“支持乡村教育发展、关爱留守儿童成长”到“圆梦饮水思源，感恩返乡义教”为主题，志愿者们回到故乡，用15天的时间，帮孩子们点亮希望之光。课堂上，“向日葵”支教团的队员们打破传统教育模式，以“感恩教育”“赏识教育”“乡土教育”和“回归教育”理念为孩子们营造一个轻松愉快的课堂环境，鼓励每个孩子积极发言，锻炼自我表达能力，最终达到孩子们自觉学习、享受学习、自愿学习、渴望学习的良性循环。学习期间，队员们还开动脑筋，组织文化艺术节、趣味运动会等特色活动，丰富孩子们日常简单的生活。生活中，队员们关注每一个孩子，平等地对待每一个孩子，如果有“特殊”的孩子，队员们主动帮他们进行心理疏导，使孩子们充满自信、懂得感恩、热爱祖国和家乡。

15年来，“向日葵”支教团一届又一届的学生们执着的坚守、对贫困山区孩子们深深的热爱，充分展现了当代青年学生勇于创新、甘于奉献、积极进取、奋发有为的良好风貌，其先进事迹被河南日报、洛阳政府网、洛阳网等媒体多次报道。“向日葵”支教团在首届全国大学生“三下乡”支教课程设计竞赛中获得三等奖（2014）、第八届高校校园文化建设优秀成果评选“优秀奖”（2015）、中国大中专学生最具影响力爱心社团（2016）、全国“青春三下乡”优秀短视频奖（2018）等国家级荣誉，并多次荣获河南省暑期社会实践优秀服务团队、洛阳市十大爱心集体等荣誉称号。

案例 28　材料类专业学生的暑期实践活动

每年暑期，材料类专业的学生都会开展专项实践团活动。围绕生态绿色发展理念，立足专业建材专业特色，探索绿色建材领域新技术、新知识和新成果的应用，如“绿色建材美好未来”和“‘飞跃美丽乡村，看乡村意象’40 年新变化观察团”等学生暑期社会实践服务团，深入企业、高校、科研院所开展相关创新创业活动。2019 年组织“绿色建材·碳索未来”暑期实践团，前往陕西省咸阳礼泉海螺集团进行实践调研活动。了解企业特色水泥品种以及余热发电、环保新产业——城市垃圾焚烧工业化的工作原理。参观了固体废料的分拣处理。通过这些实践活动，学生们结合本学院专业特色，把课堂搬到了社会实践中，收获颇多。这项举措使学生们进一步了解到学术前沿的学科知识，开阔了专业领域视野，增长了对绿色建材的认知，坚定了大家扎实开展专业知识创新学习发展的信心。学生志愿者还先后参与了中国建材股份有限公司西南水泥有限公司生产管理人员集训营、中国砖瓦工业协会青年企业家委员会首届培训班、驻马店豫龙同力水泥有限公司培训班等行业技能培训服务。

（3）人才培养＋文化传承

中华优秀传统文化是中华民族的精神命脉，是涵养社会主义核心价值观的重要源泉，也是我们在世界文化激荡中站稳脚跟的坚实根基[①]，中华民族善于创造灿烂的历史文化，更善于继承与发展优秀的传统文化。高校作为文化传承与创新的重要阵地，要突出社会主义大学的政治属性，一方面要培育和提升自身可持续发展的文化品质，服务学生成人成才，实现文化育人价值的必然要求。另一方面，要积极鼓励师生发挥专业优势，积极投身于中华优秀文化的传承与创新中去，带头弘扬社会主义先进文化。建校 64 年来，学校始终紧紧围绕立德树人的根本任务，坚持以文化人、以文育人，大学精神有效彰显，《春风化雨润无声“五维”协同育新人》等 10 个工作做法被评为河南省高校思政工作优秀品牌，获批省“三全育人综合改革”试点高校。依托河南古都文化研究中心、河洛文化传承与创新研究中心等省市级平台，学校积极开展河洛文化挖掘与人才培养工作，不断深化学生的文化自信并主动参与到中华文化的传承发展中来，为把洛阳打造成传统与现代交汇、古韵与新风交融的历史文化名城展现大学担当、大学智慧。

① 面向建材行业的“人才培养＋文化传承”。

优秀中华文化的传承与发扬，离不开具体而独特的物质载体。作为具有建材行业背景的院校，全校师生员工认真学习领会中国建材在“两个二代”（第

---

① 习近平．中华优秀传统文化是中华民族的精神命脉［EB/OL］．2014-10-16. http：//cpc. people. com. cn/n/2014/1016/c164113-25845591. html.

二代新型干法水泥和第二代中国浮法玻璃的简称）研发过程中表现出的“能动创新，自我奋发，敢于攀登世界建材工业的中央舞台”思想精髓，以及“挑战不可能”的挑战精神，并以此为载体，不断丰富“洛理精神”的内容和思想内涵。

在建材类专业课程“专业认识”环节，以及实践教学环节，学校要求教师将与课程相关的历史人物、重大事件和重大突破作为授课内容，在引导学生了解、掌握专业知识的同时，潜移默化地进行优秀企业文化和行业文化的熏陶。材料科学与工程学院定期邀请坚守建材行业的优秀校友回校举办讲座和座谈，通过分享自身成长经历和成绩、成就，引导学生树立正确的人生观、价值观和职业观，将“工匠精神”渗透到人才培养的每个环节。材料科学与工程学院“助力绿色发展”服务团开展为期 4 天的学习实践活动，进一步了解到学术前沿的学科知识，开阔了专业领域视野，增长了对绿色建材的认知，坚定了大家扎实开展专业知识学习的信心。材料科学与工程学院学生第一党支部举办的“绿色建材　美好未来”大型展览主题党日活动是立足建材特色专业、把学科专业建设与学生实践活动相结合的一项品牌活动。每一名毕业生党员在自己负责的宣传展板前就位，以朋辈间“接地气”的语言，以毕业生看专业的角度生动形象地传递无机非金属材料的专业知识和学习心得，鼓励学弟学妹们争做专业发展的“排头兵”。此类党日活动旨在发挥毕业生党员的先锋模范作用，充分利用朋辈间专业教育形式，加深学生的专业认知，进一步树立专业思想，从而做好未来的学业及职业规划，为服务建材行业打下坚实基础。

在承担《中国工业史·建材工业卷》和《中华人民共和国建材工业志》、筹建“中国建筑材料博物馆”等工作过程中，除了抽调专任教师承担编写任务外，学校还聘用材料学科、化学学科、电气工程、土木工程等学科专业的 13 名学生担任编写助理。在协助教师们收集、整理资料和文字编写的同时，学生不断感受中国建材工业筚路蓝缕、不断拼搏，通过跟跑、并跑，最终实现超越、引领的伟大精神的同时，更加坚定“四个自信”，也将这种感受传播开来，发扬光大。

在加强与学科专业相关的行业文化精神凝练的同时，学校还充分利用区域内博物馆、红色历史场所、图书馆、展览馆、廉政文化教育观和爱国主义教育馆等，以文化人，以文育人。努力为行业培养出既具有扎实专业基础，又具有高尚人格和较高文化修养的高质量应用型人才。

② 面向区域的“人才培养＋文化传承”。

学校地处的洛阳市是国务院首批公布的历史文化名城和著名古都，是丝绸之路的东方起点和隋唐大运河的中心，有着 5000 多年的文明史、4000 多年的城市史、1500 多年的建都史，历史遗存众多。其中，最著名的龙门石窟是中国石刻艺术宝库之一，与莫高窟、云冈石窟、麦积山石窟并称中国四大石窟。龙门石窟延续时间长，跨越朝代多，以大量的实物形象和文字资料从不同侧面反映了中国古代政治、经济、宗教、文化等许多领域的发展变化，对中国石窟艺术的创新与发展做出了重大贡献。教育科学与音乐学院吴璇教授长期专注于“龙门石窟音乐图像”研究，带领学生开展文献查阅、现场调查、内涵挖掘，师生共同完成《龙门石窟音乐图像文化资源在旅游业中的开发创新研究》《基于“丝绸之路”石窟乐舞图像的中原文化传播路径研究》等20余项省市级科研项目，在《中原文物》《学术交流》等重要期刊上发表学术论文20余篇。

③ 人才培养+国际交流合作

学校坚持开门办学，统筹国内国外两种资源，以创新体制机制、搭建交流平台、营造浓厚氛围为抓手，积极拓宽学生选拔、培养、交流、发展的视野，深度挖掘并利用国（境）外高校优质教育资源为人才培养服务，大力推进学校高水平应用大学建设。学校先后与爱尔兰、芬兰、美国等国家和地区17所高校和机构就学术交流、师资培训、学生互派和产学合作等方面签订了合作协议，与芬兰坦佩雷应用科学大学开展“中芬应用技术大学示范校”建设项目，与意大利都灵理工大学联合建立了材料研究中心，与韩国金乌国立工科大学共建河南省新型土木工程结构国际联合实验室，与白俄罗斯国立大学科技园开展战略合作，与爱尔兰阿斯隆理工学院、俄罗斯科斯特罗马国立工艺大学举办合作办学项目。先后有18名具有国际影响力的功勋专家（杰出专家）成为学校特聘教授。爱尔兰结构分析与设计肖恩博士在课堂上引进“意面桥建造”比赛的教学环节，提升了学生专业融会贯通的能力，其指导的学生团队荣获第五届全国高校BIM毕业设计作品大赛全国总决赛特等奖。2014年以来，学校共选派教师109人次赴国（境）外参加国际学术会议、专业培训、学术交流、课程研修，260名学生赴国（境）外参加交换学习和游学活动，接收来自俄罗斯和韩国的语言留学生近100人，国（境）外来校交流学习的师生近100人次。

3. 融合

在实现融入、探索融通的基础上，学校积极促进产教双方的各种资源要素互相转化、互相支撑，力争从“你中有我、我中有你”变成“你就是我、我就是你”，形成良性互动的新生态，坚定地走向“融合”。

（1）在治理结构上融合

《国家中长期教育改革和发展规划纲要（2010—2020年）》明确提出“完善中国特色现代大学制度，完善大学治理结构，深化校内管理体制改革”的制度创新目标。这是大学治理结构建设的纲领性要求，进一步反映出在现代大学制度中高校治理结构处于核心地位。《教育部　国家发展改革委　财政部关于引导部分地方普通本科高校向应用型转变的指导意见》（教发〔2015〕7号）从内涵和14个方面指出了应用型本科高校建设和发展的方向，对于高校治理方面，指出“要不断完善促进转型发展的政策体系，推动学校治理结构等重点、难点领域的改革，要建立行业企业合作发展平台。建立学校、地方、行业、企业和社区共同参与的合作办学、合作治理机制①”。

行业高校从兴办、发展、改革，与国家经济建设、社会发展的需要紧密结合，具有明显的产教融合优势，深厚的校企合作基础，成为行业发展与振兴的重要生力军，并在服务和贡献中获得行业企业持续、稳定的支持，更快、更好地实现高水平大学的建设目标②。办好行业高水平应用型大学首先要在治理结构中突出体现“产教融合”的理念、“校企合作”的办学路子。学校立足自身“行业性、地方性”，科学把握现代大学制度的“现代性”，在转型发展过程中，不断探索建立行业企业深度参与的学校治理结构。

以 2014 年年底学校干部换届和结构调整为契机，学校设发展规划处，专门负责协调统筹学校办学定位、发展规划、产教融合、特色应用型大学建设工作。2015 年，出台《洛阳理工学院章程（草案）》，将“产教融合、校企合作”作为学校章程的重要内容予以明确。校、院（部）两级全部建立了有 1/3 行业和用人单位参与的学术委员会、教学指导委员会、专业指导委员会和就业指导委员会，吸纳行业、企业全方位、全过程地参与学校管理、专业建设、人才培养和课程设置等重大事项；定期召开学校发展战略研讨会，邀请行业、企业专家为学校出谋划策，问诊把脉，供需对接，洽谈协商，形成学校为主体、行业为依托的治理结构和办学模式。

2013 年以来，学校先后当选为中国建筑材料联合会常务理事单位、中国建筑材料联合会科教委员会副主任单位、中国—东盟建材行业合作委员会副主席单位、中国建材国际产能合作企业联盟副主席单位、中国建筑材料联合会绿色低碳建材分会副理事长单位、中国绿色建材产业发展联盟全国碳酸钙产业专委会、全国非金属矿专委会理事单位、国家技术标准创新基地（郑洛新）绿色耐材技术标准创新联盟和全国耐火材料标准化技术委员会成员单位。作为发起单位，学校与河南省建材研究设计院、同力水泥等单位组建了“河南省绿色建材产业技术创新战略联盟”，并担任副理事长单位；作为副理事长单位，与尚德太阳能、阿特斯光伏电力等企业共同组建“洛阳市光伏产业联盟”，与河南科技大学、洛阳双瑞橡塑有限公司等企业组建“洛阳市高性能高分子材料产业技术创新联盟”；作为主要实施者，与汝阳县政府共同建设“洛阳科创绿色建材技术研究院”。充分利用以上行校政企合作平台，学校时刻关注行业发展前沿、掌握行业发展动态、对接行业发展需求，在学校与行业共建协同创新体系，共同完成行业委托项目中，不断促进学校的发展与行业产业的发展的紧密结合。产教深度融合、校企协同育人的探索与实践，为学校建设特色高水平应用型大学提供了坚实的制度保障。

---

① 许航．安徽省应用型本科高校治理结构研究［D］．吉林：吉林大学，2012，11.

② 杨静．行业特色高校内部治理结构改革的探索型［J］．中医教育，2011，30（6）：14.

为深入贯彻河南省《关于引导部分本科高校向应用型转变的实施意见》《关于深化产教融合的实施意见》等文件精神，落实学校“行业性、地方性、应用型”办学定位，促进教育链、人才链与产业链、创新链有机衔接，实现“引资、引智、引产业政策、引行业标准”，推进应用型人才培养模式改革，增强学生的创新创业就业能力，全面提升学校服务行业转型升级、地方经济社会发展的能力与水平，推动特色鲜明的高水平应用型大学建设，2019 年，学校出台《洛阳理工学院行业学院管理办法》。主要思路是通过“专业学院＋行业学院”多元化办学模式，推进学科专业集群主动对接行业发展对人才和技术需求，主动对接地方支柱产业、特色产业和战略新兴产业，本着资源共享、优势互补、互惠互利、共同发展的原则基础上，吸引政府、企事业单位以土地、资金、仪器设备、技术管理等要素依法投入，打造产教融合、校企协同育人的示范平台。学校成立机器人学院、力诺电力学院等 5 个行业学院，持续深化应用型人才培养模式“融合”改革，放大增强学校服务能力和水平的“融合”效应。

学院积极探索开展行业学院建设，与天瑞集团、中迈集团等企业联合成立了“洛阳理工学院天瑞干部管理学院”“洛阳理工学院中迈管理学院”，企业直接参与到学校人才培养目标、培养方案的制定。以校企共建的人才培养方案、课程体系、“双师”团队为依托，实施应用型人才的校企协同培养。学生入校时，与企业签订服务协议书，学习期满且考核合格者，直接进入天瑞集团、中迈集团工作[天瑞集团股份有限公司始创于 1982 年，是集旅游、水泥、铸造、互联网物流于一体的股份制企业集团。2018 年，天瑞集团名列中国企业 500 强第 356 位，中国制造业企业 500 强第 168 位。其中，天瑞水泥集团股份有限公司是国家重点支持的前三家水泥企业（集团）之一，是工信部重点支持兼并重组的五大水泥企业之一，也是首批被世界可持续发展工商理事会水泥可持续性倡议行动（CSI）接纳为成员的中国三家水泥公司之一。河南中迈集团有限公司成立于 2003 年，是河南省百强民营企业，经营领域涵盖房地产开发、建筑施工、道路桥梁施工、装备制造、药品制造、机械销售、矿业开发、水资源开发、物业管理、文化传播等业态，总资产 70 亿元]。

案例 29 曙光大数据学院的建设与发展

2016 年，学校入选教育部首批数据中国“百校工程”项目；2017 年，与中科曙光公司共同建设了“曙光大数据应用创新中心”和“曙光大数据学院”，当年首次招收计算机科学与技术（大数据应用方向）本科专业学生 90 人；2018 年，获批数据科学与大数据技术本科专业，当年招收本科生 148 人，目前在校生共计 387 人。

1. 通过校企共派、共引、共评模式建设混编师资团队

遵循共同建设、共同管理的原则，学校在选拔优秀教师的同时，引入企业专

职驻校人员形成混编项目组，全程参与项目建设。在人员结构上，模仿企业项目运作架构，设定专门的项目经理，协调校企关系、跟进项目进度、推进项目实施。随着项目的推进，师资力量的进一步充实迫在眉睫，为了快速、高质量地建设师资团队，主要采取的举措有：利用学校在高层次人才引进中的政策优势，积极开展能够带动学科建设整体水平提升的高层次人才引进；借助企业灵活的人才雇佣形式，面向社会公开招募的具有丰富行业经验的工程师，增强校企混编团队的项目实操能力；校企共同制定人员引进测评流程、测评方法，共同决定学校聘用或企业聘用人员的去留问题，满足学校与企业不同角度的用人需求。目前，大数据学院拥有本专业教师14人，其中，学校专任教师团队9人、企业派驻工程师团队5人；拥有博士教授1人、副教授3人、硕士8人，教师先后荣获河南省劳动模范、洛阳市学术带头人、河南省青年骨干教师等荣誉称号，是一支校企结合、爱岗敬业的高素质年轻教师队伍。

2. 开展基于项目驱动模式的第二课堂活动，培养学生工程师团队

数据科学与大数据专业的培养目标是“培养具有实践能力和创新精神的高素质应用型人才”，采取以下措施提升学生的实践能力和创新精神：校企双方深度参与教学理论实践环节，建设具备双方特色的教学实践体系，包括共同制定人才培养方案、教学大纲、教学方案以及相关的教材、课件的开发等；定期开展以企业主导学校为辅的第二课堂活动，培养建设学生工程师团队；开设以实际项目为素材的VIP教学环节、瑞翼工坊、主题知识技术竞赛等活动；开展学业导师负责制的学生自我画像活动，引导学生在入学之初就对职业生涯的发展进行思考定位，在不断的调整过程中帮助学生明确目标，有的放矢地开展学习活动。

3. 遵循结果导向评价原则，建立校、企、学三方互通质量评价体系

项目实施的质量到底如何、应用型人才培养的目标是否能够实现？为了对人才培养工作进行准确客观的评价，项目组一致达成遵循结果导向的项目评价原则，并采取以下措施定期对项目实施状况进行评价：校企共同制定涵盖“应用型人才培养目标达成度”“教学科研成果达成度”“项目实施目标达成度”细则的评价指标体系，做到评价有据可依，有数可查；建立定期开展面向学生、教师以及企业驻校工程师参与的自评、互评机制，形成校、企、学三方互通的质量评价体系。

4. 校企合作编写代表行业先进技术的教材

校企共同完成并出版《大数据导论》《NoSQL数据库原理与应用》《Spark大数据技术与应用》《数据挖掘与机器学习》《Hadoop大数据技术与应用》《商务智能方法与应用》《Python编程基础与应用》《大数据可视化技术》《大数据预处理技术》，以及《准职业人导向训练教程（一）》《准职业人导向训练教程（二）》相关教材9本。

5. 校企共建实验实习基地

校企共建一体化实验平台。校企双方共同投资1000余万元，建设了占地面积约752m²的、集科学研究与教学实验于一体的“洛阳理工学院-曙光应用创新中心”。中心建成涵盖15+12个软硬一体化模块的大数据超级平台、共计105台服务器，分为5个机群进行管理。在此基础上又建设了涵盖280个终端的云桌面试验系统，建成7家校外实习创新基地，完全满足学生教育教学要求。良好的硬件条件为数据科学与大数据技术专业的实践教学、科学研究以及社会服务等环节提供良好的硬软件环境。

6. 校企开展应用型科研

大数据学院建立3年以来，校企合作完成纵向项目2项，新立项河南省科技厅立项目1项；在研国家自然基金项目1项，河南省科技厅立项项目1项，并带领学生团队完成了“建材行业工业环保设备大数据平台”“大学生体测体能大数据分析平台”“智慧校园大数据分析平台-舆情大数据分析”等项目，获批软件著作权授权5项，发表SCI/EI收录学术论文5篇，中文核心1篇。“大数据应用创新中心”通过与国内其他高校的系统联网，实现了硬件资源、行业应用、科研创新的共享和交互，形成一个真正意义上的“大数据应用超级服务平台”，构建由高校、企业、科研机构等多方参与的行业应用创新生态系统，进一步提升学校大数据应用服务的能力。

（2）在人才培养上融合

不断放大增强学校服务能力和水平的“融合”效应，在数据科学与大数据技术专业人才培养中，校企共同制定涵盖“应用型人才培养目标达成度”“教学科研成果达成度”“项目实施目标达成度”细则的评价指标体系；建立定期开展面向学生、教师以及企业驻校工程师参与的自评、互评机制，形成校、企、学三方互通的质量评价体系。文化创意学科专业集群举办以“跨界·融合”为主题的设计艺术节，以致敬历史“洛韵·博物馆之都”文创作品展、致敬丝路“丝路匠心”哈密礼物创意展等五大主题展览为主线，突出学科跨界与渗透，突出高校与政府、行业对接和融合。

（3）在人才资源上融合

通过实施“十三五人才工程”，学校聘请行业企业专兼职教师，专业建设带头人、讲座教授、校外导师等，教师队伍结构得到优化；引进中原学者王继生、国务院特殊津贴获得者王天运等4名专家作为学校特聘教授、讲座教授，从企事业引进26名高技能人才作为学校的应用型专业带头人。来自行业企业的特聘教授、讲座教授融入学校的教学科研中，分别组建了大数据智能研发科研团队、环境污染应急功能材料科研团队、智能化装备制造研发团队等。获得中国机械工业科技进步二等奖1项，国家自然科学基金项目1项、国家社会科学基金项目结题1项、国家级重点研发计划专项项目1项、开展国际国内学术报告10余次，发表

SCI、EI、CSSCI等学术论文20余篇。特聘教授王天运团队已经签订“自碎压制去污功能材料”“特种超低温环境污染治理功能材料”等4个科研项目，年入横向经费100余万元。

学校依托行业企业，加强教师工程实践能力建设。通过实施“骨干教师培养计划”“青年教师工程实践能力提升计划”，有计划分批次地选送教师到建材企业挂职或者顶岗实习。通过产学研合作，校企资源共享，提高了学校教师的工程实践能力，提升了企业职工的理论水平，提高了教职员工的协同创新能力。

案例30　高层次人才引进与融合成效

2018年，学校聘任中原学者、中信重工机械股份有限公司教授级高级工程师王继生为学校讲座教授。王继生教授是国务院特殊津贴专家、河南省中原学者、全国优秀科技工作者、全国机械工业劳动模范，历任中信重工副总经理、总工程师、矿山重型装备国家重点实验室主任等职务，现任中国重型机械工业协会副理事长兼秘书长。王继生教授主要从事矿山机械研究及技术管理工作，是国家“十二五”先进制造领域重大技术装备方向的主题专家和国家“十三五”煤炭高效清洁利用与节能技术重大科技专项的总体专家，先后主持完成国家863计划1项、科技支撑计划1项、省重大科技项目6项；获国家技术发明二等奖1项、国家科技进步二等奖3项，省部级科技进步特等奖1项、一等奖7项、二等奖4项；获授权国家专利36项，出版专著8部，发表论文18篇，制定国家标准5项，行业标准1项。

王继生教授积极参与机械工程学科建设与人才队伍规划、实验室建设、科研团队组建工作，在他的主导下，2018—2019年，机械工程学院获批河南省发展改革委“河南省绿色智能建材装备工程研究中心”，与澳大利亚昆士兰地热能源卓越中心签署《离心铸造涂料智能喷涂关键技术研究与应用》国际合作研究项目协议书，联合河南黎明重工科技股份有限公司、郑州机械研究所三方校企合作完成“楼式骨料制备成套设备”项目研究，该设备全封闭布置，集制砂、粒型优化、石粉控制、级配调整、含水率控制、环保处理于一体，为砂石、水泥、混凝土产业链的发展创造了新的机会和价值，是破磨技术的重要革新，该项目荣获中国机械工业科技进步二等奖。

（4）在科技资源上融合

2014年至今，学校与中信重工机械股份有限公司、西门子工业软件（上海）有限公司等86家企业签署产学研用协议。与郑州大学和洛阳市人民政府三方共建郑州大学洛阳研究院、与偃师市人民政府共建偃师智能装备协同创新研究院、与汝阳县人民政府共建洛阳市科创绿色建材研究院、与洛阳鹏飞耐磨材料股份共建洛阳鹏飞高新材料研究院等科研机构。校企联合组建大数据智能研发科研团队、环境污染应急功能材料、智能化装备制造等研发团队。

（5）在创新创业教育上融合

印发《洛阳理工学院“专创融合”课程建设办法》，结合专业特色，从理论和实践两个方面改革课程内容，将学科技能竞赛、大学生创新创业训练计划、教师科研项目等融入课堂教学，在传授专业知识过程中加强创新创业教育，培养学生创造性思维，激发创新创业灵感。首批《材料成型装备及自动化》《电子工程应用设计》《网络营销》《社区治理》《家具设计》5 门“专创融合”课程建设项目获得学校资助。

（二）三创：让创意发生、让创意引领创新、让创新推动创业

建校 64 年来，学校始终高度重视大学生创意创新创业工作。在深入实施“融入、融通、融合”的“三融”过程中，学校以“创意发生、创意引领创新、创新推动创业”为主线，在“资源、平台、机制”关键要素上持续发力，先后建立了千度创客空间、大学科技园、创业学院、创新学院等重要平台，出台《洛阳理工学院本科生创新创业素质拓展学分实施办法》《洛阳理工学院大学生创新创业训练计划项目管理办法》等政策文件，让创意发生、让创意引领创新、让创新推动创业，大大促进了创意、创新、创业的“三创”融合发展。

1. 创意

创意思维与意识是大学生开展创新创业活动的基础，是深度情感、理性思考与实践，是思维的碰撞和智慧的对接，大学生只有拥有开拓精神和批判思维，勤于思考、敏于探索才能不断激发创意产生。

学校通过开设选修课，举办各类创新创意活动，积极营造创意激发的环境氛围。如从 2010 年开始，学校由校团委主办的“创意达人”废物再利用设计大赛已经举办了 10 届。从开始的几十人，到如今的上千人，学生们取材于身边的废旧物品，通过创意加工变废为宝。作品造型各异、风格独特，不仅有装饰用的蛋壳壁画、时光照片墙、折纸孔雀、吊灯等观赏类作品，也有空气加湿器、纸板桌椅、置物架等实用型作品，更有瓦力、航母、太阳能充电器等“高科技作品”。通过展示成果、分享创意、交流灵感，成为丰富扩展学生的第二课堂，培养了学生节能环保、节约简行的意识和能力。

依托学校资源和科研实力，为了更好地推动人才培养变革，培育创意的土壤，2015 年 7 月，洛阳理工学院千度创客空间正式成立。千度创客空间整合校内各类资源平台，按照院部布局的现实情况，在王城校区建有“机器人控制应用研教专业化众创空间”、开元校区建有“AI 云创专业化众创空间”、九都校区建有“文化科技融合专业化众创空间”。千度创客空间一方面通过举办“千度创客培训班”“大学生创客 CEO 集训营”“暑期创客精英集练营”“老雷说创业”“GYB 培训班”等活动，激发学生创意产生、创新创业意识的初步形成，与学工部、校团委、就业指导中心、各学院紧密集合，对创客的潜在人群提供项目咨

询、政策讲解、法律咨询、项目初选、前景模拟、导师辅导等服务，鼓励更多的大学生加入到创客群体之中。5 年来，千度创客空间举办了“千度创客培训班”“大学生创客 CEO 集训营”以及创业辅导讲座 70 余场次，辅导创业团队 260 余支，举办项目路演 80 余场次，培训大学生创客骨干 600 余人，参与学生上万人次。先后选送 100 多个项目及团队、300 多名学生参加国家、省、市各类创新创业大赛 30 余场次，获得市级以上奖励 50 余项。千度创客空间先后获批“省级众创空间”“商务部 2016 年度文化双创特色示范众创空间”“国家级众创空间”等荣誉称号，并作为会长单位发起建立“洛阳众创空间联盟”“河南省双创基地（洛阳）管理创新联盟”。

2. 创新

发展的希望在创新，创新的希望在青年。学校高度重视大学生创新创业工作，大学生科技创新一直是学校内涵建设的靓丽品牌。在创意萌发的基础上，结合大学生个人兴趣、所学专业以及社会需求，学校有针对性地开展以“挑战杯”竞赛为龙头的一系列科技创新活动，形成了特色鲜明的学生学术科技创新工作体系，摸索出一套切实可行的工作方法，助力越来越多的青年学生成长成才、筑梦圆梦。

（1）固化“三层两级”的“网格式”工作机制

“三层两级”的“网格式”工作机制是学校创新创业工作的有效保障。“三层”是指学生课外学术科技活动领导小组（简称领导小组）、学生课外学术科技活动专家指导委员会（简称专家指导委员会）和大学生课外学术科技协会（简称学生科协）。“两级”是指领导小组、专家委员会和学生科协都由学校和二级学院两级组织架构。领导小组定期研究、布置、安排学生科技创新工作，研究制定和发布创新创业政策。专家指导委员会定期深入学院、班级、团支部、学生科技类社团开展指导，同时担任学生科协指导教师。学生科协根据科技发展前沿信息和大学生专业兴趣，依托学校配备开辟的实验室和实验设备，寻找、研究、设计创新创业项目，定期开展研讨交流，常年开展活动。这种“三层两级”的“网格式”工作机制激发和培养创新创业意识、发现和挖掘创新创业项目，给创新创业工作提供了坚实的保障。

（2）采取“立项资助＋获奖奖励”的“双重式”激励模式

《洛阳理工学院关于加强大学生科技创新能力培养工作的意见》《洛阳理工学院参加校外大学生竞赛活动的管理及奖励暂行办法》《洛阳理工学院关于大学生科技创新项目立项的实施意见》3 个文件，使学校奖励激励机制日臻完善。学校每年均投入专项资金用于支持学生创新活动开展，从科技作品立项到制作、参赛和获奖表彰全过程覆盖，经费投入也逐年递增，仅学生课外竞赛获奖奖励 1 项，2014 年到 2018 年，奖励金额就从 52.5 万元增至上百万元，极大地激发了学生参赛的积极性。学校对于在学术科技创新活动中做出突出贡献的指导教师和学生给予大力表彰，分别授予“洛阳理工学院优秀创新指导教师”和“洛阳理工学院大学生创新标兵”荣誉称号。“立项资助＋获奖奖励”的“双重式”激励模式让大学生充满了创新激情，让校园里充满了创新“科技范儿”。

（3）“三结合”的日常管理体系日益夯实

学校将创新创业教育融入人才培养全过程，按照“覆盖全面、融入专业、强化实践”的基本思路，落实课内课外相结合、第一课堂和第二课堂相结合、学习和实践相结合的“三结合”原则，结合大学生个人兴趣、所学专业、社会需求，将专业教育和创新创业教育进行有机衔接，不断完善学校创新创业教育体系。将创新创业教育和素质拓展列为必修模块，出台《洛阳理工学院本科生创新创业素质拓展学分实施办法》，切实提高创新创业教育质量和人才培养质量。根据行业发展和企业需要，实施大学生创新创业训练计划，支持和鼓励学生参加各种科技创新竞赛活动、创新性实验和教师科研项目，科技创新能力不断增强。

（4）形成“对内丰富活动、对外深化交流”推进格局

在创新创业工作的推进方式上，强调对内丰富活动、对外深化交流，打造校内校外“双舰”格局，让创新创业工作质量不断提升。对内丰富活动，上万名学生参与了连续十三届的“大学生科技创新月”，使之成为学生创新活动的主要载体和品牌活动。科创竞赛、讲座报告、科普沙龙、趣味体验等一系列活动增加了学生参与创新活动的积极性主动性。同时，各院（部）结合各自学科特点形成了自身特色的品牌活动或竞赛项目，参与人数和竞赛质量逐年提升。对外深化交流，邀请各类别国赛、省赛专家到校指导工作。在“互联网＋”大学生创新创业大赛校内选拔赛、在“挑战杯”竞赛作品立项评审阶段，都邀请省赛专家担任评委，对作品进行评审指导。持续深化校企合作办赛，华为公司在 2017 年捐赠 17.8 万元的基础上，2018 年又捐赠 25 万元用来资助学校开展的 29 项科技创新竞赛；与正大集团联合举办“正大杯”2018 大学生双创营销大赛，学生团队最终获得中东南十省区总决赛第四名的优异成绩，4 名学生并不但获得 8000 元奖励，还免费获得正大集团组织的赴泰国免费游学的宝贵机会。

（5）“专创融合”课程建设促进专业教育和创新创业教育的深度融合

培养有创新能力的创业者是推进创新创业教育的基础和重要特征，只有当创新创业的行为与专业教育相融合、与课程体系相衔接，才能培养出具有创新能力的创业者和具有创新精神的就业者[①]。教育部党组书记、部长陈宝生在新时代全国高等学校本科教育工作会议上做了《坚持以本为本　推进四个回归，建设中国特色、世界水平的一流本科教育》的讲话，他指出：“要持续深化创新创业教育

① 刘志刚，顾永安．服务创新、致力创业：应用技术大学的职责与使命——第二届产教融合发展战略国际论坛秋季分论坛综述［J］．职业技术教育，2015（36）：62.

改革，推动创新创业教育与专业教育紧密结合，全方位、深层次地融入人才培养全过程，造就源源不断、敢闯会创的青春力量”。

为贯彻落实习近平新时代教育工作新思想，贯彻落实本科教育工作会议精神和教育部振兴本科教育各项新举措，推动创新创业教育与专业教育深度融合，培养具有创新精神、创业意识和创新创业能力的高素质应用型人才，2019 年，学校印发《洛阳理工学院“专创融合”课程建设办法》，开启专业教育和创新创业教育深度融合的“专创融合”课程建设工作。结合专业特色，学校从理论和实践两个方面改革课程内容，将创新创业教育融入人才培养全过程。树立以专业教育为基础的创新创业教育理念，围绕本专业发展趋势，突出“新技术、新知识、新工艺、新流程、新案例”的“五新”专业教育，渗透创新创业思想，挖掘和充实专业课程的创新创业教育资源，将学科技能竞赛项目、国家大学生创新创业训练计划项目、教师科研项目等融入课堂教学，在传授专业知识过程中加强创新创业教育，培养学生创造性思维，激发创新创业灵感。

对于面向本科生正式开设的专业理论课或创新创业实践课程，充分体现创新创业教育与专业教育的融合。在教学内容设计上，包含学生创新思维训练、创业技能提升、企业家精神培养等内容，将创新创业知识合理、有序地融入课程章节与知识点；积极发掘和充实各类专业课的创新创业教育资源，建设“专创融合”案例库、文献资料库等教学素材，将专业知识传授与学生创新精神、创业意识和创新创业能力培养有机结合，培养学生的创新创业能力。在教学方法上，所有课程采用混合式教学法，灵活运用启发式、探究式、讨论式、案例式、项目驱动式、线上线下相结合等多样化混合式教学模式；以学生为中心进行教学设计，注重案例分析教学，加强实践教学环节，培养学生在专业领域的创新精神和创业意识。在教学活动与评价方面，以“知识＋能力＋素质”为中心，建立多元化学习评价体系，探索“线上”和“线下”、过程性评价与终结性评价相结合的多元化考核评价模式，促进学生自主性学习、过程性学习和体验式学习；鼓励建立非标准答案考核体系，包括但不限于案例讨论、调查报告、随堂测验等，体现应用型人才培养特色。在团队结构方面，课程负责人具有讲师及以上职称，鼓励聘请行业内具有丰富创业管理经验的企业家或管理人员参与课堂教学活动，鼓励教师组成跨学科、跨专业的课程建设团队。《材料成型装备及自动化》《电子工程应用设计》《网络营销》《社区治理》《家具设计》5 门课程作为首批“专创融合”课程建设项目，学校每年每门给予 3 万元的建设经费予以资助。

（6）创新学院成为新工科人才培养的重要平台

学校在工程训练中心实践教学平台（始建于 2010 年）的基础上，正式成立创新学院，院长由校长兼任。创新学院以参加各类机器人竞赛为主要教育模式，以相关院（部）师资为支撑，面向全校学生开展机器人科技创新专题讲座、机器人科技创新课题征集、机器人科技创新项目制作、参加国内外各类机器人竞赛等活动为载体，培养学生的工程能力和创新意识。学校不断加大对创新学院科技创新平台建设力度，2018 年投入 100 万元购置 3D 打印机、数控线切割机、小型数控机床、示波器、直流电源、木艺制作等设备，学生科技创新活动固定场地扩大到 $600m^2$，建设了中国机器人大赛标准调试场地；2019 年投入 500 万元购置数控车床、数控铣床、激光切割机、激光焊接机等设备，建设了数控仿真实训室和 3D 打印实训室。数控及特种加工实训室的建设大大提升了科技创新平台的产品加工能力，为科技创新活动开展，尤其是新工科人才培养提供了先进的设备和技术支持。

机器人是多学科交叉的高科技产品，600 余名创新学院学生在学习、制作与参加竞赛过程中，逐渐拥有从结构制作到电路板制作的完全动手能力，掌握了机器人的关键技术并不断突破核心技术，最值得骄傲的是在有 47 个国家和地区的 300 多支队伍参加的第 19 届 RoboCup 机器人世界杯赛中，学校“DreamRobot”代表队荣获低成本移动平台组第三名（前两名分别是中国科学技术大学、上海交通大学）。2014 年至今，学生团队先后在参加中国机器人大赛、中国工程机器人大赛暨国际公开赛、机器人世界杯赛、挑战杯、全国大学生工程综合能力竞赛等 28 次科技创新竞赛活动，荣获省级以上奖励 154 项（含国家级一等奖 34 项），仅 2019 年就参加各类校外科技创新竞赛活动 6 次，荣获国家级一等奖 8 项（表 7-3）。

表 7-3 创新学院学生部分获奖情况（2017—2019）

序号	年度	竞赛名称	主办单位	获奖情况
1	2017	中国工程机器人大赛暨国际公开赛	教育部高等学校创新方法教学指导委员会、国际工程机器人联盟	一等奖：1 项 二等奖：1 项 三等奖：2 项
2		中国机器人大赛	中国自动化学会、教育部高等学校自动化类专业教学指导委员会	季军：1 项 一等奖：1 项 三等奖：6 项
3		中国服务机器人大赛	中国自动化学会	二等奖：2 项
4		中国旅游暨安防机器人大赛	中国自动化学会、教育部高等学校自动化类专业教学指导委员会	二等奖：3 项 三等奖：3 项
5		第四届河南省大学生机器人竞赛	河南省科学技术协会、河南省教育厅、河南省科学技术厅	一等奖：1 项 二等奖：4 项 三等奖：8 项
6		第五届全国大学生工程训练综合能力竞赛（河南）	第五届全国大学生工程训练综合能力竞赛河南赛区组委会	二等奖：1 项

续表

序号	年度	竞赛名称	主办单位	获奖情况
7	2018	中国工程机器人大赛暨国际公开赛	教育部高等学校创新方法教学指导委员会、国际工程机器人联盟	二等奖：1项 三等奖：2项 优胜奖：2项
8		中国服务机器人大赛	中国自动化学会、教育部高等学校自动化类专业教学指导委员会	二等奖：1项 三等奖：1项
9		中国旅游暨安防机器人大赛	中国自动化学会、教育部高等学校自动化类专业教学指导委员会	一等奖：3项 二等奖：1项 三等奖：2项
10		第五届河南省大学生机器人竞赛	河南省科学技术协会、河南省教育厅、河南省科学技术厅	一等奖：2项 二等奖：2项 三等奖：1项
11		中国机器人大赛	中国自动化学会	季军：3项 二等奖：3项 三等奖：5项 优胜奖：2项
12	2019	河南省大学生工程训练综合能力竞赛	河南省教育厅、全国大学生工程训练综合能力竞赛河南赛区组委会	二等奖：2项 三等奖：8项
13		中国工程机器人大赛暨国际公开赛	教育部高等学校创新方法教学指导委员会、国际工程机器人联盟	一等奖：1项 三等奖：6项 优胜奖：3项
14		中国服务机器人大赛	中国自动化学会、教育部高等学校自动化类专业教学指导委员会	季军：1项 二等奖：1项 三等奖：2项
15		第六届河南省大学生机器人竞赛	河南省科学技术协会、河南省教育厅、河南省科学技术厅	一等奖：1项 二等奖：2项 三等奖：1项
16		中国机器人大赛	中国自动化学会	季军：1项 一等奖：2项 二等奖：3项 三等奖：1项
17		中国机器人技能大赛	中国人工智能学会	一等奖：3项 二等奖：2项 三等奖：1项

学校持续深化教学改革，注重培养具有较强创新精神和实践能力的高层次应用型人才，结出了丰硕成果。2014 年至今，学生在挑战杯、数学建模、电子设计竞赛、机器人大赛、智能车大赛等各类竞赛中获省级以上奖励 3036 项，其中国家级别奖励 377 项，获得集体荣誉 14 次，其中 1 次荣获全国“挑战杯”全国大学生课外学术科技作品竞赛“校级优秀组织奖”，3 次捧得河南省“挑战杯”竞赛“优胜杯”。在中国高等教育学会发布的《中国高校创新人才培养暨学科竞赛评估结果》中，连续 4 年位列全国普通高校本科组前 300 强，河南省前 10 强（表 7-4～表 7-6）。

表 7-4　学生参与科技创新竞赛活动（国家级）部分获奖情况（2014—2019）

序号	年度	竞赛名称	获奖项目名称	等次
1	2014	全国大学生数学建模竞赛	—	一等奖 1 项 二等奖 2 项
2				
3				
4		“创青春”全国大学生创业计划竞赛	绿源科技有限公司	铜奖
5	2015	第十四届“挑战杯”中航工业全国大学生课外学术科技作品竞赛	困境与出路：大学生村官可持续发展路径探析——基于河南省百位“大学生村官”的调查	二等奖
6			“互联网＋”时代的共享经济行为研究——基于京汉郑洛四市的滴滴专车实证调查	三等奖
7			从村民到市民：新型城镇化背景下“村改居”社区居民生活适应性研究——基于洛阳市洛龙区的调研	三等奖
8			硬币分拣包装机	三等奖
9			斜拉桥在役平行钢丝/钢绞线拉索检测机器人	三等奖
10			免烧砖高效堆垛机	三等奖
11—16		高教社杯全国大学生数学建模竞赛	—	二等奖 6 项
17		第十届全国大学生“飞思卡尔”杯智能汽车竞赛（全国总决赛）	—	二等奖
18	2016	“创青春”中航工业全国大学生创业大赛创业实践挑战赛	洛阳卓凡科技文化有限公司	铜奖
19—22		全国大学生数学建模竞赛	—	二等奖 4 项
23		第十一届全国大学生“恩智浦”杯智能汽车竞赛（全国总决赛）	—	一等奖

续表

序号	年度	竞赛名称	获奖项目名称	等次
24	2017	第十五届“挑战杯”全国大学生课外学术科技作品竞赛	绿色村庄何处寻——基于河南省十村生活垃圾处理情况的调查研究	三等奖
25			探索乡村旅游的精准扶贫道路——以洛阳栾川县为例	三等奖
26—31		高教社杯全国大学生数学建模竞赛	—	二等奖 6 项
32		第十二届全国大学生“恩智浦”杯智能汽车竞赛（全国总决赛）	—	二等奖
33		“瑞萨杯”全国大学生电子设计大赛	—	二等奖
34	2018	“创青春”浙大双创杯全国大学生创业大赛	谷之精植物胚芽开发有限公司	三等奖
35		第四届中国“互联网＋”大学生创新创业大赛	滋美科技：传承百年宫廷驻颜秘方	铜奖
36—43		全国大学生数学建模竞赛	—	一等奖 3 项 二等奖 5 项
44		第十三届全国大学生“恩智浦”杯智能汽车竞赛（全国总决赛）	—	二等奖
45—51	2019	高教社杯全国大学生数学建模竞赛	—	二等奖 7 项
52—54		“TI 杯 2019 年全国大学生电子设计竞赛”	—	二等奖 3 项
55		第十六届“挑战杯”全国大学生课外学术科技作品竞赛	《从点赞晒分到走心入脑：大学生使用“学习强国”行为调查与双路径分析》	三等奖
56			《破解“农产品上行难”问题的对策研究——基于宜阳县的调研分析》	三等奖
57			《从吃力到吃智的跨越——乡村振兴战略背景下体能型农民向科技型农民转变的百村调研》	三等奖
58		第五届中国“互联网＋”大学生创新创业大赛	《航弯钛构——国内航空钛合金弯曲件一体化快速成形技术引领者》	铜奖

表 7-5　学生参与科技创新竞赛活动统计表（2014—2019）

年度	参与省级以上科技创新活动学生数（人次）	省级奖励数（个）	国家级奖励数（个）	合计（个）
2014	2000	345	49	394
2015	2200	305	51	356
2016	3100	423	52	475
2017	4260	418	55	473
2018	6790	558	80	638
2019	7200	610	90	700
累计	25500	2659	377	3036

表 7-6　学校荣获省级以上科技创新竞赛活动集体荣誉统计表（2014—2019）

序号	时间	获奖名称	颁奖单位
1	2014 年	“创青春”河南省大学生创业大赛优秀组织奖	河南省教育厅、河南省科技厅等
2	2015 年	河南省第四届大学生艺术展演活动优秀组织奖	河南省教育厅
3		第十二届“挑战杯”河南省大学生课外学术科技作品竞赛优胜杯	河南省教育厅、河南省科技厅等
4		第四届中国创新创业大赛河南赛区“优秀组织奖”	河南省科技厅、河南省教育厅
5		第十四届“挑战杯”中航工业全国大学生课外学术科技作品竞赛校级优秀组织奖	教育部、共青团中央、全国学联
6	2016 年	“创青春”河南省大学生创业大赛优秀组织奖	河南省教育厅、河南省科技厅等
7	2017 年	第十三届“挑战杯”河南省大学生课外学术科技作品竞赛优胜杯	河南省教育厅、河南省科技厅等
8		河南省“互联网＋”大学生创新创业大赛优秀组织奖	河南省教育厅
9	2018 年	河南省第五届大学生艺术展演活动优秀组织奖	河南省教育厅
10		“创青春”河南省大学生创业大赛优秀组织奖	河南省教育厅、河南省科技厅等
11		河南省第十六届大学生科技文化艺术节优秀组织奖	中共河南省委宣传部、河南省教育厅等
12		河南省“互联网＋”大学生创新创业大赛优秀组织奖	河南省教育厅
13	2019 年	第十四届“挑战杯”河南省大学生课外学术科技作品竞赛优胜杯	河南省教育厅、河南省科技厅等
14		河南省“互联网＋”大学生创新创业大赛优秀组织奖	河南省教育厅

案例 31 科技创新月活动开展情况

为培养学生的科技创新精神，全面提升学生综合素质和实践动手能力，营造浓厚的创新创业氛围，学校从 2007 年开始举办科技创新月活动，至今已经连续举办了 13 届。

科技创新月活动由校、院两级学生课外学术科技活动领导小组统一指导。通过举办创新创业竞赛、创新创业成果展、创业路演、创新创业论坛等活动为载体，为学生搭建创新创业活动平台。为了扩大活动的参与率与普及面，活动期间除学校层面举办的以“挑战杯”“创青春”校内总决赛等为龙头的全校性比赛外，积极鼓励二级学院举办具有本学院学科专业特色的科技创新比赛，例如机械工程学院的循迹小车竞赛、电气工程及其自动化学院举办的家电维修技能大赛、计算机科学与工程学院举办的电脑装机大赛、土木工程学院举办的 BIM 设计竞赛等都成为了学生探究科学、拓展能力的重要平台。同时，促进了学校科技创新月活动“一院一赛事、一院一品牌”的良好局面。

科技创新月举办 13 年来，先后有将近 3.5 万余名学生参与到科技创新月活动中，学生参加各级各类创新创业竞赛共获得省级以上奖励 3686 项，其中国家级奖励 538 项，并且先后涌现出了像王延团、詹一凡、李唯、龚成龙等一批创新创业典型。

3. 创业

党的十九大报告指出，“就业是最大的民生，要坚持就业优先战略和积极就业政策，实现更高质量和更充分就业。鼓励创业带动就业，促进高校毕业生等青年群体多渠道就业创业”。创新是创业的基石，创业是推进就业的重要渠道。作为开展创业培训、落实扶持政策、提供创业服务重要抓手的创业平台和载体，是助推学生成功创业的“发动机”和“孵化器”。学校在扎实推进创新教育与实践的同时，重点打造洛阳理工学院大学科技园、洛阳创业学院等平台，积极推动创新成果转化为创业项目，大力开展大学生创业培训与资助工作。

（1）建好创业学院，促进创业教育高质量

洛阳理工学院创业学院（洛阳创业学院）成立于 2018 年 7 月，采取政府主导、市场运作的原则，与洛阳市人社局、洛阳市科技局、洛阳市工业和信息化局共建，主要为在校大学生和洛阳市有创业意愿的人员提供创业咨询、创业培训、创业实训、创业孵化指导与服务等功能，非学历教育创新创业人才的教育培训机构。主要功能有：组织创业教育课程，普及创业知识；组织开展创业训练，提升创业能力；开展创业实践，服务创业企业孵化；搭建洛阳创业教育公共平台，打造洛阳创业教育生态圈等。

创业学院集创业培训、创业服务、苗圃孵化功能于一体，在教学和训练的基础上，与学校经济与管理学院、会计学院、创新学院协同开展创新创业课程研发、创业微课程建设、通识课程建设，为大学生创新方法培养、创业意识开发、创业素质提升、创业方向遴选、创业资源对接等提供全方位的服务，让每个创业者成为有项目、有资金、有政策、有辅导、有收获的“五有”毕业生。

创业学院自成立以来，逐步形成了包括创新创业激励政策、创业教育课程、微课程建设等在内的大学生创新创业一体化的培养机制。坚持每两周开展1次创业项目路演活动，仅2019年就组织创业辅导10余场，创新创业教育微课程参与人数达200余人，组成创业团队20余支，组建了有校内教师、企业高层、优秀创业者等参与的导师团队，经常性地对学生创业项目进行评审指导，并在此基础上培育选拔优秀项目参加“互联网+”“创青春”“豫创天下”“直通硅谷”等大赛。创业学院与SIYB机构开展创业教育合作，与洛阳领跑者商务咨询有限公司联合举行企业中高层PMBA管理研修班。《河南省就业指导特色教材建设研究》获批2019年全国高校就业创业特色教材课题；《应用型高校学生创业精神调查及一体化双创教育课程优化研究》《以确权为基础的科技成果转化绩效耦合创新研究》获批2020年度河南省高等学校重点科研项目立项。

（2）建好大学科技园，促进创业成果高质量

洛阳理工学院大学科技园成立于2015年7月，由洛阳市人民政府和学校共建，按照“1+2+X”的模式，以“学校主导、校政合作、科研院所及企业广泛参与、共建互赢”为建设原则。其中，“1+2”是指以学校为主导，与洛阳市人民政府科技局、洛阳市洛龙区人民政府联合共建大学科技园；“X”是指以参与园区建设的其他国内外风险投资公司、高校、科研院所、大型企业等合作单位为支撑。2015年起，洛龙区人民政府每年投入200万元支持学校科技园建设，推动园区服务能力提升。洛阳市科技局连续3年与大学科技园签署洛阳市科技创业券——“玉洛汇”计划委托合作协议。

学校大学科技园始终坚持以顶层设计为引领，以科学设置为导向，围绕学校“让政府放心，让社会满意，让学生受益”的办学理念、“行业性、地方性、应用型”的办学定位，确立了“服务学校应用型学科建设、服务师生创新创业实践、服务科技成果转移转化”的建设发展定位，“洛阳理工、立功洛阳，千锤百炼、助力成材”的建设发展理念，“主动融入区域经济发展主战场，努力探索可复制可推广模式”的建设发展格局。通过加强对具有创新精神与创新创业能力的人才培养，促进“大学-企业-政府-社会机构”协同创新机制的运行，推动新技术的开发和应用，成为学校重要的创新策源地。通过将资源进行整合，使大学科技园成为学校源头创新、科技成果转化与产业化的基地；通过技术创新与技术转移、企业孵化和创业服务，为学校的学科建设、人才培养和学生就业提供支持；通过与国内知名企业和研究机构的密切合作，为学校加强学科建设、提高办学水平提供原动力，为建设高水平应用型大学贡献智慧和力量。

依托学校学科优势，大学科技园引导社会资源、生产要素、创新技术向“双

创主体”集聚的目标定位，贯彻“利于创新、利于创业”的要求，注重提供“管用有用”的服务模式，形成了“一园三区、北京离岸创新中心、宜阳加速器两个基地”的战略布局，实施了“项目支撑＋平台工程”产业化模式，建立了种子资金＋创业导师扶持的培育模式。截至2019年年末，先后成功举办（含承办、协办）“洛阳市机器人公开赛”“2018中国旅游暨安防机器人大赛”等12项赛事，累计孵化新材料、先进制造、机器人与智能制造、大数据与人工智能、环保与环境工程、“一带一路”文化创意等团队150余支，科技型中小微企业150余家，其中高新技术企业2家，新四板企业1家，国家备案科技型中小微企业41家。作为唯一一家连续3年入选洛阳市“玉洛汇”计划的合作单位高校，在孵企业累计获得洛阳市“玉洛汇”资金支持的在孵团队/企业数量30个，资助金额300万元，其中“洛阳卓凡科技文化有限公司”“洛阳赤炎鹰网络科技有限公司”等12家学生创办企业获批河南省科技型A类中小企业并入国家库，获批知识产权60余项，带动大学生就业人数300余人，仅2018年实现销售收入就达2600余万元。

截至2019年12月，学校大学科技园在孵企业共计60家，有效知识产权200余件，注册资本500万元以上的企业10家、1000万元以上企业6家，企业累计营业收入1.3亿元；共计辅导青年创业创新人员近3000余人，吸纳本校1200名毕业生就业，为社会培养输送高级专门人才500多名；累计获批河南省大学生创业扶持项目20个，资助金额96万元；获批河南省科技型A类补贴的企业17个，资助金额60余万元；获批高新技术企业补贴企业1个，资助金额40万元。

由于建设成果突出，学校大学科技园先后获批“河南省科技企业孵化器”“河南省大学科技园”“河南省青年创新创业示范园区”“河南省双创基地”“洛阳市科普教育基地”“河南省小型微型创新创业示范园区”“洛阳市机器人控制应用研教专业化众创空间”“河南省大学生创新创业实践示范基地”“河南省制造业和互联网‘双创’融合基地”等16个科技服务平台，作为会长单位，发起成立“河南省双创基地（洛阳）管理创新联盟”。2018年，学校被吸纳为中国大学科技园联盟会员单位（全省仅3家入围），荣获科技部中国技术创业协会授予的“科技创业孵化贡献奖”“科技创业导师贡献奖”两项大奖。

三、“三融三创、融创结合”洛理模式的社会效应

学校坚持“有所为，有所不为，为我当为”的方针，不断创新和发展“三融三创、融创结合”的应用型大学建设模式。通过集聚资源、突出重点、发挥优势、强化特色，把办学思路真正聚焦到服务建材行业和区域经济社会发展上来，聚焦于产教融合校企合作上来，聚焦于培养高水平应用型人才上来，聚焦于增强学生就业创业能力上来，全面提高了学校服务行业和区域的创新驱动发展能力。

“三融三创，融创结合”的应用型大学模式建设得到了社会的广泛认可。

2014 年以来，各级各类新闻媒体发表洛阳理工学院应用型大学建设综合性、案例式报道 600 余篇，其中，国家级媒体《中国建材报》发表《扎根行业办大学 产教融合促发展——洛阳理工学院服务建材行业发展纪实》《在这里，创新创业变得很容易——来自洛阳理工学院的创新创业教育实践与探索》等 100 余篇，2019 年 12 月 23 日，教育部规划建设发展中心《教育之弦》杂志和公众号以《洛阳理工学院："三融三创"助推高水平应用型大学建设进程》为题深度介绍了学校“三融三创”洛阳理工学院模式。河南省教育厅、河南教育（高教版）、河南教育信息等发表《建设新时代特色鲜明的高水平应用型大学》《产教深度融合 校企协同育人，全力推进高水平应用型大学建设》等文章 500 余篇。学校还在中芬应用型高校创新与合作交流会、第三届海峡两岸应用型本科教育发展论坛、首届上海产学研深度融合创新论坛、河南省新时代高校本科教育工作会议等重要会议上做典型发言。

学校已经形成了高质量内涵建设与进口旺、出口畅的良性循环。省内本科二批理科最低投档线从 2014 年与一本线差 71 分，2016 年的 36 分，缩小至 2019 年的 13 分，连续 3 年稳居 10 所示范校中排名第一；在“武书连 2019 年全国大学本科就业质量排行榜”中，全省排名第 8 位，10 所示范校中排名第一；在“2019 广州日报应用大学排行榜”中，排名公办院校中第 69 位，10 所示范校中排名第一；在“2019 校友会全国大学排名榜”中，全省第 17 位，10 所示范校中排名第一，较 2014 年提升 14 位，较 2016 年提升 7 位。

附录

紧靠行业、服务行业，以转型促发展，培养建材行业需要的高层次应用型人才

——在洛阳理工学院调研时的讲话

中国建筑材料联合会会长　乔龙德

（2015 年 6 月，洛阳）

一、紧靠行业和市场，是洛阳理工学院发展的根基

作为老建材行业的洛阳理工学院，通过全校师生的共同努力，实现了从专科到本科的跨越式发展。2014 年以优异成绩通过教育部本科合格评估，正在全力推进转型发展的实践探索。洛阳理工学院不断地思考办学定位、人才培养目标，经历了办“优质教学型本科院校”，到今天切实把“行业性、地方性、应用型”作为洛阳理工学院的办学理念和核心价值观，努力把学校建设成为“特色鲜明的应用型本科院校”，紧靠行业、服务行业，以转型促发展，培养建材行业需要的高层次应用型人才，定位很准确也很务实。

办学近 60 年来，洛阳理工学院培养了全国建材行业企业很多的骨干，特别是 2007 年升本后，在教学、科研、人才培训等各个方面和领域都取得了很大进步，为国家建材行业的发展，特别是在中原地区，为行业发展提供了智力支撑和人才基础。

产业升级和高等教育的大发展，共同促进了洛阳理工学院必须明确这样的定位，这就是传承办学历史、拥有属于自己的未来、站稳自己的位置。和其他事物一样，高校的发展都是有规律性的，不能仅仅靠某个人的主观愿望。从理论上讲，任何行业和单位，在市场经济条件下发展都要靠近市场，以市场为导向。你的市场在哪里？你的市场以谁为主体？对于洛阳理工学院来讲，建材行业就是你的主体市场。离开建材行业，办学理念还是实践探索，就都缺乏了市场根源。

市场在资源配置中起决定性的作用。资源以市场为导向，就要弄明白发展的重点目标在哪里，否则发展定位就不清晰。以市场为导向不是抽象的。每个单

位、每个人的发展都以市场为导向。洛阳理工学院原来的办学基础就是面向建筑材料行业培养应用型人才，那么学校的市场就是建材市场，这里有着历史的、牢固的支撑，如果离开了，就自己远离了市场而不是靠近市场。远离市场还能靠什么发展？靠什么山砍什么柴，靠山吃山，靠水吃水，从古到今都是这样的一个规律。所以洛阳理工学院坚定“行业性、地方性、应用型”办学定位值得大力肯定。理念可以创新、方法可以创新、体制可以创新，但是靠近市场这一点不能否定，否定这一点就是对客观规律的否定。因此，学校自身办学定位很正确，不能犹豫，要必须坚定不移地执行下去。在办学过程中，不管是参与行业建设，或者引领行业发展，都不能离开建材行业。

二、紧跟行业发展趋势，是洛阳理工学院办学的方向

既然，洛阳理工学院市场就是建材市场，那么无论是学校的发展规划、人才培养、科学研究与社会服务、面向行业企业的人员培训等各个环节，都必须紧跟建材行业发展的大趋势。

目前，我国建材工业正处于结构调整、转型升级的关键时期，实施“创新提升，超越引领”战略，实现由建材大国向建材强国迈进，到 2030 年，中国建材工业主要产业的技术装备要达到世界领先水平，实现超越引领世界建材工业发展的目标。

在这个总目标下设定两条路线。一条是传统建材怎么做？一条是新型建材怎么做？现在传统产业已经过剩，新兴产业跟不上发展，一个翅膀硬，一个翅膀软，发展不均衡。我们设定了“两翼齐飞”的路线，要求传统产业一方面创新提升，增加功能。另一方面通过转型升级，延伸产业链、发展深加工，提高附加值。像玻璃这样的传统产业的深加工还有很大的潜力，玻璃产业才走到半山腰，路很远。水泥也需要向产业链两头延伸，提高特种水泥的生产。国家提出从“陆地战略”转向“海洋战略”，将来像海洋工业专用水泥这样的特种水泥需求量很大。水泥另一个发展空间在于高端水泥，同时向产业链下游延伸发展商品混凝土、预制件、拼装型的大部件、组装型水泥构件等。传统材料的发展另一方面是靠淘汰落后产能，尤其是针对产能严重过剩的水泥和平板玻璃。坚持以能耗、环保和质量为标准，新型干法水泥 2000 吨以下的差不多都要淘汰掉。在能耗、环保方面达不到标准的都要淘汰。传统的产业就是淘汰一些，往上提升一些，使之与市场需求相平衡。

新材料转型升级发展方向在哪里？现在各个领域之间相互渗透，已经没有明显的边界，建材不能仅仅守住建材领域。目前，玻璃深加工有所突破，比如超薄玻璃，搞了液晶显示器，搞到电子行业领域里面去了；新型建筑卫生陶瓷，高端的已经进入国防工业系统。随着高科技的发展，不能自己把自己封闭在原来的阵

地上，那是没有出路的。自己的阵地要占领，还要往其他的行业发展，这是一个大的思路。

当前转型升级是建材行业发展的主旋律。怎么转？传统产业有一套发展模式，新材料也有一套发展模式。去年提出“三个加快”，今年变成“四个加快”。一是加快新兴产业的发展；二是加快两个“第二代”的研发；三是加快兼并重组；四是加快“走出去”，跟随“一带一路”倡议走出去。“四个加快”将推动整个建材行业的转型发展。

建材行业最近提出创新“三新”，一是新标准，二是新技术，三是新政策。一个行业的改革和发展如果拿不到相应的支撑政策，就会很难做。比如淘汰过剩产能也不是仅仅靠竞争就能实现，还要给补贴，要政府制定政策。我们现在撰写关于水泥窑协同处理城市垃圾的报告，环保部门处理垃圾要挖坑填埋、要占用土地，处理 1 吨垃圾政府给予补贴 220 元。而水泥行业可以将城市垃圾作为替代燃料完全吃掉，一次性处理，同时不占用土地并且没有二次污染，却没有拿到相应的补贴政策。

行业标准制定也是这样。第一次建材行业标准创新会议上，提出标准要“创新提升”，第二次建材行业标准创新会议上，又提出“标准工作本身要提升，然后才是提升标准”的观点。现行标准很多，但是制定周期长，一般在3～5 年，发布之后只能使用 1～2 年，同时，整个标准的制定体系不完整，像低碳、绿色建材等新兴行业又没有标准。这就要求创新标准，标准的创新将为结构调整、转型升级服务，将引领行业提高水平。技术创新就不用多说了，行业进步主要靠科技创新，科技不创新产业就难以兴旺。

因此，建材行业结构调整的手段虽然有很多，但是关键点是要用“三新”（创新技术、创新标准、创新政策）推动与支撑。

三、紧贴行业需求培养人才，是洛阳理工学院办学的核心

近期，随着整个建材行业的产能过剩，直接带来行业企业对人才的需求量下降，这是我们面临的主要矛盾。行业要转型升级，洛阳理工学院要转型发展，应用型人才的培养也要转型升级。因此，我们要坚定信念，要实现行业和高校“双转型”。

首先，要调整人才培养思路。随着整个行业的转型升级和技术进步，企业对更高层次的、掌握更新技术的、了解更新领域的人才需求依然是短缺的。人才需求显现结构性矛盾，表现在老的产业领域人才过剩，新领域人才短缺。所以，一是要提升人才素质，提升人才发展空间，二是要扩展新领域的高层次应用型人才培养。比如水泥产业，原先 5000 吨规模的新型干法水泥企业需要 280 人，按照第二代新型干法水泥的方案，现在需要 60～80 人。一方面是需求劳动力的数量

下降，另一方面又开始引进智能化的生产线，这就是劳动力市场的双重挤压。举个例子，生产运行的控制要能随时反映热耗多少、温度多少、产量多少、用人多少，后期还要反映生产1吨水泥用了多少煤多少电，合计成本多少，将来要实现足不出户就能从电脑上知道成本多少。再往下延伸，一天的销售价格怎么样，销量多少，减去成本、税后盈利多少，智能化程度将越来越高。这就要求我们洛阳理工学院在专业设置、课程安排上要有提前量，要能培养掌握智能控制理论，又能解决实际问题的高水平应用型人才。

这样，原有的人才过剩了，新的人才又短缺，所以人才培养的矛盾是结构性矛盾，人才培养的结构调整和产业的结构调整步调是一致的，跟转型升级完全是一个动作，仅仅是形态不一样。产业转型升级和人才配置必须协调统一，人才培养要跟上行业调整的节奏走才能同步。我们人才培养很大程度上还在传统产业里面。而传统产业恰恰产能过剩，那么我们培养的人往哪里走？要向人才短缺的方面去考虑和培养，这就是市场需求的理论和道理。

其次，要改革应用型人才培养模式。建材行业人才教育落后是制约建材行业创新能力的一个重要方面，大家对这个问题认识的还不够。现在高校选用的水泥专业教材，绝大多数讲的不是最新的干法水泥工艺，仅仅是无机硅酸盐化学和热工的原理，与新型干法水泥技术工艺不一样。新型干法水泥技术要不断提升，教科书就要占领前沿，要创新。要创新教科书的内容，要跟上新的市场需求。从行业企业来讲，理论上来讲对人才培养都很重视，实际上没有上升到一定的高度，更多的精力放在单位指标的考核上，业绩和工资水平是实打实的指标，对人才培养的重视程度和参与水平远远不够。通过人才的作用来改变这个行业，才是从根子上考虑怎么超越现实、引领行业发展。没有社会责任感的企业就没有发展动力。

四、做好行业企业员工培训，是洛阳理工学院办学的责任

洛阳理工学院作为中国建筑材料工业联合会培训基地和建材行业职业技能鉴定站，为建材行业人才培养做了大量工作，要发扬传统，想方设法地面向产业升级换代，为行业企业员工提供最新的技术与管理培训。随着现代化水平、智能化水平的提高，有了新技术、新工艺，各种人才的培训，包括经营管理、财务管理、办公室管理等都要经过培训，整个行业的人才素质亟待提高。只有设备和人、管理水平的同步提升，行业水平才能迅速提升。

持续深化产教融合，办好行业特色高水平应用型大学

——在2017年河南省应用技术类型本科院校建设工作现场会上的讲话

中国建筑材料联合会常务副书记、秘书长　孙向远

（2017年6月2日）

洛阳理工学院作为原国家建材局直属院校，划归地方已经19年了。学校历届党委不忘初心，始终将办学指导方针定位于服务行业、定位于服务地方经济建设。将“行业性、地方性、应用型”作为核心办学理念和价值观，推动学校逐步迈向特色鲜明的应用型本科院校。

今天，河南省教育厅在洛阳理工学院举行全省应用技术类型本科院校建设工作现场会，充分说明了省政府对洛阳理工学院办学理念的肯定。建材行业近年来受国家固定资产投资增速保持平稳的政策影响，2017年上半年，建材行业仍然延续2016年下半年的平稳态势。但受产能过剩等因素影响，行业发展内生动力仍显不足，水泥等建材主要行业销售利润率依然较低。同时，建材产品出厂价格虽然保持上涨，但价格的提升更多的是依赖于行业自律。行业平稳运行基础仍然比较脆弱，供需关系还不稳定，下行风险不容忽视。当前，整个建材行业正处于结构调整、转型升级的关键时期，落实中央五大发展理念，落实“三去一降一补”的经济工作指导方针，任重道远。在这种形势下，我们的学校坚持理念创新、方法创新、体制创新，为行业的发展做出了贡献。从学校培养行业人才的角度来讲，我们应该更好地坚持办学的行业性、地方性和应用型。

一、坚持行业性，就是抓住了根本，是对社会负责、对行业负责的体现

坚持行业性就是对建材行业负责、对社会负责、对学校负责的具体体现。2015年乔会长到洛阳理工学院考察时就讲过：“洛阳理工学院坚持行业性这个观念和定位很好，这样定位我很高兴。因为学校发展要求我们必须这样做，否则就找不到历史、找不到属于自己的位置。”乔会长的讲话既肯定了洛阳理工学院的

定位，也为我们建材类学校培养人才明确了定位。乔龙德会长的评价也代表整个行业对学校的评价。现在都在讲“市场在资源配置中要起到决定性作用”，作为学校，如何在市场起决定性作用的资源配置过程中找到自己的位置？学校的市场在哪里？洛阳理工学院的市场就在建材行业，这是学校生存和发展的基础。

原来建材行业有5所高校，行业内都将洛阳理工学院视为建材行业在中原地区的“黄埔军校”。学校多年来为行业培养了大量人才，历届校友都在行业中挑起了大梁，承担了许多重要任务。在人才培养、科学研究和社会服务等方面不断密切与行业的联系，加强与企业的深度合作，取得了良好成绩。

近年来，洛阳理工学院为更好地依托行业、融入行业、服务行业，推进产教融合、校企合作做出了巨大努力。尽管学校与中国建筑材料联合会已经不存在行政隶属关系，但是19年以来，历届党委从服务行业、为行业培养人才的角度考虑，和中国建筑材料联合会保持着密切的沟通和良好的合作关系，不间断地承担中国建筑材料联合会布置的各项工作。比如，校内设有中国建材联合会、中国机冶建材工会培训基地，承担了建材行业技能鉴定站的有关工作。特别是近年来，随着国家“一带一路”倡议的实施，建材产业产能国际合作的项目积极落地落实。中国建筑材料联合会受发展改革委的委托，承担了孟中印缅走廊建材项目的总牵头单位重任，承担了中国—东盟、中国—中东、中国—伊朗、中国—中东欧建材合作项目的相关课题，洛阳理工学院发挥自身的优势积极参与其中。一是依托教育部数据中国“百校工程”项目，积极构建建材行业“走出去”大数据库，包括国内企业需求数据、国外市场数据库、企业信息数据库、国家政策数据库等，为行业企业走出去提供了有力支撑。二是经发展改革委批准，联合会牵头成立中国—东盟建材国际合作企业联盟、中国建材国际产能合作委员会，学校分别担任副主席单位，联盟的培训专业委员会就设在洛阳理工学院。目前，中国建材“走出去”第一个实质性落地项目——“孟加拉墙材革新——孟加拉砖瓦升级项目”，国家将投资20亿美元对孟加拉国上万条墙材生产线进行全自动化改造。目前，学校正承担着前期项目调研和培训方案、培训教材的编制工作。

二、坚持地方性，就是抓住了基础，突出了办学的特色，可以形成相对的竞争优势

突出办学特色才能形成相对的竞争优势。作为新建地方本科院校，洛阳理工学院敢于正视比重点大学更多的困难和压力，结合区位优势和区域经济社会发展需求，明确办学定位。

积极争取地方政府的支持，寻找发展的突破口，把人才培养目标定位于“具有一定的理论基础，一定的实践能力的实用型、技能型高级专门人才”，这个定位适用于建材行业矿业加窑业特征的行业需求。抛开了大而全的思想，避开了与

学术研究为主、实力强的重点大学的竞争劣势，找准了自己的位置和发展空间，也找到了自己的突破口。在培养层次定位上，以培养应用型、实用型人才为主；在科学研究定位上，以服务行业、地方经济、社会需求为主；在特色定位上，突出建立具有自身特色的学科专业体系，表现出较强的适应性。这三个定位都突出了示范性应用技术类型大学的特点。走出了适应地方经济社会发展的道路，在高等教育体系中站稳了脚跟，树立了特有形象。同时还根据工学为主和建材为主的专业特点对学生能力进行专门设计和分解，对人才培养方案进行大胆改革，安排了与建材相关的专门课程。在师资结构调整、专业对接行业产业等方面做出了大量改革，毕业生的就业率和就业质量有了大幅度提升。

三、坚持应用型，就是抓住了行业创新发展对人才的内在需要，为推进推动产教融合打好基础

地方高校转型是现阶段国家经济社会发展和高等教育改革必须要面对的问题。现在全国大学生总数飞速增长，就业压力空前。怎样适应这种形势？社会对人才的多样化需求和学校单一的办学模式、人才供求关系之间的矛盾越来越突出。必须按照习近平总书记的要求加快教育供给侧改革。就建材行业来说，供给端和需求端不相适应。传统建材大量过剩，新型高端建材却相对不足。从学校来讲，也同样面临供给与需求不相适应的问题。作为地方高校，传统的学术型人才培养模式已经不适合社会的需求，也不适合行业的需求。必须向应用型高校转变，培养应用型人才，服务地方和行业经济发展。目前，学校和行业、企业如何建立一种良性的互联互通的机制？目前新的技术、新的工艺、新的标准都在行业和企业手里。作为具有鲜明特色的学校，如何更快、更好、更顺畅地融入行业企业中去，将这些新工艺、新技术、新标准第一时间运用到课堂教学中去，是迫切需要解决的问题。洛阳理工学院坚持与行业对接、与中国建筑材料联合会对接、与建材企业对接，积极协调行业组织和科研院所在平台搭建、科学研究、师资培养、学生实习实训、学生创新教育等方面的深度合作，及时获取最新技术传授给学生，帮助学生顺利开展职业生涯，企业也因此能够获取大量具有高技能的应用型人才。这样，无论是从培养成本和长远发展角度讲，都是有益于学校、有益于社会和行业发展的事情。

一是全面树立为行业培养高质量应用型人才的观念。无论是中国建筑材料联合会，还是学校，我们都是为行业服务的。当前，由于整个建材行业的产能过剩，直接带来行业、企业对人才需求量的下降，这是我们学校面临的主要矛盾。行业要转型升级，学校也要转型发展，人才的培养也要转型升级。因此，要调整人才培养思路，要提升人才发展空间，特别是要扩展新领域的人才培养。

二是改革人才培养模式，做到产业转型升级和人才配置的协调统一。要跟上新业态的需求，跟上新的市场需求，积极推进产教融合。通过人才的作用从根本

上推动行业“超越引领、创新提升”战略的落实。

三是联合会与高校要共同搭建行业人才培训平台。中国建筑材料联合会作为建材行业最大的社团组织，同时承担着政府委托的行业管理职能的机构。中国建筑材料联合会与高校要共同搭建人才培训平台。当前，行业和中国建筑材料联合会有许多工作要借助学校的资源，学校也有许多工作要借助中国建筑材料联合会的平台，可做的工作很多，关键在于我们怎么把结合点找好，在于怎样做好顶层设计。我们的培训工作要靠政策开路，要以企业需求为支撑，要以推广新技术、新工艺为途径，借助市场机制形成一条龙的培训产业链，促进整个行业人才素质的提高。

首先，希望学校牢固树立为行业培养高素质应用型人才的观念。行业面临转型升级，要补短板，学校也要转型发展，同样也要补短板。今天的会议就是提醒大家自觉补短板。学校要调整人才培养的思路，提升人才综合素质，扩展人才的发展空间，扩展新领域人才培养。建材行业的新领域不断涌现，对新型人才的需求也不断扩大，这就形成新的需求与供给关系。学校要积极主动地适应这种动态变化。其次，学校要不断改革人才培养模式，做到产业转型升级与人才配置协调统一。不断调整课程、教材和教学方法，使之与新业态需求同步、与新市场需求同步。建材行业人才培养的水平直接影响到行业创新发展的水平和能力。目前，建材行业重点支持水泥、玻璃、陶瓷、非金属矿、墙材、水泥制品、光纤复合材料和石材 8 个领域的发展。学校在调整学科专业体系时，应紧密结合行业需求，以行业转型升级带动学校转型发展，以学校转型发展促进行业转型升级的进一步深化。要结合建材行业“十三五”规划，明确学校的发展重点。另外，建材行业进行了两个“二代”创新。一是二代新型干法水泥的研发，二是二代中国浮法玻璃的技术研发。经过近 4 年的努力工作，这两项技术研究已经到了收官阶段。随着这两个“二代技术”的成熟与推广，一批新技术将得到推广，一批新领域将出现，随之将出现大量新的人才需求。学校要密切关注这些变化，紧跟行业发展动向自我调整，才能站住脚跟，实现科学发展。

中国建筑材料联合会将全力支持洛阳理工学院示范性应用技术类型本科院校建设工作。离京前，乔龙德会长专门为我来洛阳参会交流意见。建材行业最高的科学教育的学术团体——建材科教委员会即将换届，清华大学、同济大学、浙江大学、南京工业大学以及中国工程院院士等，行业专家群英荟萃。如果洛阳理工学院有符合条件的人才加入到建材科教委担任一定职务，将更好地促进学校和行业的融合，更好地将行业的新思想、新理念、新技术贯彻到学校发展的各个方面、落实到人才培养的各个环节。

中国建筑材料联合会高度肯定和高度重视洛阳理工学院的改革和发展。中国建筑材料联合会还要和学校继续建设好各种工作平台，一是要找准培训的切入点，结合新技术，培养新内容。二是积极争取足够的政策支持，随着国家简政放权的改革要求，建材行业原有技能鉴定权限从 21 个减到了 8 个。但是我们可以根据技术进步，建立新的鉴定标准和鉴定机构，积极切入行业发展。希望洛阳理工学院找好切入点，做好顶层设计，政策开路、挖掘市场、拓展资源，实现一条龙服务并实现培训产业化。

衷心希望洛阳理工学院在河南省人民政府、河南省教育厅的正确领导下，持续深化产教融合，努力提高应用型人才培养质量，提升服务行业的能力和水平，早日建成行业特色高水平应用型大学。同时，衷心祝愿河南省示范性应用技术类型本科院校建设工作迈上一个新的台阶！

南京信息工程大学：行业高校特色人才培养的机制创新与实践探索①

王尧　王骥

在新中国的办学历史上，分行业办学是基本的办学形式，由此形成了一批行业高校，它们隶属于行业部门管理，围绕行业的特定需求培养人才。“20 世纪 90 年代，随着高等教育管理体制的变革，大部分的行业高校划转政府管理，进行了具有共性的重大改革，表现出多学科化、大规模化、地方化和市场化等主要特点。”[1]行业高校由于其与行业的天然联系以及独特的办学传统，在特色发展上具有比较优势，尤其是在特色人才培养方面起到了先行者和示范者的作用，其经验总结和问题反思都是值得关注和研究的课题。南京信息工程大学（原南京气象学院，以下简称学校）是一所立足气象专业的行业高校，五十多年来，在特色人才培养方面积累了一些有益的经验，做了一些积极探索，希望对行业高校的特色人才培养有所启发。

一、依托共建体制，局校协同培养特色人才

行业高校在体制划转之前围绕行业需求而存在，人才培养完全按照行业的要求来开展，可以说“专业特色非常鲜明”。但是在计划经济体制下，行业高校人才培养也体现出单一性和封闭性等特征，表现出来人才培养目标较为单一、教学计划缺乏弹性、学科专业划分过细等问题，既不能适应学生发展需求，也不能完全适应行业发展的需求。

体制划转，为行业高校办学转型发展带来了机遇，学校办学思路也随之进行了改革：一方面，学科专业从以往的单科型向多科型转变，人才培养规模从小规模向适度规模转变，服务从面向行业向面向全方位行业和地方经济社会转变等。体制划转扩展了行业高校的发展空间，但同时也提出了严峻的挑战。因为随着学校与行业之间隶属关系的变化，其人才培养特色也丧失了基础，如行

---

① 本文原载北京教育（高教）2018 年第 5 期，系教育部人文社会科学研究规划基金项目（项目编号：14YJA880031）的阶段性成果，作者王尧系洛阳理工学院党委副书记、副校长。

业办学资源断裂、学校与行业关系渐远、人才培养与行业需求疏离等，人才培养质量出现了不同程度的下降，不能充分满足行业对于人才的需求[2]。另一方面，随着社会发展需求的增加，行业的内涵和外延也在市场经济时代发生了重大转变，综合性和创新性都大为增强，对于人才培养的要求也更高。总之，行业高校必须走出长期以来“行业办学传统”，建立新的办学模式，重构人才培养的特色体系。

在新形势下，学校如何构建与气象、海洋、环境等行业之间的关系是形成人才培养特色的前提。为此，学校经过深入思考后，确定了“围绕气象、不唯气象、应为气象”办学方针，并于2006年提出“主动融入、主动接轨、主动服务、全面服务中国气象事业”的发展思路，建立共建机制，密切与中国气象局联系，扎根服务中国气象行业。所谓“共建体制是政府、行业共同建设和管理大学的一种新管理模式，即共同管理、共同投入、共享成果，其核心就在于各方主体平等合作，利用契约管理，使得行业部门和政府的投入在学校层面自主集成。”[3]2007年，学校实现了中国气象局与江苏省人民政府共建；2012年，实现了教育部、中国气象局和江苏省人民政府三方共建；2014年，又实现了江苏省人民政府与国家海洋局共建。此外，由于气象服务的领域不断拓宽，学校还进一步实现了与中国民航、环保、水利、国防等行业部门的合作，形成了由教育部、行业部委、地方政府和企事业单位等共同支持的“3＋X”的共建格局。共建使得行业高校与行业之间传统的隶属关系，转变为在市场经济体制下新的协同合作关系。学校与行业的联系以新的方式变得更加紧密，而行业出于人才培养、装备研制、科学研究、技术更新等需要主动参与学校人才培养。例如：由学校牵头、各方共同参与成立了教育教学指导委员会，就专业设置、招生计划、培养方案、教学大纲、课程教材、实习基地、师资互聘等方面开展有效合作。2012年，国家启动了“高等学校创新能力提升计划”，该计划是一项以协同创新中心为具体表现形式的科教工程，旨在推进高等院校、科研院所、行业企业、地方政府的深度合作；其不仅在科学研究上探索适应于不同需求的协同创新模式，而且也在人才培养上营造有利于协同创新的空间、氛围与环境[4]。学校依托共建体制、突出人才培养特色，是协同创新的具体体现，由此气象行业标准、教学资源、评价体系通过合作的形式融入学校人才培养的全过程，并且以行业指导、联合培养等方式实现相应的人才培养目标。可以说，协同机制推动了特色人才培养体系的形成。

二、对接业务需求，交叉融合培养特色人才

所谓特色发展，指立足于同种事物的独特差异性及其美誉度，就是人无我有、人有我优、人优我特、人特我高。就高校层面而言，办出特色就是在长期办学过程中形成的办学优势，可以体现在学科建设上，也可以体现在人才培养和服

务社会上。就行业高校的人才培养特色而言，就是以行业需求为导向，充分发挥学科专业优势，形成独特的人才培养模式。

学校人才培养主要围绕气象行业，但现代气象行业已经发生深刻变化，已不是传统天气预报的单一概念，而是由包括综合气象观测、气象预报预测、现代公共气象服务以及现代气象事业管理等所构成的综合体系，日益成为科技型、公益性、跨国界、多学科交叉的系统领域，呈现出科技含量高、关键技术先进、信息化程度高的特征。与此同时，随着经济社会的快速发展，各行各业对气象服务的依赖越来越强，行业气象诸如农业气象、航空航天气象、交通气象、旅游气象、能源气象、海洋气象、军事气象等发展呈现蓬勃之势，对高质量气象服务的需求更加多样化，气象服务的覆盖领域越来越广，呈现出精准化、多元化特点。

气象行业内涵和外延的变化对气象学科专业建设和人才培养提出了更高的要求，突出表现在三个方面：一是基础性，气象作为科技型行业对学生的数理基础和专业基础要求很高；二是综合性，气象内部各学科之间、气象学科与其他自然学科、工程学科之间交叉与整合加速进行，单一的理科已经无法涵盖气象学科的所有领域；三是国际性，在全球气候变化背景下，气象学科发展日趋国际化、信息技术飞速发展、国与国之间气象的关联性不断上升，需要提升学生国际化水平。因此，学校以现代气象业务需求为引领，确立了“业务技能、学术潜力、国际交流”三种能力融合的“大气象”人才培养定位；以“综合观测—信息处理—预报预测—公共服务”现代气象业务链为主线，形成了四大学科交叉融合、对接业务链的专业链；设置气象学部，实施大类招生培养；突破气象与非气象专业间壁垒，开设“长望技能班”“长望国际班”“长望强化班”，为全球气象事业培养业务人才和创新创业人才。

学校基于“大气象”学科知识结构设计课程体系：一是对气象类专业，除了原有的数理课程之外，强化专业学科基础知识和能力的培养，所有气象类专业统一了“双基”课程的开设，确定“流体力学”“大气探测学”“大气物理学”“天气学原理和方法”“天气学分析”五门课程作为“双基”课程。“双基”课程必须由有丰富教学经验和经历的教授或副教授担任主讲教师，同时建有 3～5 人的课程教学团队，保证“双基”课程的教学效果和教学质量；同时，增设“环境气象”“气象信息”“公共气象”等“特色拓展课程”；在通识课程平台中新设“气候变化与国际博弈”“气象科技史与人类文明”等人文素质类课程；在公共基础课程平台增设“面向气象程序设计及绘图”“Matlab 及气象应用”课程；在学科基础课程平台增设“气象物联网”“大气环境化学”；专业主干课程中增设“卫星遥感”“气象云计算”“短时临近预报”“公共气象服务”等课程，构建了内涵拓展、文理交融、独具特色的课程体系。二是对非气象类专业，立足原有专业知识，增设“3510 气象课程”，为所有专业学生开设 3 门气象课程，为准备进入气象部门工作的学生开设 5 门气象专业课程。对接相应的业务模块，对于修满 10

门气象专业课程的学生可获气象类专业第二学位，使各专业毕业生都有机会进入气象领域工作。

学校基于“大气象”学科知识结构设计实践教学体系：结合大气象人才培养定位，以提升实践能力为核心，依据现实气象业务过程与业务流程及业务关联，构建“四层次（创新探究、专业应用、专业求证、基础认知）、四模块（综合观测、信息处理、预报预测、公共服务）”实践教学课程。“认知层次和模块”主要加强学生基本实践理论知识和技能的掌握，主要是掌握多源气象与环境信息获取的设备、过程与规范；“求证层次和模块”强化学生对专业知识的综合理解和操作，主要是强化学生对观测、监测信息的形式、格式、质量控制、天气系统的初步识别及多源资料的融合等；“业务层次和模块”着重锻炼学生实际的业务技能，侧重天气的物理成因及背景条件分析，进行短期或临近预报、预测、预警，体会和感知天气预报业务对理论和技术的真实需求；“创新层次和模块”主要是激发学生自主学习新技术和新手段的兴趣，通过公共与专业服务、需求分析、科研与成果转化、灾害影响评估、技能认证等拓展学生的实践创新能力（下图）。

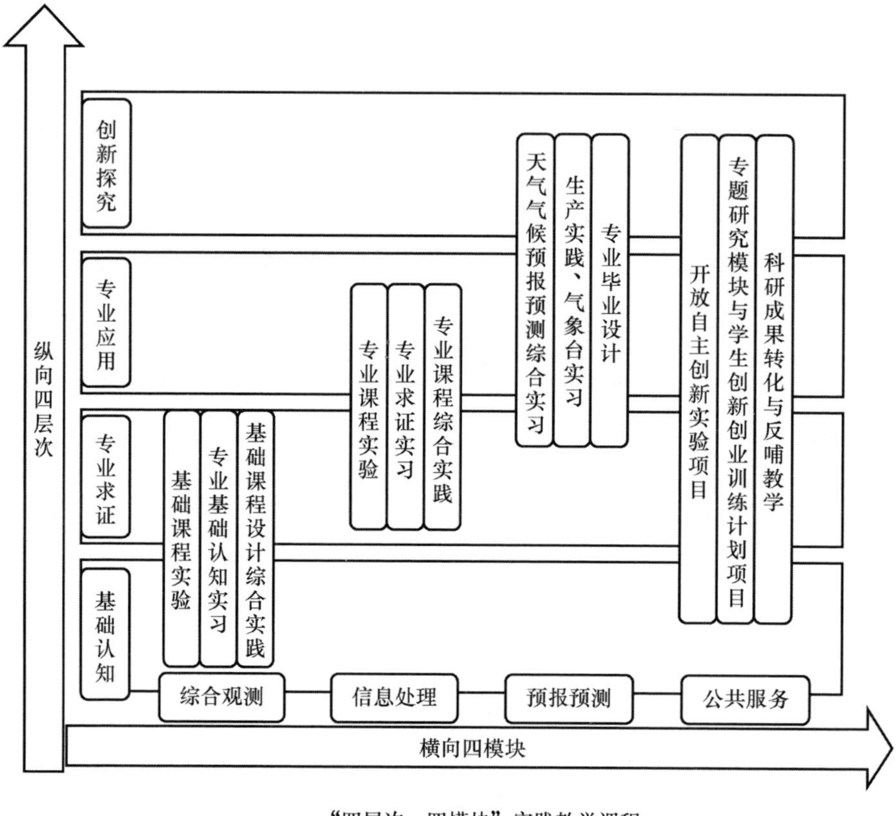

“四层次、四模块”实践教学课程

实践教学体系

三、通过共建共享，资源保障培养特色人才

行业高校特色人才培养不仅需要培养主体的协同机制和学科专业的交叉机制，而且也需要资源的保障机制，否则特色人才培养就会陷入表面化和口号化。资源依附理论认为，不了解组织运作的资源依附，就不能了解组织的运行方式。行业高校的特色人才培养因为涉及行业企业、科研院所等不同的主体，更离不开各种教学保障机制的支撑。很多的研究已经表明："德国工程人才之所以培养成功很大程度上是因为政府或者行业为高校提供了足够的资源、平台及其法律的保障，明确各方主体的地位、作用和权利义务及其相互关系，让行业企业能够积极参与高校的人才培养。"[5]学校围绕特色人才培养的主要任务，通过与行业共建共享，集成教学资源，形成交叉协同和互补优势，互惠共赢。

第一，学校与行业合作共建实习实践基地。学生实践动手能力与实习条件保障具有直接的关联性。行业划转之前，行业高校的实习条件有保障，但是划转之后，行业不再为高校实习实训提供条件保障，这是学生动手能力下降的主要原因之一。而依托共建体制，中国气象局投入硬件和软件在学校建成了"气象台""中国气象局综合观测培训实习基地""农业气象试验站"等优质实习实践基地。其中，学校气象台可以借助与中央气象台和各省市气象台多媒体远程音视频双向会商系统，使学生更加熟悉台站气象业务布局、技术路线、业务关联和实际业务需求。此外，在校外实习基地建设上，学校通过"合纵连横"机制，与各省气象局、地方政府、研究机构、产业基地都建立了"产、教、学、研"合作协议，聘请具有丰富实践经验的一线骨干人员、预报员和观测员等作为业务导师对学生进行业务指导，各相关单位提供相应的保障条件，为学生的实践能力提升奠定坚实基础。

第二，学校与行业共建共享师资队伍。师资队伍当前最大的问题是青年教师对于气象业务需求没有深入的了解，因而在教学上容易使得教学内容与业务脱节。为了解决这一问题，学校和行业建立双向交流和培训机制，每年选拔十名左右的教师去气象业务部门挂职三个月到一年，熟悉业务需求。利用每年暑期时间，选拔十五名左右的青年教师参加气象局暑期培训班，深入了解业务知识；同时，邀请相关业务专家担任学校兼职教师和导师，联合招收研究生进行双导师培养，并有计划地直接为本科生讲授业务课程。中国气象局也出台了配套政策，要求业务人员去高校承担教学任务。此外，以世界气象组织培训中心和气象与环境国际联合实验室为载体，在耶鲁大学等知名大学设立青年教师培训基地，选拔优秀教师赴国外接受前沿的教学和科研培训。

第三，学校与行业共建课程教材资源。课程教材是人才培养的核心要素和载体。特色人才培养也要以优质、丰富的课程教材资源为基本条件。学校牵头组建

了气象教育联盟，研究优化气象类专业和课程设置，促进气象专业课程体系改革与完善；学校结合现代气象业务发展和培养复合型人才的需求，聘请气象科研业务一线的专家参与编审气象类技术业务课程教学大纲，共同编写气象类专业教材；聘请气象科技与业务专家共同编写各类气象业务教案与辅助材料，系统讲解我国气象业务现代化体系及运行情况；学校专门设立课程教材基金，用于相关教学大纲和教材的编审、编写工作，并与气象出版社签订合作协议，对高校的教材建设给予配套支持。

参考文献

[1] 别敦荣．行业划转院校改革与发展的形势、任务和战略［J］．阅江学刊，2011（1）：13.

[2] 李廉水．行业特色高校的开放发展战略［J］．阅江学刊，2010（4）：71.

[3] 李北群．行业特色型高校共建体制探析——以南京信息工程大学的局省共建为例［J］. 中国高教研究 ，2012（7）：73.

[4] 李金龙，张淑林，裴旭，等．协同创新环境下的研究生联合培养机制改革［J］．学位与研究生教育，2014（9）：30.

[5] 陈裕先．德国应用科技大学实践教学模式及其对我国应用型本科教育的启示［J］．国家教育行政学院学报，2015（5）：86.

河南科技大学：行业型本科院校转型发展的实践探索[①]

田虎伟[②]

河南科技大学作为行业型本科院校，于 2002 年由洛阳工学院与洛阳医学高等专科学校、洛阳农业高等专科学校合并组建。按照发展定位的不同（主要从办学层次、服务面向，人才培养类型、发展目标等方面进行分析），学校合并之前的发展阶段可分为四个时期（1958—1965 年为创建时期；1966—1976 年为“文化大革命”时期；1977—1997 年为恢复发展时期；1998—2002 年为管理体制转变时期），合并之后的省属院校发展阶段可分为 3 个时期（2002.8—2006.12 为合并组建初期、2007.1—2015.12 为多学科发展时期、2016 至今为高水平综合性大学建设时期）。本文重点展示河南科技大学合并之后不同时期的发展定位、发展举措及发展成就，总结学校的发展经验与启示，以期对同类院校发展有所启发。

一、发展历程

（一）合并组建初期（2002.8—2006.12）

1. 办学定位

学校组建初期，由政府主导的办学定位：

办学层次定位：河南科技大学系多科型本科学校，以本科教育为主，同时承担研究生培养的任务。

学科结构定位：逐步把学校办成理、工、医、农、经、管等学科门类齐全、理工学科优势突出的多科型大学。

服务面向定位：河南省的经济发展和社会进步做出更大的贡献。

---

① 本文为 2019 年河南省高等教育教学改革研究与实践立项重点项目（编号 2019SJGLX074）的前期研究成果。

② 田虎伟，男，1969 年，河南省淅川人，河南科技大学发展规划处副处长、教授，教育学博士，硕士生导师，高等教育管理研究方向。

人才培养类型定位：培养理论基础扎实，实践能力和社会适应能力强，德才兼备、勇于创新的高素质应用型人才［来自《河南科技大学关于制定本专科生培养计划的意见》（河科大教〔2004〕1号］。

发展目标定位：高水平多科性大学。

2. 发展措施

2002年10月，学校成立体制改革领导小组，发布了《河南科技大学管理体制改革实施意见》，明确了"实质融合、优化创新、积极稳妥、一步到位、促进发展"的管理体制改革指导思想，以及管理体制改革的基本思路及详细实施方案。在前期调研的基础上，广泛征求意见，达成了共识，2002年12月，发布了《河南科技大学管理体制改革方案》等8个操作性文件，为学校开展实质性融合和转型发展打下了坚实的思想基础、队伍基础和制度基础。

机构设置。共设置19个机关党政管理部门、20个专业学院（系）、4个教学辅助单位和3个附属机构。

干部竞聘、全员聘任。经反复论证确定了党政管理人员（含院系）总编制数。通过推行全员聘任、竞争上岗等措施，共聘用党政管理人员416人，平稳分流200人，初步建立起了精简高效的党政管理体系。1400多名专职教师和其他业务人员同时全部聘任上岗。

建章立制情况。河南科技大学成立初期逐步建立、健全了各项规章制度，进一步深化了管理体制和人事分配制度改革，保证了学校各项工作的规范、高效、有序运行。规章制度按照类别划分主要有教学类、人事类、学生工作类、财务类、审计类、科研类、产业类、研究生工作类等[1]。

3. 发展成就

三校合并后，正式归建地方大学序列，学校内部领导体制和管理体制发生了重大变化，学校对外和内部各方面工作均处于磨合期，各方面工作合力有待形成。因此这一时期，学校虽然在办学规模上持续扩大，2003年新增外国语言学及应用语言学等6个二级学科硕士点，新增机械设计及理论学科1个联合培养博士生学科；2005年新增机械工程等4个硕士学位授权一级学科和区域经济学等40个二级学科硕士点。

（二）多学科发展时期（2007.1—2015.12）

这一时期学校的办学定位属于"政府指导＋学校自主"发展模式时期。

1. 办学定位

办学层次定位：稳步发展本科教育、大力发展研究生教育、适度发展继续教育，建立健全学士、硕士、博士三级学位办学体系。

学科结构定位：继续着力强化工科优势，迅速提升农、医学科，大力发展文、理、经、管、法学科，适度发展史学、哲学和教育学学科。

服务面向定位：服务机电行业、河南经济社会发展（2008 年本科教学工作自评报告）。

人才培养类型定位：培养德才兼备、勇于创新的应用型高级专门人才。

发展目标定位：教学研究型大学。

《发展战略规划》提出了学校发展总体目标和阶段目标两部分。

总体目标："调动一切积极因素，以人为本，科学发展。到 21 世纪中叶，把学校建设成为工科优势突出，文理农医特色明显，学科结构合理，人才培养、科学研究和社会服务体系完备，国内先进、省内一流的教学研究型综合性大学。"

近期目标（2006—2010 年）：构建综合性大学框架，形成三级学位办学的教学研究型大学格局，实现省内一流的目标。

中长期目标（2011—2020 年）：依据国家和河南省中长期科技和教育发展规划，把我校建成优势突出、特色明显、主要学科专业达到国内先进水平的教学研究型综合大学[1]。

2. 发展举措

（1）重视顶层设计

《河南科技大学发展战略规划》和《河南科技大学"十一五"规划》等 4 个发展规划，明确了学校在学科规划与建设、人才培养、科学研究与社会服务、师资队伍建设、基础设施建设、校园文化建设、体制和机制建设、党建与思想政治工作等 8 个方面发展的主要任务。《河南科技大学"十二五"发展规划》等 5 个规划明确了学校中长期和"十一五""十二五"的发展远景与目标，为学校转型发展指明了方向。

（2）注重抓重点工作

坚持以人才培养为中心，以博士学位授权单位建设和开元校区建设为重点，汇聚校内外资源，集中精力夯实学科发展基础和新校区基础设施。2014 年，学校把"学科提升、高端人才汇聚、校园基础设施完善"作为新时期的三项重点工作，配套实施学科提升计划（4 年投入 1.2 亿元加强学科建设）和"1255 人才工程"（4 年投入经费 6000 万元，引进高层次、国际化人才）。

（3）实施目标管理

2009 年，学校获批博士学位授予立项建设单位。为使学校科研工作取得重要突破，有力支撑博士学位授予立项单位建设，实现建设"国内先进，省内一流的教学研究型综合性大学"目标，学校于 2009 年 12 月在完成中层领导班子换届后，决定于 2010 年 1 月—2012 年 12 月实施校属各行政单位处级领导班子 3 年任期目标管理。在学校基本完成首届任期目标管理"博士学位授权单位建设验收顺利通过"预期目标的基础上，学校于 2014 年 5 月—2016 年 4 月实施了第二届 3 年任期目标管理。第二届任期目标管理方案与第一届相比，在其科学性、民主性、规范性、可操作性等方面明显提高，因而其实施成效差异很大。高校任期目标管理是相对于高校年度目标管理的一种类型，指高校目标管理周期与高校内部中层领导班子任期挂钩，并随着中层领导班子任期变动而变动。但是也会随着高校主要负责人变更而对任期目标管理的周期和起止年月做出相应调整。

3. 发展成就

(1)“十一五”期间的主要发展成就

① 教育教学水平不断提高。“十一五”期间，学校全日制在校生由 29430 人增加到 37884 人，其中本科生由 23980 人增加到 33167 人，研究生由 928 人增加到 1965 人。2008 年，学校在教育部本科教学工作水平评估中获得优秀成绩。新增国家级教学质量工程项目 11 项（国家精品课程 2 门、特色专业建设点 6 个、教学团队 2 个、双语示范课程 1 门）。

② 科技创新与社会服务能力显著增强。学校可支配科研经费达到 4.04 亿元，比“十五”期间增加了 7.48 倍。主持承担国家“863”“973”项目 5 项、国家自然科学基金项目及国家哲学社会科学项目 50 项；发表研究论文被 SCI、EI、ISTP、CSSCI 等收录达 3040 篇。与企业签署技术转让、开发、服务等各类合同 545 项，合同金额 2.44 亿元。

③ 学科建设取得重要突破。2009 年学校获批成为博士学位授予立项建设单位。一级学科硕士学位授权点由 5 个增加到 23 个，二级学科硕士学位授权点由 21 个增加到 137 个，专业硕士学位授权点由 1 个增加到 6 个。新增河南省一级重点学科 6 个，教育部工程技术研究中心 1 个，省部级重点实验室（工程技术研究中心）总数达到 16 个。

④ 师资队伍建设成效显著。“十一五”末，学校专任教师达 2066 人，其中高级专业技术职务教师 905 人，博士生导师 51 人，硕士生导师 553 人，具有博士学位的教师 506 人；新增“新世纪百千万人才工程”国家级人选 2 人、“中原学者”1 人、河南省“百人计划”1 人。

⑤ 办学条件进一步改善。到“十一五”末，预算综合收入由 2.82 亿元增加到 5.87 亿元，学校固定资产总值达 9.06 亿元，是“十五”末的 2.27 倍。新增建筑面积 50.88 万平方米，实验室面积达 20 万平方米，仪器设备总值 2.57 亿元。

⑥ 共建共享，开放办学。学校与洛阳市共建共享新区医院、新区图书馆、新区体育中心，丰富了学校的办学资源；与国内 20 余家国家级科研院所建立了长期的合作关系，在多个领域开展科技合作研究，并共同培养研究生。

(2)“十二五”期间的主要发展成就

① 学科建设取得重大突破。2013 年，学校正式成为博士学位授予单位，拥有机械工程、材料科学与工程、控制科学与工程 3 个博士学位授权一级学科，涵盖 12 个二级学科，2014 年开始独立招收培养博士研究生，拥有了学士、硕士、博士三级学位办学体系；硕士学位授权一级学科由 23 个增加到 28 个，有 8 个专业学位研究生招生类别。有 28 个河南省一级重点学科、152 个河南省二级重点

学科，12 个河南省特聘教授设岗学科，机械工程一级学科获批河南省特色学科 A 类支持计划。

② 人才培养水平持续提升。学校本科专业由 75 个增至 93 个，全日制在校生由 35740 人增至 38013 人，其中：本科生由 31939 人增至 36164 人，全日制硕士研究生由 1485 人增至 1726 人，在职专业学位硕士研究生由 480 人增至 987 人，博士研究生达到 22 人。获国家教学成果二等奖 1 项。新增国家级精品资源共享课 2 门、改革综合试点专业 2 个、卓越人才培养计划项目 9 项、大学生实践基地 1 个，获得国家级实验教学示范中心 1 个。获“全国高校思想政治理论课教学科研团队择优支持计划”1 项。

③ 科技创新工作获得重大突破。主持获批国家级研究平台和科技成果奖的双双突破。新增机械装备先进制造、有色金属共性技术 2 个河南省协同创新中心，新增河南省重点实验室等省级研究平台 37 个。主持国家重大、重点项目 5 项，新增国家自然科学基金及社会科学基金 308 项，入校经费额 2.49 亿元，SCI、SSCI、CSSCI 收录论文 1161 篇，出版学术专著 176 部；获国家授权发明专利 840 项，实用新型专利 1701 项，专利申请数和授权数连续 5 年居河南省高校榜首。

④ 师资队伍建设成绩斐然。新增“中原学者”1 人、引进“国家千人计划”4 人，教职工由 3055 人增加到 3161 人，其中专任教师由 1783 人增加到 2132 人，高级专业技术职务教师由 713 人增加到 1012 人，具有博士学位的教师 1073 人。有国家级教学团队 3 个，教育部“长江学者和创新团队发展计划”1 个，省部级科技创新及教学团队 19 个。

⑤ 校园基本建设成效凸显。开元校区新增建筑面积 33 万余平方米。完成二期水系工程及其绿化工程，完成开元校区总体规划调整，设计开元校区三期工程总建筑面积达 21.4 万平方米。党政机关与 18 个学院迁入开元校区，实现了学校主体搬迁至开元校区的阶段性目标。

⑥ 管理机制改革不断深化。组织实施行政工作和党群部门任期目标管理，强化责任意识，明确目标任务；制定了《河南科技大学章程》，全面推进依法治校；制定并经教代会通过了奖励性绩效工资分配办法；深化科技评价改革，建立新的科技评价体系；积极探索校院两级管理改革。

（三）高水平综合性大学建设时期的办学定位（2016 年至今）

《河南科技大学“十三五”事业发展规划》，进一步明确了“建设具有自身特色的高水平综合性大学”的奋斗目标。学校发展进入了一个新阶段。

1. 办学定位

办学理念：育人为本、学术至上。

大学精神：自强不息、追求卓越。

办学层次定位：以本科教育为主，大力发展研究生教育，加快发展留学生教育。

学科结构定位：工科优势突出，农、医、理、文等多学科协调发展。

服务面向定位：立足河南，面向全国，服务经济社会发展。

人才培养类型定位：培养德才兼备、基础扎实、善于实践、勇于创新、综合素质高、社会责任感强的应用研究型高级专门人才。

发展目标定位：建设国内先进、居于省内高校前列、具有自身特色的高水平综合性大学。

2. 发展举措

（1）注重顶层设计，科学民主编制学校“十三五”事业发展规划

《河南科技大学“十三五”事业发展规划》（以下简称《规划》），明确了学校“十三五”时期发展的指导思想、发展思路、主要指标，确定了10项主要任务与行动规划（学科提升工程、高端人才汇聚工程、基础条件完善工程、人才培养质量提升工程、科技创新工程、内部治理体系建设工程、合作共建工程、校园文化建设工程、教育信息化工程、党的建设工程等十个方面的任务与具体行动计划，简称“十大工程”）。《规划》凝聚了广大教职工的集体智慧，体现了学校的办学理念和治校方略，标注了学校“十三五”时期发展的高度和厚度，绘就了学校“十三五”时期的发展蓝图，是学校“十三五”时期最重要的顶层设计，成为学校开展各项工作的基本依据。

（2）持续实施处级干部任期目标管理，确保规划目标任务落实。

在学校第二届任期目标管理取得巨大成功的基础上，学校在2016年完成处级干部换届后发布了《行政工作目标管理任务分解实施细则》（2016—2020年）、《行政目标管理考核实施细则（2017—2020年）》等形成了第三届行政目标管理系列配套文件，在7月中旬组织完成了第三轮的行政处级领导班子任期目标管理任务书签约工作。

（3）完善校内绩效津贴分配办法，激发办学活力

为进一步深化学校分配制度改革，建立与岗位设置、聘用制度相适应的绩效工资制度和科学的绩效津贴体系、竞争激励和考核机制，进一步扩大二级单位的管理权限，充分调动各类人员，特别是广大教师的积极性和创造性，增强办学活力，学校于2016年颁布《河南科技大学校内绩效津贴分配实施方案（试行）》（河科大政〔2016〕9号）和《河南科技大学校内绩效津贴分配实施方案》（河科大人〔2018〕5号）及其配套的《河南科技大学保障性绩效津贴分配办法》《河南科技大学竞争性绩效津贴分配办法》《河南科技大学激励性绩效津贴奖励办法》等系列文件，并于2017年正式实施。其中，对教学工程项目立项等给予相应的奖励（国家级专业综合改革试点，每项奖励15万元；国家级精品视频公开课和精品在线开放课程，给予每项奖励20万元）；给予国家级成果奖、科研项目等给予相应的奖励（国家科技进步特等奖、一等奖和二等奖，分别给予每项奖励360万元、240万元、120万元），极大地激发了教学科研人员从事教学科研工作的积极性和创造力。

3. 发展成就

“十三五”期间（截至2020年3月），学校发展取得了前所未有的成绩，已经提

前完成学校“十三五”事业发展规划中15项重大指标中的6项、41项（基础建设项目除外）关键性指标中的20项。学校已经发展成为占地面积4600余亩，有开元、西苑、景华和周山4个校区，全日制普通本科生、研究生、留学生4.1万人的巨型、高水平综合性大学：国家国防科工局与河南省人民政府共建高校、国家中西部高校基础能力建设工程支持高校、全国深化创新创业教育改革示范高校、国家级专业技术人员继续教育基地、教育部首批高等学校科技成果转化和技术转移基地高校等。

学科专业结构更加合理。学校涵盖理、工、农、医、经、管、文、法、史、教和艺术学等11大学科门类，设有31个学院，95个本科专业。拥有4个博士学位授权一级学科，3个博士后流动站；38个硕士学位授权一级学科，19个专业学位研究生招生类别；28个河南省一级重点学科，3个国家“十三五”国防特色学科，3个ESI全球前1%学科。

师资队伍结构更加优化。学校有教职工3155人，专任教师2208人，其中教授、副教授等高级职称1010人；具有博士学位的教师1195人。现有双聘院士8人、国家“千人计划”（含“外专千人计划”）专家3人、“中原学者”3人、国家“百千万人才工程”入选者3人、国务院政府特殊津贴专家12人等。

教学平台层次显著提升。有国家级本科教学工程项目30项，其中“十三五”期间学校新增15项，分别是：教育部第二批“深化创新创业教育综合改革示范高校”、国家级实验教学示范中心1个、国家级精品在线开放课程2门、卓越人才培养计划项目1个（含4个专业），国家一流专业7个。另有通过国家工程教育专业认证或专业评估专业11个。

科学研究成绩斐然。拥有7个国家级平台（新增6个国家级平台）、64个省部级平台。“十三五”期间，主持获批国家自然科学基金项目209项，国家社科基金项目34项；其中，国家自然科学基金重点项目2项，国家社科基金项目重点项目3项。另外主持获批国家重点研发计划项目和国际科技创新合作重点专项3项等。年度科研经费逐年攀升，2019年达到1.8亿元，实现专利成果转化203项，签订产学研项目合同319项，合同金额4000余万元。主持获得“重型装备大型铸锻件制造技术开发及应用”“高强高导铜合金关键制备加工技术开发及应用”2项国家科技进步二等奖，分别主持获得1项全国农牧渔业丰收奖一等奖，2项河南省科技进步一等奖，1项河南省科学技术杰出贡献奖，3项河南省优秀社科成果一等奖，1项获“2019年中国产学研合作创新奖”。

创新创业教育硕果累累。学校大力开展创新创业教育实践活动，形成了“3435”的河科大模式。由中国高等教育学会发布的2014—2018年中国高校创新人才培养暨学科竞赛评估结果中，学校荣获各类高水平竞赛奖励147项，入选竞赛评估前100强，位列全国普通高校第95名，省内高校第2名。既培养了中国科学院张清杰院士、中国工程院李贺军院士等一批杰出校友科学家，也培养了全国五一劳动奖者、“大学生就业创业年度新闻人物”吴迪等。

开放办学水平显著提升。学校与美、英、俄、加、澳、南非、印度、巴基斯坦等100多个国家和地区的高水平大学开展合作与交流。目前在校留学本科生225名，留学硕士研究生4名。

综合办学实力进入全国百强。在艾瑞深校友会网2018中国大学综合实力排行榜和武书连2018中国大学排行榜中均位列全国高校第138名。在艾瑞深校友会网2020中国大学综合实力排行榜首次进入全国100强，位列全国第98位。

二、经验与启示

经过60多年的艰苦创业，河南科技大学已经由建校之初的规模小、学科专业单一、培养本科层次应用型人才、面向国家农机行业的机械学院，发展至今成为具有规模4万余人，十一大学科门类，立足河南、面向全国，具有三级学位授予权，培养应用研究型高级专门人才的巨型综合性大学，是新中国建设巨大成就的一个缩影，也是新中国高等院校发展的一个生动个案。

（一）行业型本科发展受国家政治经济体制影响较大，学校办学定位因时因势游离在“政府主导和决定”与“政府指导＋学校自主”发展模式之间

由办学发展历程可以看出，河南科技大学的办学定位及其发展受国家政治经济体制影响较大，办学定位游离在“政府主导和决定”与“政府指导＋学校自主”发展模式之间。学校办学定位在“政府指导＋学校自主”发展时期，学校得到了较快发展，因而“政府指导＋学校自主”发展模式是行业型院校办学定位的基本模式。但是，办学定位发展趋势和理想范式可能是“政府宏观指导下的学校自主”发展模式。

（二）“政府指导＋学校自主”办学定位基本模式下的基本经验

该校在恢复与发展时期、管理体制转变时期和多学科发展时期，属于“政府指导＋学校自主”发展定位模式时期，也是学校获得较快发展时期，其基本经验有以下几点。

1. 审时度势，明确学校发展目标

通过1998年至2000年的3次教学工作会议研讨，形成“立足河南，面向全国，把洛阳工学院办成有特色的河南省骨干大学”的办学目标，克服了因管理体制转变而带来的不利因素，促进了学校发展。

通过两个五年期的发展规划，从顶层设计上，促成了学校2009年的博士学位授予立项建设单位和2013年的博士学位授权单位获批，实现了学士、硕士、博士三级学位办学体系的目标。

2. 实施目标管理，激发学校办学活力

在延续实施行政班子任期目标责任制管理的基础上，2014 年以来，学校大力推动下实施的第二、三届行政单位处级领导班子目标责任制管理，打通了发展目标与组织行动之间通道，完善了发展目标的落实机制，促进了学校的快速发展。

3. 适应发展需要，不断调整专业结构

划转地方管理后，为适应河南经济社会发展需要，学校从 1998 年始陆续增设了化学工程与工艺、数学与应用数学、测控技术与仪器、食品科学与工程、日语、旅游管理、信息管理与信息系统等 14 个本科专业。在多学科发展时期，学校更是根据河南经济社会发展需要，在持续强化工科专业优势的前提下，新增了生物科学、生物技术、护理学、电子商务、汉语言文学、法学、体育教育等专业。

4. 依托行企支持，积极发展研究生教育

在 1983 年获得机械制造、金属材料及热处理硕士研究招生资格，1984 年、1985 年分别与洛阳轴承研究所、洛阳矿山机械研究院达成协议，联合招收培养硕士学位研究生。1986 年，学院有 5 个学科获得硕士学位授予权，招收计划内研究生 13 名，其中与洛阳矿山机械研究院联合招生 2 名。1987 年，学校利用计划招生指标 23 名和 20%计划外委托培养研究生指标 5 名，与洛阳轴承研究所、洛阳矿山机械研究院联合招收计划生 4 名，实际招收研究生 30 名。1994 年招收 34 名（含自筹经费 4 名），1995 年招收 45 名（含自筹经费 13 名），1996 年招收 54 名（含自筹经费 20 名），研究生在校生规模接近 150 人，至 1997 年年底学校具有 10 个硕士学位授权点。计划外委托培养和自筹经费研究生均来自企业，最后又回归企业，为企业服务[2]。

5. 服务行业发展，积极开展科研促进成果转化

1960 年，学校成立科学技术协会和科技科，提出了“一主二辅三结合”（即以教学为主，科研、生产为辅，教学、科研、生产三结合）的工作方针。1972—1978 年，学校部分教师和科技人员利用开门办学的时机，厂校结合进行科学研究并开发了一些产品。20 世纪 80 年代初，学校横向科研工作围绕“四技”（技术开发、技术转让、技术咨询、技术服务）开始起步，至 1988 年进入迅速发展时期，每年平均在研项目达 50 项以上，入院经费达 100 多万元。1987—2001 年间，学校共签订横向合同 700 多项，累积入院经费 6060 余万元[1]。近些年来，学校为中国一拖公司开发的动力换挡电液驱动协同控制技术，在 5 个系列大马力拖拉机上应用，实现年销售收入 30 亿元。学校与中信重机合作，攻克大型铸锻件成型关键和核心工艺，产品应用于秦山核电站、澳洲铁矿，三年新增产值 45 亿元，获 2016 年国家科技进步二等奖；与轴研所、洛阳 LYC 公司合作，设计开发的高性能轴承应用于动车、高铁，以及多种型号航空发动机；与郑州宇通公司合作研发的“多动力分配、多模式切换、多能源管理策略”应用于宇通新能源客车，整车经济性达到国际领先水平，研究成果“节能与新能源客车关键技术研发

及产业化”获得2015年国家科技进步二等奖；与郑州宇通公司合作主持的2018年国家重点研发计划项目“混合动力系统先进设计理论研究及整车控制技术开发”，获批经费2825万元。长期以来，学校依托行业支持，为行业发展服务，成就了学校“以科研促进教学、服务社会”优良传统和产学研合作办学特色。

（三）走向“政府宏观指导下的学校自主”发展定位模式时期：争创国家“一流学科”大学

随着中国特色社会主义进入了新时代，中国高校治理进入新时代，为行业型院校自主制定发展目标，进入“政府宏观指导下的学校自主”发展模式创造了外部和内部条件。2019年10月，中国共产党河南科技大学第二次代表大会隆重召开，学校新一届党委和行政领导班子初步确立了从现在起到2035年分“两步走”的发展战略和实施明确“1441”工程的工作思路。

“两步走”的发展战略：一是到2025年，高水平综合性大学建设成效明显，1～2个学科达到国家“一流学科”建设水平，3～5个学科进入ESI全球前1%，理工农医文各学科协调发展。一流本科建设、研究生教育、高端人才汇聚、科技创新和成果转化、国际合作与交流水平明显提升。二是到2035年，高水平综合性大学建设目标基本实现，综合办学实力基本达到国家“一流大学”建设水平。人才培养、科学研究、社会服务、文化传承与创新、国际交流合作等大学职能充分发挥，核心竞争力和社会影响力显著提高。

“1441”的工作思路：以“全面加强党的建设”为一个引领，推进“教学改革、学科提升、人才汇聚、科技创新”四项重点工作，强化“大学治理、校园文化、开放办学、服务保障”四个支撑体系建设，努力实现“高水平综合性大学建设成效明显”一个总体目标。主要工作有以下九个方面：一是把全面加强党的建设作为事业发展的引领保障。二是把提升人才培养质量作为教育教学改革的根本任务。三是把优化整合作为学科提升的战略举措。四是把高素质创新型教师队伍建设作为人才汇聚的目标导向。五是把服务经济社会发展作为科技创新的出发点落脚点。六是把改革创新作为优化内部治理的重要手段。七是把传承创新作为熔铸校园文化的价值取向。八是把军民融合和国际化作为深化开放办学的特色方向。九是把保民生和促发展作为提高服务保障能力的核心追求。

参考文献

[1] 河南科技大学史编纂委员会．河南科技大学史（1952—2012）·下卷［M］．郑州：河南科学技术出版社，2015.

[2] 河南科技大学史编纂委员会．河南科技大学史（1952—2012）·上卷［M］．郑州：河南科学技术出版社，2015.

河南理工大学：煤炭高校的战略发展思路与本科生培养

邹友峰　杨小林[①]

随着中国特色社会主义进入新时代，我国社会主要矛盾已经转化为人民日益增长的美好生活需要和不平衡不充分的发展之间的矛盾，经济社会各个领域都在发生着深刻变化。作为煤炭系统高校，要主动适应国家、区域重大发展战略及行业转型升级需求，积极探索符合自身实际的内涵式发展道路，努力培养社会主义事业合格建设者和可靠接班人，在实现中华民族伟大复兴的历史进程中写好自己的“奋进之笔”。

一、与时代发展同频共振，明确办学目标定位

习近平总书记多次强调：“时代是思想之母，实践是理论之源。”一所大学，只有准确把握世界和国家发展大势，顺应时代发展潮流和人民美好期待，才能在时代的深刻变革中找准历史坐标、明确发展方向，形成与国家及区域经济社会协调发展、与行业发展良性互动的生动局面。

1. 深入分析学校所处历史方位，找准定位依据

党的十九大报告深刻指出，“建设教育强国是中华民族伟大复兴的基础工程，必须把教育事业放在优先位置，深化教育改革，加快教育现代化，办好人民满意的教育”；强调“全面贯彻党的教育方针，落实立德树人根本任务，发展素质教育，推进教育公平，培养德智体美全面发展的社会主义建设者和接班人”；要求“加快一流大学和一流学科建设，实现高等教育内涵式发展”等。这些重要论述为高校分析研判所处方位、找准发展目标提供了基本遵循。作为煤炭高校，在确立办学定位的过程中还要把握“四个依据”：第一，依据高等教育发展新趋势。现阶段我国高等教育的主要任务是提高质量，建设一批在不同层次、不同领域有特色、高水平的高等学校，实现我国从高等教育大国到高等教育强国的历史性跨

① 本文原载《煤炭高等教育》2017年第6期，作者简介：邹友峰（1964—　），男，河南理工大学党委书记，教授，博士，博士生导师（河南焦作 454000）；杨小林，（1963—　），男，河南理工大学校长，党委副书记，教授，博士，博士生导师。

越。煤炭高校必须顺应高等教育发展趋势，办出水平和特色，争创一流。第二，依据能源技术革命新战略。化石能源（特别是煤炭）在中国的主体能源地位短期内难以改变，推进煤炭高效清洁开采与利用，加快煤层气（页岩气）等非常规天然气低成本规模化开发，需要大量高素质人才和核心关键技术支撑与保障。煤炭高校要担当服务行业科技创新和转型升级的时代使命，助推创新驱动发展等国家发展战略实施，建设服务煤炭行业的特色高水平大学。第三，依据区域经济社会新需求。党的十九大提出加快建设创新型国家，并对科技强国、质量强国、航天强国、网络强国、交通强国、数字中国建设等做出了战略安排，全国各省市区结合实际，也都提出了本区域的发展规划。煤炭高校要紧紧围绕区域发展战略，以服务求支持，以贡献求发展，不断提高对区域经济社会发展的贡献度。第四，依据人民群众新期待。随着时代发展，人民群众对于教育的需求从“有数量”到“有质量”、从“有学上”到“上好学”的变化日趋明显，人民日益增长的对教育的美好需要和不平衡不充分的发展之间的矛盾日益突出。煤炭高校大都办学时间较长、历史积淀较为深厚，建设特色高水平大学，也是广大人民群众对煤炭高校的殷切期盼。

2. 根据学校的发展现状和潜力，明确办学定位

河南理工大学作为河南省建立最早的高等学校、原煤炭工业部直属院校，历经108年的艰苦创业、尤其是新世纪以来的强劲发展，在人才培养、科学研究、社会服务和文化传承创新等方面取得显著成效，已初步形成特色鲜明的人才培养模式和安全、地矿学科品牌，主要发展指标居于河南省属高校前列。新的历史时期，学校在深入分析自身面临的发展形势与所处的历史方位，主动对接国家战略、区域和行业重大需求的基础上，进一步明确了办学定位。第一，明确了建设“国内一流特色高水平大学”的办学定位。即巩固地矿学科专业群优势，强化工程学科专业群特色，着力建设引领行业与区域发展的一流学科和一流本科教育，全力服务国家安全生产、能源工业发展和区域经济社会发展。近期（到2035年，即学校建校125周年前后）着眼于建设面向行业和地方的特色高水平大学；远期（到2049年，即学校建校140周年前后）则致力于建设国内一流特色高水平大学。第二，明确了“以本科教育为主，大力发展研究生教育，促进多层次办学健康发展”的办学层次定位。学校目前有在读博士、硕士研究生3600余人，全日制本科生33000余人，外国留学生200余人，未来一个时期，将继续强化本科教育，稳定本科生规模。同时，大力发展研究生教育，根据社会需求调整优化不同类型办学布局，促进多层次办学健康发展。第三，明确了“全力服务国家安全生产、能源工业和区域经济社会发展”的服务面向定位。学校因煤而建、依矿而兴，已为煤炭行业输送了20余万名各级各类人才，为煤炭工业现代化和科技进步做出了重要贡献。新的历史时期，学校将保持战略定力，坚持办学特色，发挥传统优势，继续坚定不移地服务国家安全生产和能源工业发展；同时扎根焦作、

立足河南、放眼全国，积极融入区域经济发展主战场，主动对接河南“三区一群”等国家战略实施和经济社会发展新需求，为区域经济社会发展提供有力的人才支撑和智力支持。

3. 围绕培养担当民族复兴大任的时代新人，确定人才培养目标

党的十九大报告指出，“人才是实现民族振兴、赢得国际竞争主动的战略资源”，要求“培养担当民族复兴大任的时代新人……培养造就一大批具有国际水平的战略科技人才、科技领军人才、青年科技人才和高水平创新团队……加快建设人才强国”。人才培养是高校的核心职能，人才培养质量是衡量高校办学水平最重要的标准。学校根据办学定位、办学特色和服务面向，确定了“培养具有社会责任感、健全人格，扎实基础、宽阔视野，创新精神、实践能力的高素质应用型人才”的人才培养总目标。其中，社会责任感是基于“立德树人”的根本任务而提出，健全人格是基于学生“综合素质”培养要求而提出，这两者主要体现对于学生的德育、体育、美育的培养要求；扎实基础是基于学生“综合知识结构及专业能力”培养要求而提出，宽阔视野是基于对人才“知识、能力、素质”协调发展培养要求而提出，这两者主要体现对于学生智育和国际视野的培养要求；创新精神是基于学生“创新创业能力”培养要求而提出，实践能力是基于学生“综合应用能力”培养要求而提出，这两者主要体现对于学生思维和解决复杂问题能力的培养要求。以上三个方面有机结合、相互融合，共同体现了对于学校“高素质”应用型人才培养目标的基本要求。同时，学校各专业在确立专业培养目标时，在遵循学校办学定位及人才培养总目标的前提下，可结合各自专业的办学优势、资源条件，国家、社会需求以及学生发展等，分类分层制定各自的课程体系、教学大纲、实践教学环节、教学质量保障体系等，以满足学生个性化发展需求。

二、坚持内涵式发展，着力提高人才培养质量

进入新时代，高等教育面临更加注重提高质量和调整结构的内涵式发展需求。其中，提高人才培养质量是内涵式发展的核心之所在。学校始终把育人质量摆在突出位置，不断强化人才培养中心地位和本科教学基础地位，凝练形成具有学校传统与特色、立体式的本科教学工作体系，建成国家级本科教学工程项目56项、省级本科教学工程项目112项，促进了人才培养目标的有效达成。

1. 以深化改革为抓手，提升质量强教学

学校将提高本科教学质量作为办学生命线常抓不懈，在巩固已有教育教学改革成果基础上，深化综合改革，构建“德育为先、能力为重、知识为基”的“三位一体”教育模式，大力推动各类优质教学资源向人才培养和教育教学集聚和转化，强化本科教学中心地位；《本科教学改革实施方案》，深入开展教学内容、方

式和手段改革，充分发挥教师的主导作用和学生的主体作用，着力提升人才培养质量，为全面推进国内一流特色高水平大学建设夯实基础和提供保障。第一，坚持“三个对接”。坚持人才培养对接社会需求。深入推进卓越工程师“3＋1”校企联合培养、大类招生分流培养、中外合作联合培养、本科衔接研究生分段培养、紧缺人才和第二学位“订单式”培养、创新人才实验班培养改革等，不断创新人才培养模式。坚持专业建设对接产业发展。注重优化主体专业结构，构建与产业高度契合的主体专业链，不断深化产学研合作协同育人，实现专业设置、人才培养目标与产业发展的有效对接。坚持课程教学对接能力培养。以学习成效为导向，积极开展课程改革，明确课程质量标准，注重学生知识应用能力和实践创新能力的培养，促进课程教学过程有效支撑毕业要求和培养目标的达成。第二，坚持“三个促进”。以师资建设促进学生发展。构建了“动力塔”式发展性教师激励机制和“多元驱动”发展性学生成长激励机制，以教师的职业能力提升和专业发展促进学生的全面发展。以教学管理促进质量提升。构建了全面涵盖教学管理、教学改革与教学建设各要素，并有机融合理论教学、实践教学和质量监控“三维立体”式的本科教学工作体系，有效保障本科教学质量的持续提升。以第二课堂促进素质培养，指导成立思想政治类、学术科技类、创新创业类等各类学生社团 74 个，推行第二课堂成绩单制度，通过将第二课堂活动纳入学生综合评定、实行学分互换等方式，促进了学生综合素质的全面提升。在中国高等教育学会 2017 年发布的《中国高校创新人才培养暨学科竞赛评估结果》中，河南理工大学居全国普通高校竞赛评估结果第 111 位，河南高校第 2 位、煤炭高校第 3 位。

2. 以特色发展为引领，优化结构带教学

学校积极对接行业和区域经济结构战略性调整及产业转型升级需要，立足行业、区域、人才等“三个需求”，加快传统优势学科专业转型升级和战略性新兴产业学科专业建设，促进学科专业结构优化调整，逐步形成了工科优势突出，安全、地矿学科特色鲜明，理学、经管、人文等多学科协调发展的专业办学格局，人才培养质量不断提升。第一，立足行业需求，以学科建设带动特色专业提升。立足煤炭工业转型升级重大需求，依托安全、测绘等省级优势特色学科和矿业工程、地质工程、机械工程等省级重点学科群及其平台，主动适应煤炭行业转型升级新常态，充分利用优势特色专业的丰富资源，积极探索专业升级改造，不断促进学科的交叉融合；积极开展“新工科”建设研究与实践，加强安全、采矿、测绘等优势特色学科对其他学科的带动和引领作用，培育新的学科增长点，拓展学校传统学科专业发展空间。第二，立足区域需求，以专业整合提高人才社会适应度。依据区域经济结构调整战略需求，充分发挥学科与专业的相互支撑功能，按学科专业大类调整专业归属，使各学院的学科建设、人才培养及服务面向等更加明确，形成集中度较高的专业群，促进全校人才培养质量不断提升。以“专业综合改革试点”“卓越计划”“工程教育专业认证”“特色专业提升计划”“新工科建设”为抓手，围绕“煤炭绿色安全生产和非常规天然气开发”“煤化工和煤炭清洁高效利用”“高端装备制造和人工智能”“空间信息技术”“先进材料和节能环保”“交通运输和城镇化建设”“电子商务和物联网应用”“新经济和管理”“优秀传统文化传承”等方向，重点打造9个特色专业群。通过特色专业的示范和引领作用，实现学科专业之间相互支撑、渗透、融合，全面带动学校专业建设水平的整体提升。第三，立足人才需求，以建立预警退出机制优化专业结构。对接行业和经济社会发展需求，构建专业人才需求监测预警系统和本科专业评估预警机制，建立学科专业动态调整机制。提升发展传统优势特色学科专业，大力发展“互联网+”“新能源”“中国制造2025”等战略性新兴产业等相关学科，适度调整或撤销学科基础薄弱、社会需求饱和的专业，促进学科专业布局不断优化，全面服务社会发展对专业人才的需求。

近几年来，学校增设了物联网工程、能源化学工程、城市地下空间工程、轨道交通信号与控制等专业，主动申请撤销了服装与服饰设计、产品设计、理论与应用力学等专业，学科专业布局不断优化。

3. 以科技创新为支撑，科教协同促教学

学校坚持科教协同育人，将科学研究和社会服务中的科学思维、方法与最新成果融入教学，拓展教学的深度与广度，创新教学技术与手段，对教学工作起到了积极的促进作用。第一，将科研成果转化成为教学内容。科研成果揭示了客观事物的本质及规律，一旦转化为教学内容，不仅能够促进教学内容的更新，而且能够把教学内容推向学科前沿，对于提高人才培养质量具有重要作用。例如，学校经过几代学子的努力，首创瓦斯地质理论，编写出版第一部瓦斯地质教材“瓦斯地质概论”，并在地质工程、安全工程专业率先开课，深受学生喜爱。该教学改革成果《瓦斯地质学科的创立与课程建设》获得国家优秀教学成果“二等奖”。课题组主要成员张子戌教授被评为“国家级教学名师”。同时，安全系统工程在煤矿中的应用、矿山重大危险源辨识与评价技术等多项研究成果也已编入教材，进入课堂；“多功能通风安全实验装置”“矿山通风安全仿真实验系统”等研发设备已成为通用的教学和培训实验设备并在全国推广。第二，以科研平台支撑专业建设。学校建有科技部、教育部、发展改革委、安监总局、国土资源部、测绘局、体育总局等国家级、省部级重点实验室、工程中心等科研平台57个，有力支撑了学科专业的发展与教学平台建设。例如，安全学院以“瓦斯地质与瓦斯治理”国家重点实验室培育基地、煤矿灾害预防与抢险救灾教育部工程中心等一批国家级、省部级科研平台为依托，建成“安全工程”国家级特色专业和综合改革试点专业，安全工程实验中心获准建设国家级实验教学示范中心，安全工程专业教学团队获国家级教学团队等。第三，以科研项目提升学生创新创业能力。学校近年来有数千名学生参加“大学生创新创业训练计划”和“‘步步高’大学生科技攀登计划”等科技创新与创业项目，其选题大都来源于教师的科研项目并由教师指导开展。此外，工科类专业超过30%的学生，毕业设计和毕业论文选题来源于教师的科研课题。第四，以科研合作促进产学研协同育人基地建设。注重以产学研协同育人实现产业发展和人才培养的紧密对接，破解人才培养脱离实际的瓶颈问题，并以煤炭安全生产、中原经济区煤层（页岩）气省级协同创新中心为载体，与中国平煤神马集团、河南能源化工集团、山西潞安矿业集团等大型企业合作建立了稳固的产学研用实训实践教学基地，通过校企合作提升人才培养的质量。

三、发挥文化的育人功能，引领提升育人品格

习近平总书记在全国高校思想政治工作会议上指出：“要更加注重以文化人、以文育人，广泛开展文明校园创建，开展形式多样、健康向上、格调高雅的校园文化活动。”健康向上的校园文化，能够丰盈学生的精神世界，潜移默化地影响学生正确人生观、价值观的形成。学校坚持实施“文化兴校”战略，在文化育人方面开展了积极探索，收到了良好成效。

1. 以独特大学精神塑造学生文化品格，大学育人重在精神塑造

高校在长期办学历程中形成的各具特色的大学精神，对于学生精神塑造和文化品格养成具有重要作用。高度重视用大学精神滋养学生心灵、涵育学生品行，将学校价值追求深深融入学生的精神血脉。第一，传承发扬办学精神。河南理工大学建校108年来，新中国成立前颠沛流离、饱受磨难，新中国成立后扎根欠发达地区（非中心城市）、面向能源艰苦行业办学，经历百年沧桑，熔铸形成了“自强不息、奋发向上”的办学精神，为学校发展注入了坚强的生命底蕴。进入21世纪以来，学校大力传承发扬这一办学精神，不仅使其成为支撑、引领和推动学校教师潜心学术、教书育人的精神动力，而且成为熏陶感染学生励志成才、报效祖国、服务人民的文化内核，在学生养成健全人格、坚强毅力和强烈社会责任感方面发挥了重要作用。自2007年团中央、全国学联开展寻访大学生自强之星活动以来，学校先后有11名学生当选“中国大学生自强之星”或获得提名奖，彰显了“自强不息、奋发向上”办学精神的薪火传承与生生不息。第二，凝练核心价值理念。系统梳理总结百年办学传统，提炼和升华学校教育思想、办学理念等精神内核，熔铸形成以社会主义核心价值体系为根本，以“自强不息，奋发向上”办学精神、“育人为本，崇尚学术”办学理念、“明德任责”校训、“好学力行”校风、“勤奋务实，爱国爱校”办学传统、“严慈严谨严格”教风、“勤勉求是”学风等为支撑的学校核心价值理念，通过持续深化教育和弘扬传承，已成为凝聚师生的价值标准和历届校友独特的文化基因。第三，加强校史校情教育。建成了总面积1200m^{2}的校史馆，出版了《河南理工大学史》《河南理工大学历史文

化概览》等校史著述，再现了百年理工兴学育人、强校报国的奋斗发展史。通过校庆纪念日、开学典礼、“树人讲堂”等开展校史校情教育，传承了学校精神文脉，激发了广大学生的爱校、兴校、荣校之情。

2. 以特色文化品牌增强文化育人实效

学校坚持立德树人根本任务，围绕学生、关照学生、服务学生，积极探索新形势下文化育人的方法途径，打造特色文化品牌，文化育人的针对性、实效性和吸引力、感染力不断增强。第一，实施校级领导干部与学生座谈制度。学校于2005年建立并实施校处级领导干部与学生座谈制度，至今已开展8000多场次，参与学生累计20多万人次。通过与学生小范围、面对面座谈交流的“笨办法”，实现了“把思想政治工作做到学生心坎上”的目标。这一制度和运行成果得到了教育部的认可，并不断在全国部分高校应用推广。第二，举办创意啦啦舞大赛。2012年，学校在学习借鉴台湾铭传大学经验的基础上，创办了创意啦啦舞大赛，每年针对大一新生举行。大赛融创意、舞蹈、体操、音乐、艺术、绘画等多种元素为一体，致力于提升学生的团队意识、创新能力与文化艺术情操，每届吸引7000多名学生参加，发挥了独特的文化育人功能，获全国高校校园文化建设优秀成果优秀奖。第三，创办流动“道德讲堂”。为弘扬中华民族优秀传统美德，大力培育和践行社会主义核心价值观，学校2014年创办了道德讲堂，目前已举办50余场。通过精心设计“做自省、学模范、讲故事、诵经典、谈感受、唱歌曲”等流程，以师生喜闻乐见的方式讲述道德故事、弘扬道德精神、培育道德风尚。荣获河南省高校“礼敬中华优秀传统文化”优秀成果“一等奖”。第四，创新主题升国旗仪式。学校在长期坚持每周开展升国旗仪式的基础上，创新内容和形式，利用建党、国庆、中秋等重大节庆和纪念日，每次围绕一个主题，通过讲、演、诵、唱、舞等多种方式，弘扬爱国之情，培育民族精神。这一活动自2016年下半年至今已举办30余场，丰富了仪式内涵、提升了育人效果，弘扬了爱国主义精神和中华优秀文化传统，获河南省高校“礼敬中华优秀传统文化”优秀成果“一等奖”。

综上所述，面对十九大关于经济社会发展的新部署新要求，面对高等教育改革发展的新形势新任务，煤炭高校既要坚守行业服务面向、强化优势特色，又要优化学科专业结构、加快转型升级，探索符合实际的内涵式发展道路，培养高素质的应用型人才，服务好能源行业和区域经济社会发展，为中华民族伟大复兴做出行业院校的独特贡献。

上海应用技术大学：扎实推进高水平地方应用型高校高质量特色发展①

上海应用技术大学经过60余年的风雨兼程和历史积淀，始终坚持以“应用技术”为本，每一步发展都与国家工业化步伐密切相连，并始终致力于服务国家和上海经济社会发展战略。学校秉承经世致用之传统、弘扬厚德精技之精神、坚守兴学育才之使命，凭良好声誉吸引学生，靠优质资源培养学生，用先进理念影响学生，成就了无数个优秀学子的人生新起点。

一、学校概况

上海应用技术学院，是全国最早以“应用技术”命名的市属公办普通本科高校。学校先后入选“教育部卓越工程师教育培养计划”、全国100所应用型示范本科高校建设单位、上海市首批深化创新创业教育改革示范高校、硕士学位授权单位。2016年经由教育部批准，更名为“上海应用技术大学”，2017年起成为博士学位授权立项建设单位，2018年成为首批上海高水平地方应用型高校重点建设单位，2019年获批“上海高校课程思政整体改革领航高校”，是一所以应用型学科支撑、技术创新导向，工科为主、经管文理多学科协调发展，特色鲜明的应用技术大学。学校连续九次获得上海市“文明单位”称号。学校在上海高校分类评价工作中连续两年位列“应用技术型”第一。

学校确立了以师生发展为中心，以应用型学科专业建设和技术创新为龙头，以高水平师资队伍建设为抓手，以成果、特色、品牌为落脚点，以国际化开放办学和政产学研协同创新为路途的发展思路。学校“十三五”事业发展规划提出“三阶段”发展目标：第一步，到“十三五”末，学校综合办学实力在上海应用技术型高校中名列前茅，在全国100所试点应用型高校中位列前列；第二步，到2030年，学校综合办学实力进入全国一流应用型大学行列，初步建成一所具有一定国际影响力的高水平应用技术大学；第三步，到21世纪中叶，学校整体实力稳定在全国一流应用型大学的前列，建成一所具有国际影响力的高水平应用技术大学。

---

① 上海应用技术大学校长办公室供稿。

二、发展基础

学校有奉贤校区和徐汇校区两个校区，占地面积1428亩。全日制在校生18164人，其中高职生541人，本科生15791人，研究生1715人。拥有教学科研仪器设备总值5.96亿元；图书馆纸质藏书171.11万册，电子图书88.93万册。学校现有本科专业51个，一级学科硕士学位点7个、专业学位硕士点5个；建有国家级实验教学示范中心、国家级特色专业、国家级专业综合改革试点项目、教育部卓越工程师计划试点专业6个和上海市应用型本科试点专业11个。近三届作为第一完成单位共获得27项市级以上教学成果奖，2018年获国家级教学成果一等奖1项（参与单位）；获上海市教学成果奖12项，其中《中国顶级香精技术人才培养体系的创建与实践》获特等奖。获得2019年度上海市级虚拟仿真实验教学项目1项。

学校化学工程专业学位领域被列为教育部“卓越计划”试点。建有国家级平台3个，省部级平台10个，上海市重点学科6个，其中3个学科分别入选上海市Ⅳ类高峰学科和Ⅱ类高原学科。2017年全国第四轮学科评估结果，学校的化学工程与技术学科为B^-，位列该学科一级硕士学位点单位前列；2019年ESI数据公布结果，学校的化学学科排名首次进入ESI全球前1%。

学校现有教职工1633人，其中专任教师1156人；具有高级专业技术职务的教师543人，占专任教师总数的46.97%；具有行业企业工作经历或实践经验的“双师双能型”教师365人，占专任教师总数的31.57%；具有博士学位的教师621名，占专任教师总数的53.72%。

学校近五年共获国家重点研发计划、国家自然科学基金、国家社会科学基金等国家级项目120余项，省部级项目180余项，获省部级科技成果奖47项，其中国家科学技术进步奖二等奖1项；与江苏、浙江、山东、山西、云南、贵州、新疆等省市的30多个城市保持了密切的合作关系，建立了多个产学研工作站或者技术转移中心；与欧洲、美洲、亚洲、大洋洲、非洲以及港澳台等20多个国家（地区）的116所高校和科研机构建立了交流合作关系。

三、发展举措与成效

学校根据上海高水平地方应用型高校建设要求，以“多科性、应用技术型大学”作为办学类型定位，按照“整体设计、分步实施、动态管理、项目推进”的原则，以高水平应用创新型人才培养为中心，以应用型学科建设为支撑，以“学术型”和“双师型”师资队伍建设并重及国际化为抓手，以产教融合、协同创新为路径，以体制机制改革创新为活力，“智能并进，追求卓越”，不断加速提升学校整体实力与核心竞争力，努力成为应用技术型高校的排头兵和领头羊，建设具有国际影响力的高水平应用技术大学。

（一）打造“金课”，领航应用型高校课程思政教育教学改革

学校通过思政教师、专业课教师及社会资源聚合，形成适合学校专业特色的“育人共同体”，实现教科书上理论与中国技术发展现实的有机结合，思政教育真正全方位地立体“着陆”，受到学生高度认可和媒体广泛关注。2018 年，光明日报等主流媒体报道 70 余次，两项目获得上海市教学成果一等奖、国家教学成果一等奖（参与单位）。学校加强顶层设计，把应用型人才思政核心素养和未来工程师 ASciT（爱科技）9 大关键能力要求融入教学大纲之中；创设并推广 4S 教学法；编制课程思政教学指南 1.0，形成完备的课程思政建设体制；2019 年学生首次荣获上海市大学生年度人物称号。

（二）专业建设不断加强，应用创新型人才培养质量显著提升

持续推进“工程教育认证”“一流本科建设”“金课建设”，强化本科教学激励计划落地落实。食品科学与工程专业正式通过 IFT 认证。3 个专业申请 2020 年专业认证被受理。推荐申报国家级一流专业 9 个。申报新专业 3 个，校企合作共同设立产业学院。学校研制了以“双证融通”为核心的人才培养方案，构建了符合应用型人才培养的课程体系，建立了多个国家级、上海市实验教学示范中心并构建了科学的教学质量保障体系。在中国大学 MOOC 平台正式开课 6 门，建成 VR 虚拟交互教育创新中心，同步建设 VR 虚拟仿真实验 6 门和 VR 虚拟仿真教学改革课程 7 门。2019 届毕业生总就业率 99.45%，全校整体签约率 92.21%，较全市平均签约率高出近 10 个百分点。

（三）师资建设不断加强，师资结构显著优化

学校加大高水平“双师型”教师引进力度，对有优良企业工作背景的高层次技术和管理人才引进实施政策倾斜，从巴斯夫、中科院宁波工研院先进制造所等引进多名“双师型”教师；大力推进“双师型”教师的培育培养，实施教师发展六大新工程，鼓励教师参加各类产学研习活动。加强引进高层次人才，制定政策文件，将高层次人才引进培育作为学院考核的重要指标。坚持加强师德师风建设，不断提高教师育德能力和育德意识。2019 年，学校引进专任教师 115 人。积极开展海外引智计划，新增 6 名海外名师和 3 个高端海外人才引智项目。首次实施教师海外研修项目、建成 8 家“双师型”教师培养基地。入选百千万人才工程国家级人才 1 人，获“全国优秀教师”称号 1 人，享受国务院政府津贴 1 人，上海市领军人才 2 人，上海市教书育人楷模（提名）1 人，上海市育才奖 7 人。

（四）学科布局不断优化，支撑行业发展能力显著提高

对接“美丽健康”产业，打造香料香精化妆品与绿色化工学科专业群，2018年获批教育部香精香料及化妆品工程研究中心，成立国际化妆品学院、中欧香料香精及化妆品技术创新中心。对接“上海制造”品牌建设，打造功能材料和智能制造学科专业群，国家半导体照明应用系统工程技术中心（与上海科学院合作共建）获得上海市技术发明奖二等奖、中国产学研合作创新成果奖一等奖等奖项。对接“上海文化”品牌建设，化妆品品牌战略研究中心获批上海市文教结合海上瓷创新与实践大师工作室，“面向东方美谷美丽健康产业文创人才的培养模式”获批上海市产教融合项目，东方美谷化妆品品牌建设综合服务平台获上海市促进文化创意发展财政扶持资金支持。

（五）技术创新力度不断加强，社会服务能力显著增强

学校坚持“办学定位服务地方、人才培养面向地方、科学研究围绕地方、文化传承引领地方”原则。2019年科研经费1.22亿元，同比增长20%。全校共获批国家级、省部级等纵向科研项目160项、国家级项目12项。获批上海市教委智库《美丽中国与生态文明研究院》，实现零的突破。学校横向经费持续增长，与各企业签订横向合同近500项，标的额近1亿元。2019年学校共获各类省部级科技成果奖21项，2019年专利申请量超过750件，位居全市所有高校第六名；2019年度《联盟计划-难题招标》项目获批60项，连续9年居于全市高校首位。学校多途径推动技术成果转移转化，举办首届长三角产学研深度融合创新论坛暨长三角高校技术转移联盟成立大会。已建立了30多个技术转移基地，并通过创建和推动各类协同创新平台、实体化中心建设，有力推进了学校与各界的深度融合与协同合作，持续提升技术创新和成果转化能力。

四、未来展望

上海应用技术大学的未来，承载着我国应用创新型高等教育的未来，肩负着培养高素质应用创新型人才的时代使命。学校将始终坚持“技术导向、人才为本”的办学特色，培养具有创新精神和国际视野、实践能力强、以一线卓越工程师为主的高素质应用创新型人才。坚持“协同创新、产学研用”的科技创新思路，打造“分类发展、人人出彩”的高水平师资队伍。坚持“特色引领、整体发展”的学科建设格局，紧密围绕国家、上海和长三角经济社会发展重大需求，对接上海美丽健康产业、“上海制造”和“上海文化”的品牌建设等重点任务，重点打造香料香精化妆品与绿色化工、功能新材料与智能制造、设计与文创三大学科专业群，引领美丽健康产业（都市产业），对接先进制造产业，服务文化产业。

具体目标包括：建成10～15个特色优势一流本科专业，20%～30%的工科专业通过工程教育认证；通过跨国（境）、跨校（所）、跨学科的跨界培养卓越而有灵魂的一流应用创新型研究生；打造一批高层次的教师研习培训基地，“双师型”教师占专任教师比率达50%以上，重点引进包括行业精英在内的高端人才；着重打造香料香精化妆品和绿色化工等三大学科专业群，依托优势学科专业群建立国家、地方工程技术研究中心等平台，打造10个左右技术创新团队，力争获得博士点授权单位，提升学科在行业内的引领、支撑和服务能力；提升承担重大技术开发项目，解决行业企业关键技术的实力，5年内百万以上项目数实现翻番，实现1000万项目较大突破；拓展开放办学模式，整合社会力量和国际资源协同育人，与国际知名高校、行业知名企业等共建国际学院、产业学院；构建互联网环境下的人才培养模式、校企产学研合作模式、校园服务和治理模式等智慧校园。

中原工学院：发挥行业特色大学优势促进产业结构优化升级

崔世忠　王宗敏①

党的十九大在政治上、理论上、实践上取得了一系列重大成果，就新时代坚持和发展中国特色社会主义的一系列重大理论和实践问题阐明了大政方针，就推进党和国家各方面工作制定了战略部署，是我们党在新时代开启新征程、续写新篇章的政治宣言和行动纲领。学习宣传贯彻十九大精神，是我们当前和今后一个时期的首要政治任务。作为行业特色大学，学习贯彻十九大精神必须在学懂弄通做实上下功夫，要同贯彻习近平总书记调研指导河南工作时的重要讲话精神结合起来，同落实省第十次党代会要求结合起来，同解决河南省经济社会发展中不平衡不充分问题结合起来，要进一步发挥学科特色优势，围绕加快转变经济发展方式和提高经济整体素质及竞争力，打好“产业结构优化升级牌”，拿出实实在在的举措，在新的起点上为决胜全面建成小康社会、建设富强民主文明和谐美丽的社会主义现代化强省添柴加薪。

一、产业结构优化升级、教育供给侧结构性改革，使我省高等教育面临新挑战

十九大报告提出：“我国经济已由高速增长阶段转向高质量发展阶段，正处在转变发展方式、优化经济结构、转换增长动力的攻关期，建设现代化经济体系是跨越关口的迫切要求和我国发展的战略目标。”2017 年 12 月 20 日闭幕的中央经济工作会议，首提习近平新时代中国特色社会主义思想强调要贯彻“创新、协调、绿色、开放、共享的新发展理念，以供给侧结构性改革为主线”发展经济。中共河南省委十届四次全会通过的《关于深入学习贯彻党的十九大精神决胜全面建成小康社会开启新时代河南全面建设社会主义现代化新征程的意见》（以下简称《意见》）更明确提出要“持续打好‘四张牌’，加快建设现代化经济体系”。

省委书记谢伏瞻在学习贯彻党的十九大精神专题研讨班暨市厅级主要领导干部党的十九大精神轮训班讲话重点指出：全省现代化经济体系建设的主攻方向就

---

① 崔世忠、王宗敏系中原工学院党委书记、院长。

是以发展优势产业为主导推进产业结构优化升级。当前，美国大力推进“再工业化”、德国着力实施“工业 4.0 战略”、我国推出“中国制造 2025”，均是产业结构优化升级在经济建设中发挥关键作用的例证。鉴于此，这“四张牌”中的第一张“产业结构优化升级牌”打得如何，就关乎我省供给侧结构性改革的成败，关系到我省现代化经济体系能否顺利建立。

当前，河南省的产业结构优化升级仍旧存在经济增长方式粗放、产业层次偏低、环境污染严重、质量效益不高等突出问题。通过加快产业结构优化升级，进一步推动经济发展方式转变和新旧发展动力转换，非常紧迫，刻不容缓。对此，省委十届四次全会通过的《意见》指出，要“以重点产业转型突破引领带动产业迈向中高端，实现高质量发展”；要“支持传统产业优化升级，培育新增长点、形成新动能”。

“重点产业转型突破”和“传统产业优化升级”均需要大量的人才支撑和创新的科技支撑，这就对我省高等教育下一步的改革发展指明了方向，提出了具体的任务。这就要求我省高校要进一步深化体制机制改革，重视改革的系统设计和整体安排，加快重要领域和关键环节改革步伐，以改革推动发展，以改革提高质量，以改革增强活力，不断消除制约人才培养和科技创新的体制机制障碍。

改革开放以来，河南省高等教育快速发展，全省高等教育总规模 187.47 万人，高等教育毛入学率 38.80%。全省研究生培养单位 27 处；普通高等学校 134 所。高等教育为我省经济社会发展做出了巨大的贡献。但面对加快推进教育现代化和经济体系现代化建设的需求，我省高等教育结构不合理的矛盾凸显，主要表现在培养理论型、学术型人才的学校比较多，培养技术型、技能型人才的学校比较少；贪大求全、综合性发展的学校比较多，引领行业创新，学科特色突出的学校比较少，学校同质化的现象比较严重。在此背景下，对促进特定产业结构优化升级、推动教育供给侧结构性改革两方面都具有重要意义的行业特色型大学的作用发挥就显得至关重要。

二、支撑作用日益凸显，办学定位更加明确，行业特色型大学迎来新机遇

1950 年召开的全国高等教育会议提出：“高等学校实行适当的专门化。”据此，以行业为依托、围绕行业需求，建立起大批行业性的大学或学院。这些院校大多隶属于国家行业部委，行业背景显著、学科特色突出。河南省内此类院校就有郑州工业大学（原隶属于化工部，后合并组建新的郑州大学）、河南科技大学（原隶属于机械工业部）、河南理工大学（原隶属于煤炭工业部）、华北水利水电大学（原隶属于水利部）、郑州轻工业学院（原隶属于轻工业部）、中原工学院（原隶属于纺织工业部）、郑州航空工业管理学院（原隶属于航空工业部）等。这类大学在 20 世纪末整体划归河南省管理。

(一)行业特色型大学是我省经济社会发展的重要支撑

行业特色型大学是在特定历史时期建立和发展的一类大学，具有显著的行业背景、专业的人才培养模式、相对集中的学科分布等独特办学特征。行业特色型大学为国家和地方的经济建设和社会发展做出过卓越的贡献：第一个五年计划156项重点建设项目能如期完成，第一批行业特色型院校的人才输送功不可没；“两弹一星”的实现，除了留学归国专家外，大部分专门人才也是行业特色型院校所培养；20世纪60年代的“三线建设”，绝大部分人毕业于行业特色型院校。行业特色型大学历来是我国高等教育的一支重要力量，在高等教育体系中占有重要位置，在高等教育领域具有非常重要的影响。大批行业特色型大学划归河南省管理后，构成了河南省高等教育的主力方阵，为河南省经济社会发展发挥了极为重要的作用。

(二)美英德三所行业特色型大学通过校地协同实现共赢发展

美国卡内基梅隆大学是促进地方转型发展和行业升级改造的典范。卡内基梅隆大学所在的匹兹堡市因钢铁而兴，并闻名于世。卡内基梅隆大学十分注重与当地实体产业的密切合作，通过拓展研究领域，进军新兴产业，引领产业发展，推动当地就业，成为推动匹兹堡经济复苏的重要力量。

1965年才创办的沃里克大学，近年始终处于英国10所最佳大学之列，走出了短时间跻身一流大学的成功之路。沃里克大学在创建初期就确定了“既满足时代需求，又以学科发展为中心”的办学理念。“适应时代需要”就是适应考文垂地区工商业发展的需要；“以学科为中心”就是在发展优势学科的基础上推动产业发展。近年来，沃里克大学设立英国汽车创新中心，与政府合作致力于提供清洁高效的交通动力系统，为地方经济发展做出了积极贡献。

从建校之初的一所综合技术学校发展成为蜚声国际的世界顶尖大学，慕尼黑工业大学被誉为德国大学的标志，是“柴油机之父”狄塞尔、“制冷机之父”林德和“流体力学之父”普朗特等世界著名科学家的母校。在100多年的办学历史中，慕尼黑工业大学始终瞄准德国产业发展的前沿，致力于产学研协同合作，在推动德国制造成为世界一流的过程中，也铸就了自身成为世界一流大学的辉煌。

(三)在决胜全面建成小康社会开启新时代河南全面建设社会主义现代化新征程中，我省行业特色型大学新的方向定位

行业特色型大学的办学应当瞄准产业结构优化升级的大方向，特别是为“重点产业转型突破”和“传统产业优化升级”提供专业人才支撑和科技创新支撑。行业特色型大学应当综合考虑我省产业发展实际、自然资源实际、历史人文实际，深入研究行业发展特点、产业布局特征和技术发展方向，依托本校行业背

景、学科特色和科研能力，找准自身在服务河南省经济社会发展中的着眼点和立足点，让学校的人才培养、科学研究与我省相关行业产业的转型突破和优化升级需求相一致，实现专业设置、学科建设和行业需求、产业发展的高度契合。我省的行业特色型大学要积极参与解决行业发展和产业升级中遇到的关键技术难题，搭建行业和地方协同创新平台，使企业产出高水平产品，学校展示高学科水平，政府收获高社会效益，实现行业、学校和政府三方共赢。

三、加强协同创新，深化产教融合，行业特色型大学发展走出新路子

河南是纺织服装业大省，郑州市曾是著名的纺织城。近年来，河南纺织服装产业规模不断壮大，涌现出一批旗舰企业和名牌产品。我省现有的180个产业集聚区中，近三分之一以纺织为主导产业。2016年，河南省纺织服装产业总产值达3600亿元，约占河南省GDP的10%。但与纺织服装产业总产值超万亿元，占全省GDP20%以上的江苏省、浙江省相比，河南省的纺织服装产业还存在高端化、智能化、融合化不够，科技创新能力不强，高附加值产品和知名企业不多等诸多不足。这些问题已经制约了纺织服装产业的进一步发展。作为纺织服装行业的特色大学，中原工学院结合专业优势和学科特色，积极思考自身在改造提升传统产业中的作用，凝练出“一体两翼三条道路”的办学理念。“一体”是服务“河南区域经济社会发展”这个根本；“两翼”是构筑“纺织服装”和“航空技术”两个特色学科牵引平台；“三条道路”就是通过走“特色发展之路”“协同创新之路”“交叉驱动之路”，推动相关产业结构优化升级，为建设先进制造业强省添砖加瓦。

（一）特色发展之路

特色是高校的生命和灵魂，对行业特色型大学尤甚。中原工学院遵循党的十九大提出的高等教育内涵式发展的要求，特色办学、特色兴校、特色强校，将着力建好以“纺织服装”优势学科为牵引的主干学科群和以“航空技术”为牵引的新兴学科群，在人才培养、科学研究、社会服务等方面为河南省相关行业和产业的发展注入不竭的动力和活力。

“纺织服装新材料及高端装备”特色学科群获“河南省优势特色学科建设工程一期A类建设学科”立项建设，纺织高端装备“高效能棉纺精梳关键技术”项目获国家科技进步二等奖。学校建设有河南省纺织服装产业协同创新中心，组建了纺织服装产业技术创新战略联盟，已成为省内纺织服装及相关学科领域的人才培养基地、科技研发基地和企业孵化基地。下一步，中原工学院“纺织服装”学科将根植河南纺织服装现有基础和产业优势，加强科技创新和管理创新，全方位地融入纺织服装全球产业价值链分工体系，推动河南省纺织服装产业再现辉煌。

中原工学院主动融入地方经济社会发展和国家重大战略需求。经过3年的申办，中原工学院与俄罗斯圣彼得堡国立宇航仪器制造大学合作创办的河南省第一所中外合作办学机构——中原彼得堡航空学院获得教育部批复，于2017年6月24日正式揭牌成立，徐济超副省长和张彦仲院士亲自为航空学院揭开“红盖头”。中原彼得堡航空学院以“国际化、高水平、有特色”为办学目标，依托俄方大学航空学科优势和中原工学院工科优势，围绕服务郑州航空港经济综合实验区建设和中俄大飞机合作项目，培养精通俄语、具有系统航空专业知识、卓越实践和创新能力的高级应用型人才。首届3个专业的学生已入校学习。未来，中原工学院将积极推进“中原彼得堡航空智能仪器与复合材料协同创新中心”的建设，整体引进俄罗斯院士级科研团队，致力于将航空学院打造成为人才培养的平台、技术创新的平台和智力引进的平台。

（二）协同创新之路

行业特色型大学具有深厚的行业背景以及学科、技术、人才方面的行业综合优势，与行业企业之间有着天然的联系和广阔的合作空间。下一步，中原工学院将深化产教融合、坚持协同创新，大力推进校校协同、校所协同、校企（行业）协同、校地协同、国际合作协同，努力形成人才培养、科学研究、学科建设、社会服务四位一体全面提高的局面。一是根据产业发展需要，构建专业人才需求预测、预警系统，完善就业反馈和第三方评价机制，让专业设置和人才需求紧密对接。二是深化产教融合，大力推进企业实习实践基地建设，提高学生动手能力，全面推广“双导师”制，聘请企业和行业人才担任本科生和研究生的校外导师，提高人才培养质量。三是充分利用行业背景优势，重点支持“河南省纺织服装产业协同创新中心”二期建设和八个校级协同创新中心建设，启动中原彼得堡航空智能仪器与复合材料协同创新中心建设，在行业共性关键技术研究、行业前瞻性技术攻关、行业技术标准制定、行业发展战略等方面开展协同创新，引领行业科技进步。四是实行年轻博士教师赴企业挂职一年的制度，促进年轻教师结合产业发展和行业需求，凝练科研方向，开展有针对性的科技创新，进而推动科技成果转化。五是加强学生综合素质培养，推动学生创新创业和科技创新企业孵化。2017年中原工学院大学科技园被认定为郑州市新能源新材料创新创业综合体公共服务平台和首批河南省双创基地。中原工学院众创空间被认定为省级众创空间。作为教育部认定的全国深化创新创业教育改革示范高校，2017年12月14日，中国高等教育学会发布《中国高校创新人才培养暨学科竞赛评估结果》本科高校前300名名单，中原工学院排全国第155位、河南第5位。

（三）交叉驱动之路

行业特色型大学必须瞄准产业优化升级和行业提升的综合需求，适应学科交叉深度发展趋势，走交叉驱动之路。面向未来，作为行业特色大学必须从明确交叉学科方向、汇聚交叉学科团队、加强交叉学科研究、培养交叉学科人才、构建交叉学科平台、理顺交叉学科内部机制六个方面制定政策，打破学科专业化壁垒，保障交叉学科创新优势的发挥，推动行业理论突破与技术创新，进而解决行业产业重大问题。同时，行业特色型大学还需要推动围绕本校本行业优势学科进行学科交叉重组，通过组建大团队、搭建大平台、产出大成果，培养出既有行业特色知识背景，又具有广泛领域创新视野的高层次人才。作为纺织服装行业特色型大学，中原工学院一方面将在“先进纺织装备制造关键技术”“新型纺织材料与产品研发”“数字化纺织服装技术”“航空宇航科学与技术”等学科方向上推动学校已有学科交叉融合，整合出新的交叉学科增长点。另一方面，在人才培养上也要突出交叉融合思想。一是设立交叉学科人才培养平台，建立硕士研究生导师组制度，让不同学科背景的导师共同培养硕士研究生。二是通过跨院系选课、跨学科专业设置、辅修第二学位等手段拓展本科生交叉学科知识背景，构建复合型人才培养模式，为我省纺织服装产业振兴和航空新兴产业发展储备技术和人才。

南京工程学院：密切行业产业打造一流应用型本科高校[①]

一、学校基本情况

南京工程学院2000年合并组建而成，原国家级示范性高工专重点建设学校——隶属于原国家机械部的原南京机械高等专科学校和隶属于原国家电力部的原南京电力高等专科学校。2001年，隶属于原国家核工业部的原南京工业学校并入。

在多年的办学过程中，学校始终坚持“应用型、高水平”的办学定位，密切行业服务产业，走出了一条从“高水平专科到应用型本科再到专业研究生教育”的跨越发展之路，形成了产教融合、协同育人、注重工程实践、培养高素质应用型人才的鲜明特色。现有全日制在校生2.5万多人，其中专业硕士研究生400多人。专任教师1600多人，其中高级职称教师占比超过50%，140多人次获国务院特殊津贴专家、省特聘教授、省教学名师、省“333工程”等各类人才称号。设有66个本科专业及方向，其中30%以上是国家、省级重点或品牌特色专业。学校大力实施“科研实力提升计划”，现有7个省级重点建设学科和30多个国家、省级高水平学科科研平台，近三年产学研合作经费近4亿元，获批省部级以上科研项目173项。2018年，获市厅级以上科技成果奖36项，省部级科技奖励12项。其中，以第一完成单位获批教育部科技进步奖2项，全国高校并列36位；获江苏省科学技术奖10项，其中第一单位3项，项数名列全省高校第7位，省内同类高校首位。被省政府授予重大科技成果奖励成绩显著高校，多次获省科技工作先进单位等称号。

目前，是全国应用型本科院校专门委员会主任委员单位，国家“十三五”时期地方高校转型示范工程——产教融合规划项目实施高校，教育部“卓越工程师教育培养计划”和“CDIO工程教育改革”首批试点高校，国家机电控制类人才培养模式创新试验区，全国产学研合作典型高校，全国毕业生就业工作典型经验高校和江苏省首批教学工作先进高校。

---

① 南京工程学院发展与对外合作处供稿。

二、学校密切行业产业改革发展情况

近年来学校以习近平新时代中国特色社会主义思想为指引，坚持正确办学方向，落实立德树人根本任务，牢固树立以服务求支持，以贡献求发展的办学宗旨，深化内涵建设，强化特色发展，提升办学水平，努力在服务江苏高质量发展中争创一流应用型本科高校。

（一）坚持产教融合，培养高素质应用型人才

人才培养是应用型高校的立身之本。在百余年的办学过程中，学校始终以应用型人才培养为中心，培养了以中国工程院沈国荣院士为代表的25万多名高水平工程技术和管理人才，华东地区35%的规模以上数控企业技术人才，江苏电力40%以上中高层管理人员和技术骨干，华东地区50%电厂的高层管理人员都是我校毕业生。从2018年起，学校整体调整到江苏本一批次招生，每年近4000名优秀毕业生留在江苏创新创业。毕业生以基础扎实、动手能力强、发展潜力大深受好评。自2003年以来一直被评为省就业先进集体，2015年被授予“全国毕业生就业工作典型经验高校”荣誉称号。

近年来，学校依据现代工程与产业技术“跨界整合、交叉融合、高度集成、快速多变”的新特征，围绕应用型人才“综合应用、工程实践、创新创业、持续发展”四大能力培养新目标，深化工程化项目教学改革，构建了“学用创相融”的应用型人才培养3.0版新模式。一是探索专业建设新模式。90%以上学科专业具有鲜明行业特点，70%以上与江苏省六大支柱产业紧密对接。近年来，重点建设了机器人工程、智能电网信息工程、复合材料与工程等一批新工科专业，推动学科专业链、人才链和区域产业链与创新链的紧密结合。二是构建人才培养新机制。在16个专业学院基础上，建设国际教育学院，与芬兰奥卢大学、英国诺森比亚大学等联合探索国际化应用型人才培养改革；推进多类型、多模式产业学院建设，与腾讯云共建人工智能产业学院，与宜兴市政府共建宜兴产业学院，积极筹建智能电网产业学院等。与中国电科院、中国机械科学研究总院、燕山大学、康尼公司等联合打造9个产业技术研究院，集成人才培养、科技创新、成果转化多种功能，探索创新性应用型人才培养机制。三是营造教学方式新形态。打破传统学科体系，按照工程逻辑，按照“理实一体化”原则，以项目化教学为抓手，重组“课程-课程群-专业-工程化”四级课程体系，重构“工程化环境、项目化载体、团队式指导、协作式学习”教学组织形态，打造了80个项目教学工作坊，开发200多门项目化课程，100多门项目化在线课程和案例库，建成国家级精品（资源共享）课程2门，省优秀精品课程（群）11门。四是深化双创教育新改革。学校将创新创业能力融入应用型人才培养全过程，学生“不出校门”就能进

行创业训练，“走出宿舍”即能体验创新精彩。培养了“南京在校大学生创业第一人”，10名学生获“全国大学生创业英雄百强”，其中“十强”3人。大学生创业园被评为国家级众创空间，累积孵化创业企业110家，年产值超1000万元。

（二）坚持产业导向，提升科技创新实力

高水平科技是应用型高校服务高质量发展的应有之意。学校发挥行业办学优势，注重工程技术研发，助力区域支柱产业转型升级。一是大力实施“科技创新1111计划”，提升自主创新能力。学校在3年内投入1个亿，设置100个专职科研编制，建设10个左右高水平产业技术研究院，产出一批高水平科技成果。目前，面向高端装备制造、智能电网、新材料等战略性新兴产业，打造了9大产业技术研究院，57个研究所，深化与大院大所、名校名企合作，重点围绕行业产业关键共性和“卡脖子”技术，提升自主创新能力。学校与校资上市企业——南京康尼机电公司联合成立康尼机电研究院，开展联合攻关，打破国外技术垄断，攻克“车门”多项关键核心技术，实现中国地铁和高铁车辆门系统的完全国产化和知识产权自主化。如今，80%以上“复兴号”列车门都是康尼门，全球市场占有率已达32%，连续三年居世界第一，成为名副其实的“轨道交通第一门”。校企联合攻关项目先后两次荣获江苏省科技进步一等奖，为我国高铁事业做出了突出贡献。二是发挥行业优势，赋能地方经济发展。学校全面深化与江宁、淮安、宜兴、连云港、安徽马鞍山等校地合作，年合作项目300多项，经费超亿元。学校与江宁区联合发起成立南京智能电网产业联盟，成立省配电网智能技术与装备协同创新中心、省主动配电网重点实验室、省直流配电网工程中心等一批省部级平台。联合地方智能电网企业共同承担“柔性直流输电在城市供电的研究与应用”等国家“973计划”“863计划”等重点研发计划项目。其中，与电力科学研究院、南瑞继保联合开发的“220kV统一潮流控制器”，获得中国电力科技奖一等奖，也使我国成为第三个拥有相关技术的国家。

近年来，学校科技实力增长迅速，服务能力不断增强。年科技经费超1.3亿元，发明专利授权近200件，在2018年度江苏省科学技术奖中，我校获奖10项，总数在全省高校中排名第七。在2019年度中国机械工业联合会获奖7项，位列全国首位。

（三）打造高水平智库，提供高质量咨询服务

学校作为全国公认的应用型本科人才概念的首倡者和应用型本科院校转型的先行者，在江苏省教育厅，省高等教育学会的大力支持下，联合全省42所本科院校组建江苏高等教育学会应用型本科院校研究会，并被推荐为首届理事长单位，起草并发布《一流应用型本科院校建设与发展“南京共识”》；受省教育厅委托，领衔我省应用型本科院校改革与发展专题调研，开展江苏省一流应用型本科

院校建设与发展方案、江苏省一流应用型本科院校遴选与评价办法起草工作，为我省优化高等教育结构布局，建设高等教育强省提供智力支撑。我校瞄准新能源汽车产业发展薄弱关节，在省工信厅的支持下，成立江苏省氢燃料电池汽车产业研究中心，起草《江苏省氢燃料电池汽车产业发展现状与对策》，转化为省工信厅制定出台的《江苏省氢燃料电池汽车产业发展行动规划》（苏工信产业〔2019〕513 号），并获 2019 年度江苏省智库研究与决策咨询优秀成果一等奖。

三、结语

2019 年 5 月 23 日，中共中央政治局委员、国务院副总理孙春兰在省委书记娄勤俭等陪同下视察我校，对学校办学给予充分肯定，并勉励学校早日建成一流应用型高校。9 月 9 日，吴政隆省长来校慰问调研，明确希望学校争创应用型高校的“领头羊”“排头兵”。当前及今后一段时期，学校将坚持疫情防控与事业发展两手抓，进一步补弱项、强内涵、提水平，进一步加强信心、坚定决心，攻坚克难、奋发有为，更高质量地推进学校内涵发展和特色发展，不断为我国机械、电力等行业产业进步和区域经济社会发展做出新的更大贡献！

山东交通学院：立足行业　服务区域产教深度融合打造高水平应用型大学

陈松岩[①]，肖海荣[②]

山东交通学院是山东省唯一一所交通类本科院校，2000 年，由交通部划转山东省；2013 年，获批为山东省高等教育应用型人才培养特色名校立项建设单位，是山东省唯一一所教育部“应用科技大学改革试点战略研究”的公办院校。学校紧紧围绕应用型人才培养进行战略调整与改革，积极寻求与山东经济社会和交通行业发展的融入点，形成产教深度融合的应用型人才培养新范式。

一、主动出击，强力推进学校转型发展

1. 秉承办学历史，明确应用型办学定位

学校在 60 多年的发展历程中形成了鲜明的交通特色。升本以后，一方面，及时调整办学思路和服务面向，从面向单一的交通行业服务转变为面向山东经济社会发展的全方位服务，拓宽了学校的服务面向，扩展了学校的办学思路；另一方面，坚守交通行业的办学特色、坚持立足交通的主服务面向，将“立足交通，突出特色、强化素能”的办学方针修正为“立足山东，服务交通，面向世界”，确立“培养具有爱国主义精神、国际化视野、富有创新意识和实干精神的交通事业高级应用型专门人才”的人才培养定位，以服务和贡献赢得交通行业的持续支持。

2. 创新机制，驱动转型发展

实施二级管理、绩效考核，激发办学活力。学校管理重心下移，放权给二级学院一定的进人权、经费使用权、职称评聘权、科研机构岗位设置权等，二级学院发展的自觉性得到了加强。强化考核，制定教学院部、机关处室（含教辅单位）、产业单位等二级单位的考核指标体系。通过绩效考核，激励全校各单位（部门）持续提升管理、教学、科研、服务水平，营造竞争向上、多做贡献的氛围。

3. 更新观念，引领转型发展

组织开展思想讨论，邀请教育教学专家来校交流指导，培育应用型教育理

---

① 陈松岩系山东交通学院院长。

② 肖海荣系山东交通学院教务处处长。

念；学校领导、二级学院负责人、专业负责人深入交通行业企业调研、论证，把握行业发展需求与趋势，催生转型思路；开展“院长说转型”“主任说专业”“教师说课程”等活动，提升转型发展的理念，明确学校所有部门的重点工作要以人才培养转型为核心，全力推进学校的加速转型和全面提升。

二、基于市场需求，全面实施应用型人才培养模式改革

2011 年起，学校借鉴工程教育专业认证理念系统开展了应用型人才培养模式改革与实践，从目标定位体系→三维空间培养体系→课程质量体系→办学支撑体系→四级监控体系→就业保障体系六个维度进行了应用型本科人才培养体系重构，见图 1。

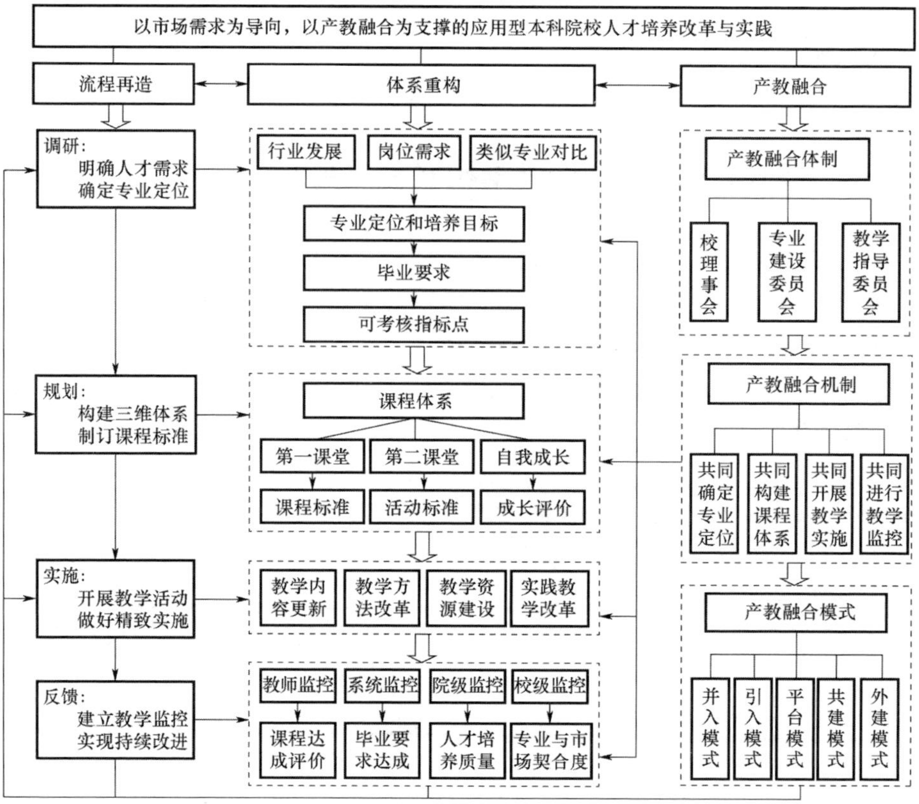

图 1　应用型人才培养改革与实践

1. 开展广泛调研，校企共同确定人才培养目标与规格

历时半年调研了 700 余家交通行业企业，获得经济社会需求及行业发展动态，以行业发展倒推专业设置，确定专业在产业链中的定位、对应的岗位群及相

应岗位的素能要求，据此确定人才培养目标和毕业要求，进一步明确了学生应具备的知识、能力、素质。全校所有本科专业实现了人才培养目标的准确定位和培养规格的具体细化。

2. 基于成果导向，校企共同制定课程体系与标准

借鉴工程教育专业认证“以学生为中心、以成果为导向、持续改进”教育理念，以毕业要求倒推课程体系，确定了第一课堂、第二课堂和自我成长三维空间的具体课程或模块，见图 2；以岗位需求倒推课程内容，构建本科专业课程体系和 3000 多门课程的质量标准，实现了从单纯“按照学科体系设课”变为“按培养需求设课”。比如，“金融学”课程体系增加了 1 门课程，删减了 4 门课程，调整了 3 门课程，实践教学环节由原来的 30.5%加大到 32.5%。

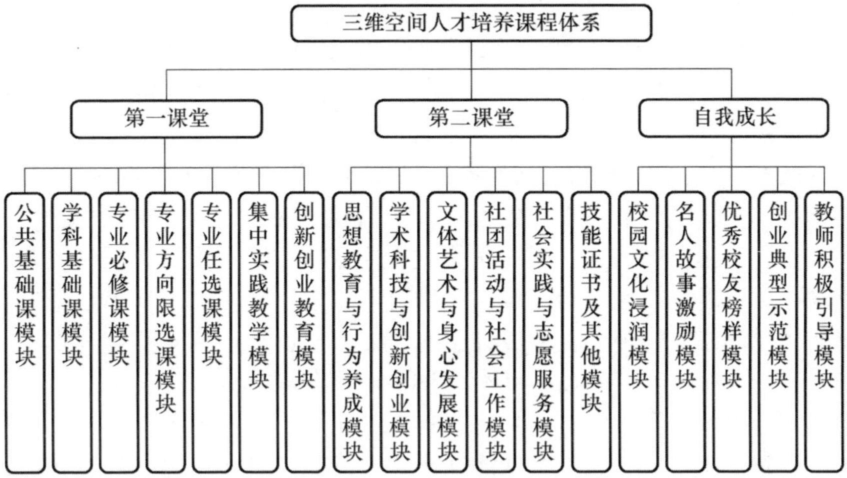

图 2　三维空间应用型人才培养课程体系

3. 构建监控体系，校企共同把控人才培养质量

建立校内、校外两层质量保障体系。校内构建了“校、院、系、教师”四级教学质量监控体系，面向人才培养目标、培养过程和培养结果进行整体监测与评估；校外引入第三方评价机构开展毕业生社会需求与培养质量和在校生全程跟踪评价。

三、对接交通行业产业链，着力构建综合交通学科专业

按照“强优、拓新、提质”的专业建设思路，调整和配置教育教学资源，主动服务“一带一路”倡议、山东省“蓝黄”发展战略、交通运输新旧动能转换重大工程，打造一批优势学科专业群。

1. 强化对接，打造交通类优势学科专业集群

对接山东交通强省、海洋强省建设，确立专业集群战略思维，从发展规划、战略重点、利益调整、条件保障层面谋划建设交通类优势专业集群，围绕现代交通运输业、汽车产业和海洋产业，以与山东经济社会和交通行业发展需求关联度较高的核心专业为主体，充分融合具有内在关联的相关专业，形成交通建设类、综合运输类和载运工具设计制造类 3 大优势学科专业群，与其他高校进行错位发展、变轨超车，形成具有区域影响力的专业品牌。交通运输专业群、土木工程专业群、轮机工程专业群获批山东省高水平应用型重点立项建设专业群，轮机工程专业群获批山东省教育服务新旧动能转换专业对接产业项目立项，车辆工程、物流工程获批国家级一流专业建设点，轨道交通信号与控制、航海技术等 13 个专业获批省级一流本科专业建设点。

2. 优化调整，布局“智能＋交通”应用型专业体系

践行“交通＋”“人工智能＋”思路，围绕交通行业产业链、创新链调整专业结构和资源配置，引领土木、交通运输、机械等学科专业提档升级，增设“遥感科学与技术”“轨道交通电气与控制”“海事管理”“机器人工程”“数据科学与大数据技术”“海洋技术”等“交通＋人工智能”和“人工智能＋交通”专业，为山东交通智能化、网络化、现代化提供人才保障和智力支持。从学校定位及学科专业建设目标出发，对于与区域产业结合不紧密、社会需求量不足或定位重合的专业，如公共事业管理、工业设计、无机非金属材料、信息管理与信息系统等先后予以停招或撤销，适时反映社会经济发展变化导致的专业代谢。

修订人才培养方案，各专业将交通行业新发展、新技术引入课程，构筑“交通＋”专业知识体系；嵌入人工智能课程，推进人工智能与专业的有机融合，全面构建“交通＋智能”应用型专业体系，培养契合人工智能需要的交通运输领域复合型人才。

3. 实施认证，推动专业建设与国际接轨

积极开展专业认证、评估，全部专业按照 OBE 理念建立毕业要求、课程目标实现矩阵，重构课程体系，规范专业建设，建立自省、自律、自查、自纠的质量意识。实施了校内专业评估，邀请工程教育认证专家完成有毕业生参加的专业评估。“交通工程”专业通过 2018 年工程教育专业认证，“安全工程”等 4 个专业获得认证申请受理。

四、深化产教融合，协同育人融入人才培养“全链条”

以深度产教融合求突破，以机制体制创新谋发展，创新大学组织模式，搭建政、校、企、所多方合作发展平台，促使多方协同育人切实融入人才培养的各个环节。

1. 三级联动，优化合作办学机制

联合交通行业主管部门、相关行业企业、地方政府参与学校治理。学校层面建立“政校企行所”五方参与的理事会，学校和学院两级专业建设指导委员会吸纳行业企业专家，为专业对接产业并融入产业链搭建桥梁。学校理事会、校院两级专业建设指导委员会三级联动，形成办学与地方经济发展相适应、学校发展与企业发展相协调、行业标准与教学标准相一致、就业需求与市场需求相吻合的良好格局，“人才共育、过程共管、成果共享、责任共担”的合作办学体制机制不断完善。

2. 互惠共赢，催生多元产教深度融合模式

落实产教融合理念，鼓励一切能够促进产教融合的合作形式，逐渐形成了并入模式-园区模式-引进模式-共建模式-外建模式等多元产教深度融合模式。并入模式——山东省内燃机研究所整建制并入学校，开创了山东省率先实现院所深度融合的先河；园区模式——学校无影山校区创设为具有独立功能的科技开发园区，将学生创新创业、教师科技开发和企业合作运营融为一体；引进模式——引进山东高速物资集团、一汽丰田等企业，共建山东高速海瑞研发中心等实验室，搭建企业、教师、学生共同参与研发与实验的新机制；共建模式——与泰华船舶管理有限公司共建产业化学院“泰华航海学院”，与南海新区合作成立威海海洋信息技术研究院；外建模式——与临沂市人民政府全面合作并设立异地新型研发机构“临沂研究院”，重点建设与中国重汽、山东交科院等 60 多个深度合作的实践教学基地。

经过多年探索与实践，学校产教深度融合的应用型人才培养体系不断完善，人才培养质量显著提升。2016 年获批发展改革委、教育部、人社部“十三五”产教融合发展工程规划项目，“亮·交通”创客空间获批国家级众创空间；2018 年获评中国双创创业创新典型示范基地，荣获 10 项山东省高等教育教学成果奖，其中《基于市场需求导向的应用型本科院校人才培养体系重构与实践》获特等奖。2019 年获批授权专利位列全国 693 所新建本科院校第 17 位、全省新建本科院校第 1 位；学生创新创业能力快速提升，2015—2019 年全国普通高校学科竞赛排行榜中，位列全国第 240 位，新建本科院校全国第 11 位。毕业生就业率逐年提升，就业质量显著提高，年均 16％学生入职世界 500 强企业，在同层次同类型高校中稳居前列。

重庆科技学院：背靠行业　立足应用　服务区域经济发展

尹华川　李旭东[①]

重庆科技学院由两所1951年开始办学并保持良好声誉的原中央部委属学校合并而成，位于重庆科学城核心区域，是一所行业优势突出、办学特色鲜明的应用型地方本科院校。长期以来，学校坚持背靠行业、立足应用、扎根地方，紧紧抓住产教融合这一只“牛鼻子”，扎实推进教育综合改革，在贯彻落实“三贴近”要求、服务重庆发展等方面取得了一定成效。

一、坚定办学定位优化顶层设计

坚定不移地走应用型发展道路。学校始终不忘支撑行业振兴和服务地方发展的初心与使命，继承和发扬应用型人才培养传统，不断强化应用型办学特色。通过三次党代会，形成了“立足重庆、背靠行业、面向世界、服务全国”的办学思路，确立了主要服务于“两业两域”（石油行业、冶金行业、重庆区域和安全领域）的服务面向和应用型高级专门人才培养定位。近年来，学校坚持以习近平新时代中国特色社会主义思想为指导，以习近平总书记对重庆提出的“两点”定位、“两地”“两高”目标、发挥“三个作用”和营造良好政治生态的重要指示要求为遵循，不断深化“三性一型”（行业性、地方性、开放性、应用型）办学定位，不断校准应用型大学建设路径，逐步走出了一条符合学校实际的特色发展之路，服务支撑行业和地方发展的能力持续提升。

创新体制机制推进综合改革。学校先后出台了《综合改革实施方案》《应用技术型大学建设方案》《服务重庆发展方案（2020—2024年）》等文件，建立起与应用型大学发展相适应的顶层设计与治理架构。组建了产学研合作委员会、服务重庆发展工作领导小组等机构，构建了校院两级服务重庆发展工作机制。战略规划、资源配置和考核评价等均突出应用导向，服务地方发展，不断推动学校供给侧和产业需求侧结构要素的全方位融合。以人事制度改革为“引擎”，绩效改革、职称评审改革“两轮”驱动，充分发挥考核“指挥棒”的作用，鼓励教师潜

---

① 尹华川系重庆科技学院院长；李旭东系重庆科技学院合作与发展处处长。

心教学和科技创新，服务重庆经济高质量发展。

二、围绕产业链打造学科专业群

学校坚持以服务经济社会发展为己任，统筹学科专业布局，围绕石油、冶金产业核心领域，打造学科专业群，形成了以核心学科专业群为牵引、支撑学科专业群为保障，学科间相互融合、相互促进的学科专业体系。

打造服务石油产业链的核心学科专业群。面向石油行业地质勘探、开发、储运、炼化等核心产业板块，构建了涵盖“地—钻—采—输”全过程的石油与化工学科专业群，开设资源勘查工程、石油工程、油气储运、应用化学等 7 个行业主体专业，覆盖石油与天然气工程、地质资源与地质工程、地质学、化学等一级学科。三大石油公司将学校纳入招聘毕业生、员工技术培训的长期合作单位，开展着广泛而有深度的校企合作，成为学校办学发展强力的外部支撑。

打造服务冶金产业链的核心学科专业群。面向冶金行业钢铁材料冶炼、钢铁材料加工和钢铁材料等核心产业板块，构建了涵盖“钢—铁—铸—轧”全过程的冶金行业原料、炼铁、炼钢、轧钢、模具、焊接、高端耐火材料、新型金属材料、节能与新能源材料的冶金与材料学科专业群，开设冶金工程、金属材料工程、材料成型及控制工程等 9 个行业主体专业。为冶金行业和重庆新能源、新材料等战略型新兴产业发展提供了重要支撑。

打造服务产业的支撑学科专业体系。在大力打造核心学科专业群的同时，学校同步加强机械类、控制类、建筑类等支撑学科专业建设，打造形成了机械与电子、安全与环保两大支撑学科专业群。针对智能油气田、新材料、智能制造等发展趋势，政校企共同打造新工科专业，与重庆市应急管理局、中科院重庆绿色智能研究院等合作，共建了重庆市安全工程学院、重庆中科智能技术与工程学院等 4 个产业学院，着力建设数据科学与大数据技术、智能科学与技术等 9 个新兴工科专业，开展了以大数据智能化为核心的学科专业群改造。

三、面向产出构建人才培养体系

深化产教融合，校企协同育人，是培养高质量应用型人才的有效途径。学校一直致力于培养面向生产、建设、管理、服务一线的高素质应用型人才，紧紧抓住产教融合这一只“牛鼻子”，坚持学生为中心的教育理念，构建产出导向的人才培养体系，牢固树立持续改进的质量观。

以专业认证为抓手推进专业内涵建设。自 2016 年以来，学校全面推行产出导向的培养理念，按照工程教育认证的理念、标准、模式和方法，加强专业内涵建设。全面修订各专业人才培养方案，做好人才培养的“最先一公里”；全面修订课程标准和教学大纲，大力实施应用型特色系列课程建设“五大工程”，确保课程目标对毕业要求指标、教学内容对教学目标、教学方式对教学内容、考核方式对教学内容等有机衔接，全面推行课程教学目标达成情况分析评价机制，做好人才培养“最后一公里”建设。目前学校 8 个专业通过工程教育认证，机械设计制造及其自动化专业已于 2019 年 10 月完成专家进校考察，认证专业占全校工科专业的 23%。

基于真实工程环境打造实践平台培养学生工程能力。将“工厂搬进学校”，与中石化、中冶赛迪等企业共同投入近 2 亿元建设校内实训基地，构建“大工程、全流程”实践教学平台，实现生产过程再现、安全事故重现，着重培养学生的基本实践技能、工程素养；借助仿真设备和信息技术，与重钢、东方物探等企业共建虚拟仿真实验中心，实现设备原理可视化、工艺过程实时化、故障设置随机化，学生不出校门即可参与企业生产全过程训练。将“教室搬到企业”，与重庆气矿、河南油田等企业共建企业实习基地 300 多个，构建形成校内外功能互补的实践教学平台。学校深度推进产教融合，与行业企业“共建共享”，建成国家级实验教学示范中心 2 个、虚拟仿真实验教学中心 1 个、工程实践教育中心 4 个。

实施“万千百十”工程培养学生双创能力。在培养方案中设置 2 学分创新创业基础课程和 2 学分创新创业实践必修环节；学校每年投入学生创新专项经费 200 万元，坚持实施“万千百十”工程（能力培养万人工程、学科竞赛千人工程、科研训练百人工程、创新研究十人工程），逐步实现“一专一赛，一生一赛”，确保双创教育全过程、全覆盖。与重庆市科协、沙坪坝区合作共建国家备案的众创空间，与市科技局共同投入 1000 万元设立种子基金，助力孵化学生双创成果。

四、紧扣产业需求推进科技创新

学校紧扣重庆能源产业转型升级和现代制造业发展等需求，依托石油冶金行业优势，注重学科交叉，立足应用研发，与政府、行业企业共建协同创新平台，联合开展应用技术研发与创新，把学科科研优势转化为现实生产力。

发挥行业优势助力产业升级。依托石油行业优势，对接国家能源工业转型升级需求，形成了以“复杂油气田开发”为核心的应用技术创新体系，与三大石油公司合作共建重庆市页岩气勘探开发协同创新中心、非常规油气田开发高校实验室、复杂油气田勘探开发重点实验室等 10 余个省部级科研平台，为重庆页岩气生产、页岩气装备制造等战略性新兴产业发展的决策咨询，人才、技术输出提供了强力支撑。依托冶金行业优势，对接材料产业发展需求，与中冶赛迪等企业合作共建国家钢铁冶炼装备系统集成工程技术研究中心冶金实验室，重庆市纳微复合材料与器件重点实验室等 10 余个高水平科研平台，为重庆高端装备、新材料等战略性新兴产业的发展做出了积极贡献。

注重学科交叉引领产业发展。对照重庆构建现代产业体系要求，整合优势学科，推动交叉融合，引领重庆新能源、新材料等产业发展，提升服务地方的核心竞争力。整合环境工程、机械与化工等学科优势，建成部省共建的生活垃圾资源化处理协同创新中心，助推重庆筑牢长江上游生态屏障和无废城市建设；整合自动化、控制与安全等学科优势，打造智慧安全交叉学科，有力地支撑“科技兴安”战略，牵头编写多项安全标准，每年为西部安监系统开展安全环保人才培训1万余人次。整合建筑、生物、化学等学科优势，新建健康环境研究院，促进健康环境保护相关产业的发展，助力重庆高质量发展和高品质生活。

推动成果转化服务产业需求。学校持续优化科技成果转化全流程管理体系和收益保障体系，支持成果转化。成立产学研办公室，与相关政府部门和企业共建成果转化基地，加速推动科研成果转化。近年来，近千项科研成果成功转化为生产力，累计产生经济效益百亿元，实现了学校科技创新和产业发展的互惠共赢。研究成果“四川盆地深层礁滩相储层深化认识及应用”为重庆气矿、川中气矿等创造了数亿元的直接经济价值；“铁矿石中低温冶金性能综合测定系统”“耐腐蚀新型软磁合金的研究”等成果在重钢、西南铝等冶金企业推广应用，为重钢环保搬迁提供了强有力的技术保障；研发的“大极板电解铅自动化生产线”实现了进口替代，广泛应用于有色金属行业；磁性材料元器件应用于“神舟”“嫦娥”“天宫”、大飞机、大运载火箭等航空航天工程；研制的具备自主知识产权的垃圾焚烧发电炉排系统等关键装备应用于国内数十条生产线，并出口印度、泰国、埃塞俄比亚等国80余座城市129个垃圾焚烧发电项目。

学校以转型发展为主线，扎实推进综合改革，办学水平和影响力不断提升。先后成为全国应用技术大学（学院）联盟副理事长单位、市属高校转型发展联盟理事长单位、全国深化创新创业教育改革示范高校、全国创新创业典型经验高校，获重庆市教育综合改革试点成果一等奖2项、二等奖1项。学校建成国家级特色专业2个、卓越工程师试点专业5个，重庆市重点学科5个、一流专业建设点19个，特色专业16个、特色学科专业群5个。自2012年以来，学校年科研经费连续突破亿元（2019年超1.9亿元），其中横向科研经费占比80%以上，连续三年进入中国高校企业科研经费排名100强。钻井液动态密度调节技术成功应用于“海洋石油981平台”，作为主要参与单位获得国家科技进步特等奖。近三年，学生在各类专业竞赛中揽获各类奖项2000余项，连续两年获得第44届、第45届世界技能大赛银牌，连续五年蝉联世界模拟炼钢大赛中国大陆赛区冠军。

河南工程学院：以行业学院建设为抓手推动转型发展的探索与实践[①]

近年来，河南工程学院以习近平新时代中国特色社会主义思想为统领，以建设“河南省示范性应用技术类型本科院校”为契机，聚焦经济社会发展和行业需求，以行业学院建设为抓手，积极探索、构建产教融合的路径、方式与方法，切实推动学校应用型人才培养和转型发展落地落实，取得了显著成效。

一、明确发展目标定位，构建制度保障体系

学校抢抓高校分类改革机遇，积极融入行业地方经济社会发展大局，明确提出，要以建设位居同类高校先进行列、特色鲜明的高水平应用技术大学为目标，培养德智体美全面发展，具有较强学习能力、实践能力和创新创业能力的高层次应用型人才。学校在2018年召开的第一次党代会上，明确提出产教融合发展战略，强调将产教融合作为建设高水平应用技术大学的重要举措，融入学校工作的各个环节，贯穿人才培养全过程。

根据确定的发展目标，学校全面推进体制机制改革，先后出台了《关于推进产教融合的实施意见》《行业学院建设与管理办法》《行业学院企业投入专项资金管理办法》等文件，尤其在推进产教融合的实施意见中，结合校情明确了共建共管行业学院、共建共享实验实习实训资源、联合开展技术研发与培训、共建应用型人才培养体系、共同开展创新创业教育、共同推进科技成果转化、共建“双师型”师资队伍等8种产教融合方式。特别针对目前产教融合、校企合作政策不明确导致的“不愿干”“不敢干”问题，制定了一系列思想解放、含金量高、可操作性强的激励性措施，有力地激励了广大干部担当作为，推动了实质性、深层次的产教融合、协同育人。在行业学院建设与管理办法中，把共建共管行业学院作为学校推动产教融合的主要方式和抓手，明确了行业学院立项、建设、管理、评估和退出机制，为做实行业学院建设提供了制度保障。

① 河南工程学院发展规划处供稿。

二、立足实际突出做实，培育特色建设模式

学校在行业学院建设过程中，坚持从实际出发，创新性地提出了“一主体、四联动、八共建”的行业学院建设模式，即以行业龙头企业或地方高成长性企业为主体，政府、学校、企业、协会等四方联动，以企业实质性投入资金不少于300万元作为主体履约保障，推进实质性合作“八共建”：即共建专业、课程、实验室、实习实训基地、就业创业基地、科技创新基地、师资培养基地、成果转化基地。2016年以来，学校先后与河南豫发集团、中税中兴咨询集团、河南永泽环境科技有限公司、河南远大装配式建筑有限公司、郑州飞道科技有限公司、洛阳鸿卓电子信息技术有限公司、河南豫尚缘教育科技有限公司、四川清宜国际经济贸易有限公司、广州能创新材料科技有限公司、郑州同心圆教育集团、河南钧泰供应链管理有限公司等企业合作，共建了锦荣服装学院、中税中兴会计学院、永泽环境学院、远大宜华学院、飞道软件学院、鸿卓电子商务学院、豫尚缘外语学院、清宜国际教育学院、能创电气学院、同心圆经贸学院、钧泰物流学院等11个行业学院。企业协议投入建设资金超过1亿元，设立企业冠名班15个、企业冠名奖学金21个。远大宜华学院投建的一期2200平方米装配式教学实验用房、锦荣服装学院建设的时尚智慧工场、永泽环境学院建设的环境检测中心等，成为产教深度融合，支撑应用型人才培养的标志性成果。

三、依托行业学院建设，搭建产教融合集成平台

学校支持行业学院结合行业、企业需求，搭建各具特色的“政校行企”深度产教融合集成平台。以锦荣服装学院为例，该学院由河南豫发集团与服装学院合作成立，共建实验室和研发平台、实习和实训基地，互建人力资源基地，成立人才培养模式创新班，推动人才培养、学科专业建设、师资队伍建设、市场开发、技术服务等全方位的校企合作。

助力区域经济社会发展。学院主办“第一届锦荣·时尚面料服装高定周”“第二届锦荣·郑州时尚买手节”，引起行业内外广泛关注。成立“HUE·锦荣时尚创意设计中心”“HUE·服饰文化艺术研究中心”，承担独立设计服装品牌的研发、POPUP店铺销售、Fashion Presentation等工作。2019年，河南工程学院、新密市人民政府、河南豫发集团联合签署了“河南工程学院·豫发时尚产业研究院”合作协议，推动构建河南时尚产业创新智库，开启政校企合作新局面。与广州雅迅科技有限公司共建“时尚智慧工场”，项目基于学科专业集成和全要素场景构建，建设内容包括商品企划中心、中央板房中心、商品应用中心，其中中央板房中心包括中央板房、智能制造实验室、印染绣实验室、配饰实验室。商品应用中心包括产品传播与推广中

心、HUE锦荣创意中心。项目为教学服务、技术开发、客户服务等提供支持。

打造多元协同育人模式。学院成立“锦荣服装人才培养模式创新班”，以高层次应用型本科服装设计人才为培养目标，以“自主、创新、服务”为办学思想，以“DIO”（Design-Implementation-Operation，设计-实施-运作）为人才培育模式。创新班实行项目教学，将企业的产品设计项目引入课堂，按照产品设计的实际要求开展教学与训练，教学成果直接接受市场检验，高效培养学生的专业能力、创新能力、职业素养、人际关系能力等。学院现已与26家企业签订了校企合作协议，为项目教学提供了较丰富的选择基础。实行班主任制、导师制，学科班主任为专业核心课程导师，贯通学制全程。自大三起实行导师制，通过师生专业互选，学生进入导师个人工作室，承担工作室的日常管理、项目运营、赛展筹备等工作。实行企业授课，企业现已参与授课课程达12门，累计640学时，占课程总学时的30%左右，其中企业导师授课216学时，教师带领学生入企授课144学时，强化人才培养过程中学生对企业的适应性。

推动学生创新创业发展。通过组建设计团队、参展参赛等形式，广泛开展创新创业工作，学院获批“国家纺织服装人才双创示范基地”。创建“B211设计团队”，联合“怪诞星球”品牌开展品牌孵化及产品研发工作；创建“飯文化传媒工作室”，开展时尚产品的拍摄、制作，网络媒体平台运营等工作；与深圳茉诗可可品牌、锦荣悦汇城等联合开展产品推广、快闪店等项目。在校内设置教学成果集中展示周和毕业设计专场发布，邀请行业人士莅临参观与评审；在校外参与各类高水平服饰展演活动，自2017年以来三次亮相中国国际大学生时装周、中国（河南）国际大学生时装周，先后亮相郑州设计师联盟基地品牌发布会、“美丽德宏”傣族景颇族服饰专场作品发布会、首届中缅时装文化节等，通过T台秀、静态展等形式展示学生作品，激发学生设计动力，创造学生就业创业机会。

提升教师教学科研能力。学院完成校级应用型自编教材《服装款式图手绘技法》，在编教材《服装材料实验技术》《服饰卖场设计与管理》，参编纺织服装高等教育“十三五”部委级规划教材《男装款式图集——经典与时尚》《女装款式图集——经典与时尚》《童装款式图集——经典与时尚》，其中《童装款式图集——经典与时尚》为校企联合编著。建设完成省级质量工程项目在线开放课程《风格与时尚》，在建校级在线开放课程《民间文化与服装设计》《一件衣服的诞生》，为师生、企业提供更为广泛的线上、线下学习资料。“基于行业学院的服装与服饰设计创新班课程群组化教学模式研究”获批立项2019年河南省教育科学“十三五”规划课题，“基于校企融合度的行业学院教学质量评价研究”获批立项河南省本科高等教育教学改革研究与实践项目，“校企合作锦荣人才培养创新与实践”获批立项校级教改项目。学院联合企业申报并获批国家级、省市级教科研平台5个，共建研发中心（工作室）10个，近三年来横向科研经费到账近200万元，学院教师的专业水平和创新能力不断提升。

桂林航天工业学院：铸魂·强体·增力，打造航天品质应用型人才①

桂林航天工业学院创办于1979年，曾先后隶属于国家第七机械工业部、航天工业部、航空航天工业部、中国航天工业总公司。1999年4月，学校划转至广西壮族自治区，实行“中央与地方共建，以地方管理为主”的管理体制，2012年升格为本科院校。40载薪火相传，学校始终坚持把深厚博大的航天文化内涵贯穿于立校办学、育人育才全过程，以“铸魂·强体·增力”，打造航天品质应用型人才。

一、航天文化“铸魂”

学校秉承“航天精神铸魂，航天文化育人”的大学文化建设理念，将航天精神内核融入大学生思想政治教育之中，融入专业知识传授之中。依托丰富的航天行业资源，学校实施了“一书一景一回廊，一节一赛一讲坛”的航天文化进校园“六个一”工程；在总结前期为航天系统培养人才经验的基础上，学校联合航天系统高校、企事业单位梳理提出了“航天品质应用型人才培养标准”。从“知、情、意、行”四个层面入手，通过“普及航天知识、涵养航天情怀、砥砺航天意志、养成航天行为”等措施，使学生在“德”方面“国家至上、热爱航天、大力协同、无私奉献”，在“智”方面“严慎细实、精益求精、守正创新、追求卓越”，在“体”方面“能挑重担、勇于攀登”，在“美”方面“朴实无华、报国为美”，在“劳”方面“艰苦奋斗、吃苦耐劳”，五育并举促进了桂航学子在精神上成人，探索出了一条利用行业资源培育和践行社会主义核心价值观的“航天路”。

经过多年持续努力，学校在培养航天品质人才方面形成了一系列教育教学成果：设立了全国高校第一个“航天日”；创办了国内首个省级航天知识竞赛平台；建成了西南地区唯一的航天博物馆等实践教学平台；“航空航天概论”被评为省级一流课程、省级精品视频公开课；《航天精神铸魂、航天文化育人，培养航天品质人才的探索与实践》获自治区级教学成果二等奖；培养出了以国家科技进步一等奖获得者罗维民，长征二号丙火箭副总指挥焦开敏，十九大代表、全国劳模、“感动航天”人物邓建华等为代表的一大批航天英才。杨利伟将军三次亲临

① 桂林航空工业学院校长办公室供稿。

学校，他指出：“桂林航天工业学院的学生对航天感情真挚，具有鲜明的航天品质，是祖国发展航天事业的后备军。”

二、培养链条“强体”

学校坚持“育人为本，学以致用”的办学理念。40 年来，学校依托航天办学、依托工业兴学，恪守“服务广西、服务粤港澳大湾区、服务航空航天”的服务面向，致力于建设区域有鲜明特色、行业有重要影响的高水平应用型大学。在人才培养中始终突出“应用型”和“航天品质”两个硬核，通过“专业布局产业化”融入产业，以产教融合破解市场需要什么样应用型人才问题，让培养的学生“就业有市场”——用得上；通过“课程设置模块化”“创新创业实战化”“育人氛围国际化”融入职业，以知识、能力、视野与职业要求对接破解培养什么样应用型人才的问题，让培养的学生“学业有标准”——能力强；通过“专业教学项目化”“实践场景生产化”“师资队伍双师化”“企业参与全程化”融入企业，以校企合作破解怎么样培养应用型人才问题，让培养的学生“从业有基础”——上手快，积极探索形成了以“坚持三个融入、抓实八化育人”为主要内容的应用型人才培养链条。

专业布局产业化。升本以来，学校布局建设机械与汽车类、电子信息类、航空航天类、能源与动力类等 8 个应用型本科专业群，与广西“14＋10”现代产业、粤港澳重点支持发展的战略性新兴产业、国家航空航天产业高度契合，产教融合的特色鲜明，得到了地方政府、行业办学资源上的大力支持。

课程设置模块化。学校大力推行“工程教育认证理念”，采用成果导向的方法，根据产业链、创新链对人才的需求，明确培养规格的基本要求。厘清了每门课程在达成基本要求中的作用，构建了“通识教育、学科基础、专业教育、集中实践”四大课程模块，实现了培养目标与课程体系的融通。

创新创业实战化。学校建成了集 1 个科创园、6 个创新中心、10 个学科训练基地为一体的 5345 平方米“大学生创新创业项目训练与实践基地”，积极组织开展实战化创新创业训练。近三年来，累计引入 130 个创新创业项目进驻孵化，获得知识产权授权 124 项，学生参加“互联网＋”“挑战杯”“创青春”等竞赛活动获省部级以上奖励 1076 项，学校进入“中国大学创业竞争力排行榜 500 强”。

育人氛围国际化。学校借助广西独特的区位优势，主动融入“一带一路”建设，积极发展留学生教育，现有来华留学生 700 人，学生国际化比率达到 2.67％，位居全国第 102 位。学校利用泼水节、美食节等时间节点，组织开展中外文化交流活动，大力营造国际化育人氛围。积极推动与国（境）外院校在优势特色专业建设上的联动，设立“桂航学子看世界”等项目，每年选派百余名师生赴国（境）外交流学习，有效拓展了师生的国际视野。

专业教学项目化。学校以项目为载体，与青软、精雕、海信科龙、光隆科技等一大批知名企业合作，推动实施以学生发展为中心的启发式、参与式、讨论式教学。涌现出了“顺丰班”“理昂新能源班”“火龙果学院”等项目化育人载体，实施了21个教育部“新工科”研究与实践项目、产学合作协同育人项目，积极引导学生利用行业和企业资源拓宽学习渠道、激发学习兴趣、提升学习与实践能力。

实践场景生产化。引进企业生产型工业级设施设备，建成机械工程实验与实训教学中心、电子教学实验实训基地、车辆工程训练中心、酒店实训基地等具备对外承接生产项目的实践教学中心15个，覆盖所有本科专业。与合作单位共建了131个校外实习基地。生产化、一线化无缝衔接的实践场景，提高了人才培养与企业要求的对接度。

师资队伍双师化。学校坚持“引培并举”，持续优化“双师双能型”队伍结构。在人才引进上，优先引进具有企业任职经历的教师；在队伍培养上，积极引导教师到企业锻炼；在激励政策上，实行横向课题与纵向课题、专利与论文同等对待，对承担工程项目和参与校企合作等项目的教师给予政策倾斜，增强了与人才培养相匹配的应用型师资力量。

企业参与全程化。以“业界积极参与、产学研深度融合”为途径，学校将企业资源全程化引入到应用型人才培养过程中，坚持做到与企业“五共同育人”，即共同确定人才培养方案，共同打造“双师双能型”教师队伍，共同建设实践教学平台，共同实施教学，共同开展教学考核与质量监控。

三、多措保障“增力”

学校践行以学生为中心的发展理念，坚持把改善办学条件作为可持续发展的基础工作，把完善治理体系作为深化改革的攻坚重点，把推进协同育人作为内涵式发展的重要抓手，多措并举地夯实办学保障，为学生成长成才助跑增力。

拓宽空间改善环境。升本以来，学校围绕应用型本科建设，把新校区建设和校园文化环境改善作为发展战略第一步的重要工作。经过8年的发展建设，学校校园规模从成立之初的567亩发展为1100亩，实现了办学空间的重大突破。按照科学规划、合理配置、资源共享的原则，学校持续加大教学基本设施建设、校园信息化建设，图书文献资源一体化建设和教学运行经费投入力度，为教育教学、科学研究提供了坚实的硬件保障。

深化改革优化治理。学校坚持共建、共治、共享的治理理念，着眼于现代大学治理结构的建立与优化。以实施章程为重点，建立了学术委员会、教学工作委员会、学位评定委员会等咨询及议事机构，在广西高校中率先成立了由政校企研共同组成的学校理事会，形成了“党委领导、校长负责、教授治学、民主管理、社会参与”的内部治理结构。以“放管服”改革为突破，全面实施校院两级管理，充分发挥二级单位在落实应用型办学理念中的主体性、主动性和创造性，使学校办学从“校办院”为主向“院办校”为主、部门职能从“管事务”为主向“配资源”为主、绩效奖励从“对个人”为主向“对学院”为主转变，释放了学校办学活力，增强了二级单位的发展动能，保证了学校各项事业的健康发展。

整合资源协同育人。围绕应用型办学定位，学校逐步明晰了应用型本科人才培养的基本内涵，注重内外关系的沟通，社会资源的整合。通过加强辅导员、班主任、任课教师以及中层以上领导干部联系指导班级的队伍力量，凝聚了校内协同育人的培养合力。通过构架家长深度参与学校管理与建设的桥梁，畅通家校联系渠道，精准对接家长合理诉求，让家校协同育人更有温度、更显深度。通过实施合作举办专业、合作建设资源、合作培养人才、合作推进就业、合作举办专业，推进了学校和企业共同发展、教师和学生共同进步、教学和科研共同提升、校企资源价值共同创造。

通过“铸魂”“强体”“增力”，学生获得了思想政治素养、专业能力水平的双提升。近三年来，本科毕业生初次就业率从 2016 届的 87.87％稳步提高到 2019 届的 94.25％。用人单位对本校就业工作的总体满意度从 2016 年的 90.01％稳步提高到 93.11％。学校努力达到了“把学生培养成为党和国家满意的建设者和接班人、社会满意的公民、用人单位满意的价值创造者、家庭满意的感恩回馈者、学生满意的幸福人生奋斗者、学校满意的办学品牌推广者”的“六方满意”标准。

后　记

党的十八大以来，在习近平新时代中国特色社会主义思想的指引下，我国高等教育领域综合改革向纵深推进。一系列的新思想、新理论、新举措都需要我们不断地研究、探索与实践。随着分类发展、转型发展、内涵发展的落地生根，不断推动应用型本科院校把办学思路真正转到服务地方经济社会发展上来，转到产教融合校企合作上来，转到培养应用型技术技能型人才上来，转到增强学生就业创业能力上来，全面提高学校服务区域经济社会发展和创新驱动发展的能力。作为一所具有鲜明建材行业背景的普通本科高校，总结并形成具有自身特色的转型发展模式，并为同类高校提供一些经验借鉴，是学校一直以来的心愿。今日成稿，倍感欣慰。同时，也因对相关高等教育学理论研究不深、产教融合理念理解不透、理论与实践尚有脱节而惴惴不安。

本书是2014年河南省教师教育课程改革研究项目《学生 教师 学校自我评价与外部评价的互动与促进机制研究与实践》（2014-JSJYZD-064）、2017年度河南省教育科学规划重点课题《河南省示范性应用型本科院校建设路径研究》（〔2017〕-JKGHZD-11）和2019年河南省高等教育教学改革研究与实践重点项目《“三融三创、融创结合”的应用型本科人才培养体系研究与实践》（2019SJGLX149）等项目的研究成果，也是“洛阳理工学院-麦可思应用型大学教育数据研究中心”成果之一。回顾洛阳理工学院转型发展的研究与实践，应该分为3个重要的时间节点：2013年，学校被确立为河南省首批五所转型发展试点院校之一；2015年教育部、国家发展改革委、财政部联合下发《关于引导部分地方普通本科高校向应用型转变的指导意见》，河南省政府办公厅批转了省教育厅《关于促进普通高等学校分类发展的指导意见》（豫政办〔2015〕148号）；2016年学校被确定为河南省示范性应用技术本科院校。在3个不同的时间节点、不同的政策导向下，学校聚焦内部治理结构、学科专业建设、人才培养模式改革、科研与社会服务、师资队伍建设、创新创业就业等领域，以各级各类项目研究为抓手，开展了不同领域的重点研究与实践。因此，2013—2015年之间的研究更多的是从某一个“点”的突破开始的，如《新建地方高校的转型发展定位与学科专业群建设研究》《基于协同创新的土木工程应用型人才培养模式研究与实践》等，优点在于“点”的研究会相对深入，提出的问题与对策针对性强，缺点是缺乏改革的整体性，或者说是体系性。但是，恰恰是针对学校转型发展中一个个“点”的突破，为2016年之后的体系性研究打下了较扎实的基础。但是，有一点必须指出的是，传承行业基因、培养行业人才的研究是贯穿始终、从未间断的，如《培养建材行业需求的应用型创新人才的研究与实践》等项目，对于学校如何在转型发展中坚守建材特色提供了有力的理论指导。

值得骄傲的是，经过20多年的建设和发展，行业院校进行了“去行业化”和“再行业化”转型，传承行业基因、发挥特色学科优势，主动融入行业区域技术创新体系，形成独树一帜的办学品牌和核心竞争力。几年来，我们先后前往武汉理工大学、北京石油化工学院等50余所行业划转高校开展调研工作，特别是南京信息工程大学、河南科技大学、河南理工大学、上海应用技术大学、中原工学院、南京工程学院、山东交通学院、重庆科技学院、河南工程学院、桂林航天工业学院协助梳理各自在建设特色行业大学过程中的转型探索，为本书的形成积累了丰富资料。当然，调研也成为行业院校彼此间交流思想、研讨特色发展模式、分享困扰与经验的宝贵机会。在这里，谨向以上高校表达衷心的感谢和诚挚的敬意。

本书由刘国际教授、夏新颜副教授担任主编。刘国际、夏新颜从谋篇布局、基本内容、创新要点以及著作体例等方面给予明确指导，并对全书统一修改、统稿、定稿。卢清林、韩小改、余亚辉、张绍斌、崔一鸣、赵永莉等老师具体负责撰写，学生严星、窦丹妮、尚浩在文献收集、文字校对等方面做了大量工作。编纂过程中，学校党政办、组织部、宣传部、学工部、教务处、科技处、社科处、人事处、团委、大学科技园管委会等部门及二级学院（部）负责同志和部分教师也积极参与了材料收集与整理工作，在这里一并表示感谢。在学校转型发展的过程中，中国建筑材料联合会孙向远秘书长、教育部学校规划建设发展中心创新发展处刘志敏处长、中国教育科学研究院职业教育与继续教育研究所所长孙诚教授、杜云英助理研究员等专家学者给予学校有力指导与鼓励，中国建材工业出版社对本书的形成与出版给予了大力支持。在此，也向他们一并表达衷心的感谢和诚挚的敬意。

关于本书的逻辑结构、“三融三创、融创结合”的洛理模式是否恰当，尚可商榷。仅当抛砖引玉，欢迎各位专家、同行给予批评指导！

洛阳理工学院课题组

2020年6月